TELENOVELA, TRANSMIDIAÇÃO, AUTORIA E FICÇÃO DE FÃS

Editora Appris Ltda.
1.ª Edição - Copyright© 2024 dos autores
Direitos de Edição Reservados à Editora Appris Ltda.

Nenhuma parte desta obra poderá ser utilizada indevidamente, sem estar de acordo com a Lei nº 9.610/98. Se incorreções forem encontradas, serão de exclusiva responsabilidade de seus organizadores. Foi realizado o Depósito Legal na Fundação Biblioteca Nacional, de acordo com as Leis nºs 10.994, de 14/12/2004, e 12.192, de 14/01/2010.

Catalogação na Fonte
Elaborado por: Josefina A. S. Guedes
Bibliotecária CRB 9/870

T268t 2024	Telenovela, transmidiação, autoria e ficção de fãs / Maria Carmen Jacob de Souza, Maíra Bianchini dos Santos (orgs.). – 1. ed. – Curitiba: Appris, 2024. 211 p. ; 23 cm. – (Ciências da comunicação). Inclui referências. ISBN 978-65-250-7258-6 1. Ficção seriada. 2. Televisão. 3. Mídia. 4. Fan fiction. I. Souza, Maria Carmen Jacob de. II. Santos, Maíra Bianchini dos. III. Título. IV. Série. CDD – 809.3

Livro de acordo com a normalização técnica da ABNT

Appris editorial

Editora e Livraria Appris Ltda.
Av. Manoel Ribas, 2265 – Mercês
Curitiba/PR – CEP: 80810-002
Tel. (41) 3156 - 4731
www.editoraappris.com.br

Printed in Brazil
Impresso no Brasil

Maria Carmen Jacob de Souza
Maíra Bianchini
(orgs.)

TELENOVELA, TRANSMIDIAÇÃO, AUTORIA E FICÇÃO DE FÃS

Curitiba, PR
2024

FICHA TÉCNICA

EDITORIAL
Augusto Coelho
Sara C. de Andrade Coelho

COMITÊ EDITORIAL
Ana El Achkar (Universo/RJ)
Andréa Barbosa Gouveia (UFPR)
Antonio Evangelista de Souza Netto (PUC-SP)
Belinda Cunha (UFPB)
Délton Winter de Carvalho (FMP)
Edson da Silva (UFVJM)
Eliete Correia dos Santos (UEPB)
Erineu Foerste (Ufes)
Fabiano Santos (UERJ-IESP)
Francinete Fernandes de Sousa (UEPB)
Francisco Carlos Duarte (PUCPR)
Francisco de Assis (Fiam-Faam-SP-Brasil)
Gláucia Figueiredo (UNIPAMPA/ UDELAR)
Jacques de Lima Ferreira (UNOESC)
Jean Carlos Gonçalves (UFPR)
José Wálter Nunes (UnB)
Junia de Vilhena (PUC-RIO)
Lucas Mesquita (UNILA)
Márcia Gonçalves (Unitau)
Maria Aparecida Barbosa (USP)
Maria Margarida de Andrade (Umack)
Marilda A. Behrens (PUCPR)
Marília Andrade Torales Campos (UFPR)
Marli Caetano
Patrícia L. Torres (PUCPR)
Paula Costa Mosca Macedo (UNIFESP)
Ramon Blanco (UNILA)
Roberta Ecleide Kelly (NEPE)
Roque Ismael da Costa Güllich (UFFS)
Sergio Gomes (UFRJ)
Tiago Gagliano Pinto Alberto (PUCPR)
Toni Reis (UP)
Valdomiro de Oliveira (UFPR)

SUPERVISORA EDITORIAL Renata C. Lopes
PRODUÇÃO EDITORIAL Maria Eduarda Pereira Paiz
REVISÃO Viviane Maria Maffessoni
DIAGRAMAÇÃO Luciano Popadiuk
CAPA Kananda Ferreira
REVISÃO DE PROVA William Rodrigues

COMITÊ CIENTÍFICO DA COLEÇÃO CIÊNCIAS DA COMUNICAÇÃO

DIREÇÃO CIENTÍFICA
Francisco de Assis (Fiam-Faam-SP-Brasil)

CONSULTORES
Ana Carolina Rocha Pessôa Temer (UFG-GO-Brasil)
Antonio Hohlfeldt (PUCRS-RS-Brasil)
Carlos Alberto Messeder Pereira (UFRJ-RJ-Brasil)
Cicilia M. Krohling Peruzzo (Umesp-SP-Brasil)
Janine Marques Passini Lucht (ESPM-RS-Brasil)
Jorge A. González (CEIICH-Unam-México)
Jorge Kanehide Ijuim (Ufsc-SC-Brasil)
José Marques de Melo (*In Memoriam*)
Juçara Brittes (Ufop-MG-Brasil)
Isabel Ferin Cunha (UC-Portugal)
Márcio Fernandes (Unicentro-PR-Brasil)
Maria Ataíde Malcher (UFPA-PA-Brasil)
Maria Berenice Machado (UFRGS-RS-Brasil)
Maria das Graças Targino (UFPI-PI-Brasil)
Maria Elisabete Antonioli (ESPM-SP-Brasil)
Marialva Carlos Barbosa (UFRJ-RJ-Brasil)
Osvando J. de Morais (Unesp-SP-Brasil)
Pierre Leroux (Iscea-UCO-França)
Rosa Maria Dalla Costa (UFPR-PR-Brasil)
Sandra Reimão (USP-SP-Brasil)
Sérgio Mattos (UFRB-BA-Brasil)
Thomas Tufte (RUC-Dinamarca)
Zélia Leal Adghirni (UnB-DF-Brasil)

PREFÁCIO

O livro, organizado pelos pesquisadores do Grupo de Pesquisa A-tevê – Laboratório de Análise de Teleficção da UFBA, coordenado pela professora Maria Carmen Jacob de Souza, apresenta os resultados de uma extensa pesquisa sobre ficção seriada, desenvolvida no âmbito dos projetos bianuais do Obitel Brasil entre os anos de 2012 e 2023.

A contribuição para o campo de estudos da televisão e do audiovisual no Brasil é inegável, pois reflete sobre as mudanças nos processos de criação, produção, distribuição e consumo de conteúdos ficcionais, com o crescimento e a ampliação da cultura digital no país desde 2010.

A partir dos interesses específicos dos pesquisadores do grupo e alinhados com a pesquisa desenvolvida pelo Obitel Brasil, a obra cartografa as expressões dos modos de escrever e inventar elaborados pelos roteiristas-autores, de tecer e implementar por parte das empresas produtoras e de interagir e criar por parte do público, que também se torna criador e produtor.

Em termos dos processos de criação ficcional, ressaltamos que os resultados assinalam o esforço inicial de criadores e produtores na implementação da transmidiação na ficção seriada brasileira, em uma perspectiva comparativa com a indústria estadunidense. Os estudos destacam as primeiras incursões e inovações em termos de extensões transmídia desenvolvidas no mercado televisivo, além de mapear a atuação das produtoras independentes, concentradas maioritariamente na região Sudeste do país.

Enfatizamos a originalidade da perspectiva investigativa nos dados apresentados sobre os roteiristas-autores, permitindo responder a uma lacuna nos estudos televisivos brasileiros sobre o entendimento dos processos de criação desses profissionais, cujo ofício inter-relaciona a arte à indústria de entretenimento. As questões dramatúrgicas, temáticas e estéticas que perpassam a criação dos roteiristas-autores foram discutidas à luz do modo de funcionamento da indústria, no processo de adaptação ao ambiente digital e às novas formas de interação do público.

Isso nos leva à segunda parte deste importante livro, que apresenta um extenso levantamento sobre a criação das ficções escritas por fãs, as chamadas *fanfictions*, baseadas nas telenovelas brasileiras no período de 2010 a 2017. Destaca-se que a pesquisa se desdobrou em dois momentos, que propiciaram um acompanhamento sobre as mudanças nos modos de criação, distribuição e consumo das *fanfics* no cenário brasileiro.

O estudo enfatiza a profusão da produção de *fanfics* baseadas em novelas. No período de 2010 a 2013, das 31 novelas produzidas, 22 delas possuíam *fanfics* associadas, o que perfaz 71% do total. No refinamento da amostra para a pesquisa do biênio posterior do Obitel, foram encontradas 48 novelas, no período de 2013 a 2017, das quais 37 possuíam *fanfics* que apresentavam a *shippagem*, que se refere à prática de nomear relações afetivas entre personagens, casais ou amigos. Ou seja, os achados da pesquisa demonstram que os fãs de telenovela criam uma variedade de histórias a partir da sua relação afetiva com as narrativas seriadas, evidenciando, assim, diversas práticas de sociabilidade relacionadas com a televisão brasileira.

Em diálogo com os resultados da pesquisa desenvolvida pelo Observatório da Qualidade no Audiovisual (UFJF/UAlg), realçamos, nas histórias escritas por fãs, os modos de relacionamento com o cânone. Esses modos incluem a reconfiguração do universo narrativo, que passa a ser composto pelo casal e mais alguns personagens, a reescritura de cenas finais ou o desdobramento da história, bem como as mudanças de personagens, ambientes e situações para acomodar frustrações e/ou nostalgia.

Outro dado relevante relacionado aos achados de nossa pesquisa refere-se ao fato de que, na maioria, as *fanfics* são escritas e lidas por mulheres. Ao longo do estudo, percebeu-se o desenvolvimento da competência midiática dessas criadoras, nos modos de uso das diferentes plataformas de escrita. Essa competência têm impacto tanto na distribuição quanto no consumo, e também reflexos nos modos de fruição e na experiência compartilhada entre criadoras e leitoras.

Ressaltamos ainda o mapeamento sobre as plataformas utilizadas no período estudado, uma vez que essas foram sendo aperfeiçoadas, ou seja, os blogs e as páginas no Facebook deram lugar ao uso mais aprofundado de repositórios como o Nyah! Fanfiction e o Spirit, bem como do Instagram, usado para a publicação de *fanfics one-shot* e para a divulgação de *fanfics* depositadas em outros sites. Esse uso do Instagram, além de criativo, demonstra a expertise das criadoras, que compartilham seus textos em tempo real, isto é, durante o momento de fruição da novela. Esse fenômeno, conhecido como social TV, apesar de ser mais comum em relação aos *reality shows*, também pode ser observado na fruição de telenovelas.

E referimos ainda a importância das entrevistas que foram realizadas com as escritoras de *fanfics*, que se mostra como um material precioso para o estudo não apenas da ficção televisiva, mas também da cultura de fãs. Em nossos estudos, temos percebido que é essencial aprofundar o conhecimento sobre as dinâmicas e as práticas dos fãs. Trata-se de um fenômeno contemporâneo associado à cultura digital e midiática, que tem crescido exponencialmente e indica que adolescentes e jovens adultos demonstram um conhecimento aprofundado sobre os modos de criação, distribuição e consumo dos conteúdos digitais, evidenciando, assim, sua competência midiática. Porém, conseguir acesso aos fãs e a esse conhecimento por meio de pesquisa etnográfica não é tarefa fácil.

Além de evidenciar a importância da articulação entre a graduação e a pós-graduação para a elaboração e a partilha do conhecimento na área da comunicação, esta coletânea traz um contributo bastante relevante para os estudos televisivos e do audiovisual. Ao apontar e sistematizar as nuances e especificidades da ficção seriada brasileira, por meio de dados quantitativos e qualitativos, a obra mapeia as mudanças introduzidas em termos de criação, produção, distribuição e consumo da telenovela no ambiente da cultura digital nos últimos 15 anos.

Faro, 12 de dezembro de 2024

Gabriela Borges[1]

---

[1] Professora adjunta na Escola Superior de Educação e Comunicação e investigadora integrada no Centro de Investigação em Artes e Comunicação da Universidade do Algarve (UAlg), em Portugal. Professora credenciada do Programa de Pós-Graduação em Comunicação da Universidade Federal de Juiz de Fora (UFJF). Coordenadora do Observatório da Qualidade no Audiovisual (UAlg/UFJF).

SUMÁRIO

INTRODUÇÃO 11
Maria Carmen Jacob de Souza & Maíra Bianchini

TRANSMIDIAÇÃO E AUTORIA

PANORAMA DAS EXTENSÕES TRANSMÍDIA DA FICÇÃO SERIADA BRASILEIRA COM ÊNFASE NAS TELENOVELAS.........................27
Maria Carmen Jacob de Souza, Rodrigo Lessa, João Araújo, Renata Cerqueira, Gustavo Erick, Elva Valle, Kyldes Vicente & Amanda Aouad

ROTEIRISTAS-AUTORES E A INOVAÇÃO CRIATIVA DE TELENOVELAS NA ERA DIGITAL..69
Maria Carmen Jacob de Souza, Tatiana Aneas, Hanna Nolasco, Genilson Alves, Tcharly Briglia, Thaiane Machado, Inara Rosas, Amanda Aouad, Sofia Federico, Daniele Rios, Bárbara Vieira, João Araújo, Natacha Canesso & Carolina Fagundes

FICÇÃO DE FÃS DE TELENOVELAS

CRIAÇÃO, CIRCULAÇÃO E CONSUMO DAS *FANFICTIONS* DE TELENOVELAS 95
Maria Carmen Jacob de Souza, João Araújo, Renata Cerqueira, Rodrigo Lessa, Maíra Bianchini, Amanda Aouad, Marcelo Lima & Rodrigo de Souza Bulhões

AMADOS AMANTES NARRADOS NOS MUNDOS DAS *FANFICS*.........137
Maria Carmen Jacob de Souza, Maíra Bianchini, Rodrigo Lessa, Daniele Rios, João Araújo, Amanda Aouad, Inara Rosas, Marcelo Lima, Renata Cerqueira, Débora Fernandes & Rodrigo de Souza Bulhões

CRIADORAS DOS CASAIS ADORADOS: PRAZER DE AMAR E NARRAR....171
Maria Carmen Jacob de Souza, Rodrigo Lessa, Maíra Bianchini, Hanna Nolasco, Bárbara Vieira, Genilson Alves & João Araújo

SOBRE OS AUTORES 189

APÊNDICE 1..199

APÊNDICE 2 203

APÊNDICE 3 207

INTRODUÇÃO

Maria Carmen Jacob de Souza
Maíra Bianchini

A experiência de se deleitar com produtos da ficção televisiva se tornou universal no século XXI. As telenovelas, como paixão nacional, há muito fazem parte da vida de uma audiência que, hoje, pode assistir aos seus programas preferidos em múltiplas telas e plataformas. A apreciação das séries ficcionais, em seus diversos gêneros e formatos, transformou-se em um modo de vida, em culturas de séries (Silva, 2014). Essas culturas podem ser observadas especialmente quando a atenção se volta para as práticas dos fãs, que comentam, compartilham, produzem peças criativas (como *fanarts*, *fanvideos*, *fanfics*, entre outras) e se organizam para defender suas obras preferidas, e pressionar as instâncias produtoras (Booth, 2010; Jenkins, 2009; Lessa, 2017, 2020).

Nos anos 2010, a digitalização da vida social e as transformações provocadas no ecossistema midiático já faziam parte da agenda dos pesquisadores, lançando dúvidas em algumas esferas quanto ao possível fim da televisão. Atualmente, essas controvérsias foram ultrapassadas, a partir do fortalecimento de correntes teóricas que cada vez mais colaboram com a compreensão dessas transformações (Lotz, 2014, 2017, 2022). Verifica-se que os impactos dos processos comunicacionais digitalizados reverberam fortemente na ficção, em especial na ficção seriada, agora pensada para televisão e internet (Bianchini, 2018).

O interesse em compreender essas novas dinâmicas comunicacionais no âmbito das obras seriadas ficcionais de TV foi abraçado pelo Observatório Ibero-Americano de Ficção Televisiva (Obitel)[2], uma rede de pesquisadores que, desde 2005, define coletivamente um tema anual

---

[2] O Obitel Ibero-Americano conta, em 2024, com instituições de pesquisa de 12 países: Argentina, Brasil, Chile, Colômbia, Equador, Espanha, Estados Unidos, México, Peru, Portugal, Uruguai e Venezuela. Fundado em 2005, o Obitel realiza o monitoramento e as análises da produção, da audiência e da repercussão sociocultural da ficção televisiva produzida nos países latino-americanos, ibéricos e nos Estados Unidos de população hispânica. O protocolo metodológico abrange cinco dimensões: produção, exibição, consumo, comercialização e propostas temáticas. A essas dimensões foi acrescentado, a partir do Anuário 2010, o fenômeno da transmidiação. Os resultados são debatidos em seminários e publicados em Anuários. Disponível em: https://www.obitelbrasil.org/anuarios-obitel-internacional/. Acesso em: 25 ago. 2024.

e promove investigações orientadas por temas e protocolos comuns. Os resultados são debatidos em eventos e publicados em anuários, que compreendem dados sobre a ficção televisiva de cada país[3], bem como pesquisas sobre cada tema escolhido para o ano.

A Rede Brasileira de Pesquisadores de Ficção Televisiva, denominada Obitel Brasil, desbravou, com pioneirismo, essas transformações no território nacional já em curso nos anos 2000. Criada em 2007, a rede inspira-se no modelo do Obitel Ibero-Americano e estabelece temas bianuais de investigação, promovendo eventos para debater os resultados, que são publicados na *Coleção Teledramaturgia*[4]. As atividades do Obitel Ibero-Americano e da Rede Obitel Brasil têm sido promovidas pelo Centro de Estudos de Telenovela (CETVN) da Escola de Comunicação e Artes da Universidade de São Paulo (ECA-USP), sob a coordenação geral da professora titular Maria Immacolata Vassallo de Lopes.

Nos mais de quinze anos de atividades da Rede Obitel Brasil, já participaram núcleos de pesquisa que atuam em diversas regiões no território nacional. Atualmente, são dez grupos que representam 12 instituições de ensino e pesquisa[5] de diferentes regiões do país. Os eventos bianuais de exposição dos resultados das pesquisas do Obitel Brasil foram apoiados, até 2019, pela Globo Universidade (GU) e por agências de fomento[6].

Um novo momento da Rede foi estabelecido em 2022, quando a proposta de pesquisa "A ficção televisiva brasileira como recurso de promoção da cidadania" foi contemplada no edital Pró-Humanidades do

---

[3] Os pesquisadores integrantes do Obitel Ibero-Americano monitoram os programas de ficção exibidos pelas redes de televisão aberta de seus respectivos países e geram dados quantitativos comparáveis entre essas nações. Tais dados incluem formatos, horários, programas de estreia, número de capítulos, índices e perfil de audiência e temas centrais da obra. O grupo também monitora os programas nacionais de ficção transmitidos pelos canais de TV paga e pelos serviços de vídeo sob demanda (VOD) de cada país (Lopes; Pinón; Burnay, 2023).

[4] A Coleção Teledramaturgia está on-line disponível em: https://www.obitelbrasil.org/colecao-teledramaturgia/. Acesso em: 25 ago. 2024.

[5] As instituições são: Universidade de São Paulo (USP); Fundação Oswaldo Cruz (Fiocruz); Universidade Anhembi Morumbi (UAM); Universidade Federal da Bahia (UFBA); Universidade Federal de Juiz de Fora (UFJF); Universidade Federal do Rio Grande do Sul (UFRGS); Universidade Federal do Rio de Janeiro (UFRJ); Universidade Federal de Pernambuco (UFPE); Universidade Federal do Paraná (UFPR); Universidade Federal de São Carlos (UFSCar); Universidade Federal de Santa Maria (UFSM); e Universidade Federal da Integração Latino-Americana (UNILA). A Coordenação Colegiada do Obitel Brasil neste momento é integrada pela coordenadora, professora doutora Maria Immacolata Vassallo de Lopes (equipe USP), pela professora doutora Cecília Almeida (equipe UFPE) e pela professora doutora Sara Feitosa (equipe UFRGS). Mais informações disponíveis em: https://www.obitelbrasil.org/a-rede/. Acesso em: 31 jul. 2024.

[6] Informações sobre os encontros disponíveis no site: https://www.obitelbrasil.org/encontro/. Acesso em: 25 ago. 2024.

Conselho Nacional de Desenvolvimento Científico e Tecnológico (CNPq), estabelecendo novas metas e protocolos. Esse período de inflexão da Rede mantém a condução do trabalho colaborativo entre as equipes, marcado pela diversidade teórico-metodológica nas abordagens dos temas e nas questões acerca da criação, produção, distribuição, consumo e poética da ficção televisiva no Brasil.

A equipe da Universidade Federal da Bahia (UFBA) faz parte da Rede Obitel Brasil desde sua gênese. Ao longo dos anos, foi formada pelos investigadores do Grupo de Pesquisa A-tevê – Laboratório de Análise de Teleficção, integrante do Programa de Pós-Graduação em Comunicação e Cultura Contemporâneas da Faculdade de Comunicação da UFBA. Este livro reúne, para o leitor, os principais resultados de pesquisas elaborados pela equipe Obitel Brasil UFBA, realizados ao longo de quase uma década, entre 2012 e 2021, em que as telenovelas brasileiras foram eleitas como objeto de análise preferencial durante os anos de atuação no espaço colaborativo da Rede.

Os temas e as questões tratadas foram provocados pelas transformações da digitalização em curso, seja na ambiência empresarial das redes abertas de televisão, seja na esfera da criação das telenovelas (como as inovações possíveis dos autores roteiristas), seja ainda na esfera da criação das ficções de fãs, as *fanfics*. As abordagens teórico-metodológicas que sustentam nossas investigações adotam uma perspectiva relacional, que articula os contextos de produção, circulação e recepção da ficção seriada televisiva com os aspectos narrativos, poéticos e estilísticos dos autores e das obras artísticas e culturais. Autores como Pierre Bourdieu (1996), Michael Baxandall (2006) e David Bordwell (2008) são pilares dessas abordagens.

Os desafios suscitados pela nossa inserção na Rede Obitel Brasil desde 2007 não foram pequenos. Foi preciso conjugar as pesquisas dos integrantes do grupo A-tevê (dissertações e teses) com a demanda própria de investigação da Rede. A cada dois anos, um tema comum elegido na Rede provocava um projeto de investigação no grupo, exigindo que estabelecêssemos uma dinâmica de trabalho que cumprisse as metas de, em vinte e quatro meses, concluir a pesquisa e elaborar o capítulo de livro com os resultados a serem debatidos no evento bianual da Rede e publicados na Coleção Teledramaturgia.

Para responder a essa agenda, com o cuidado de preservar os compromissos dos discentes, decidimos definir problemas de pesquisa condizentes com aspectos comuns dos estudos dos integrantes do A-tevê a cada momento. O esforço foi um quebra-cabeça desafiador que rendeu frutos para os jovens pesquisadores e representou uma decisão acertada, a qual permitiu ampliar o escopo de saberes em torno das telenovelas, testar metodologias e, ao mesmo tempo, expandir aspectos comuns com as pesquisas em andamento na equipe.

A qualidade dos nossos resultados pode ser explicada pelo esforço de empreender uma dinâmica de trabalho colaborativa e rigorosa, que aglutinou, em cada ocasião, alunos de iniciação científica, doutorandos, mestres e doutores. A riqueza da prática compartilhada de pesquisa, que desnuda suas rotinas, foi essencial para a formação dos pesquisadores integrantes do A-tevê que participaram da Rede. Muitos deles redefiniram ou descobriram suas questões de pesquisa no calor dessas experiências, deixando rastros da qualidade desse percurso nos trabalhos de conclusão de graduação, nas dissertações de mestrado e nas teses de doutorado.[7]

A seleção dos temas de pesquisa na Rede invocou aspectos inovadores e desafiantes: das ações de transmidiação, passamos para as práticas dos fãs da ficção televisiva brasileira e para a inovação na ficção televisiva em tempos de Covid-19. Esse critério na eleição dos temas acabou promovendo os primeiros investimentos acadêmicos de certas áreas de pesquisa: destacamos aqui os estudos sobre a transmidiação, as narrativas transmídia e os fãs da ficção televisiva nacional, em especial, das telenovelas.

Na primeira parte desta publicação, *Transmidiação e autoria*, estão dois trabalhos voltados para o mapeamento desses temas e questões experimentados pelas indústrias de mídia e pelos criadores autores das telenovelas. O primeiro deles, *Panorama das extensões transmídia da ficção seriada brasileira com ênfase nas telenovelas,* corresponde a um assunto candente nos estudos de mídia no início dos anos 2000, suscitado pelas primeiras repercussões da era digital do ecossistema midiático no mercado audiovisual brasileiro, que fazia parte do horizonte de pesquisa da equipe do A-tevê, integrante da Rede na ocasião (Souza *et al.*, 2013). Algumas indagações nos guiavam: como compreender a dinâmica desse ecossistema? Como as corporações de mídia iriam lidar

---
[7] Sinalizamos a relevância dessa ambiência científica para as dissertações de Almeida (2012), Cerqueira (2014) e Briglia (2021), assim como para as teses de Lessa (2017) e Cerqueira (2018).

com mudanças tão radicais? Como ficaria a hegemonia da TV Globo no campo da teledramaturgia seriada com a circulação ampliada dos seriados estadunidenses?

Nos primeiros anos da década de 2010, o paradigma da convergência (Jenkins, 2009) converteu-se em uma das referências essenciais para lidar com essas questões e compreender a nova dinâmica dos processos comunicacionais e os modos das indústrias de mídia fazerem frente às mudanças, testando novos caminhos. A pesquisa realizada pela equipe, que resultou no artigo aqui publicado, teve como meta examinar uma das dimensões desse problema no mercado nacional, manejada pelas empresas produtoras da ficção seriada, em especial pelas redes de televisão: como a produção de peças transmídia, que têm a função de dilatar o universo ficcional das ficções seriadas, fazia parte dos projetos institucionais transmídia dessas organizações?

Os estudos sobre o tema no mercado dos seriados estadunidenses permitiram uma comparação, mesmo em caráter exploratório, com o cenário brasileiro, apontando as proximidades e diferenças entre eles. Também levantamos dados sobre a ficção seriada confeccionada pelas produtoras independentes ligadas, à época, à Associação Brasileira de Produtoras Independentes de Televisão (ABPITV),[8] para dimensionar o que ocorria nesse segmento — que se ampliou na década seguinte.

Ficou evidente, no mapeamento realizado, que a criação de extensões transmídia voltadas para a expansão do universo ficcional estava em seus estágios iniciais de fomento, com investimentos maiores da TV Globo. Merece atenção ainda o lugar privilegiado que foi dado às telenovelas para os projetos institucionais transmídia das organizações empresariais do setor. Os dados coletados, que estão disponíveis nesta publicação, permitem um retrato dos primeiros esforços de implementação da transmidiação na ficção seriada brasileira.

O artigo seguinte, *Roteiristas-autores e a inovação criativa de telenovelas na era digital*, examina problemas semelhantes proporcionados pela digitalização do ecossistema midiático quase uma década depois, de 2019 a 2021, colocando em outro patamar as ações das redes de TV abertas, em especial da TV Globo (Souza et al., 2021). Os anos de 2010

---

[8] Em 2013, a ABPITV contava com 327 associadas. Desde 2016, a associação se atualiza aos novos tempos e passa a ser denominada de Bravi (Brasil Audiovisual Independente), com 657 produtoras cadastradas em março de 2024, sinalizando uma década de franco crescimento.

mostraram-se um marco na incorporação de práticas da cultura digital por parte de emissoras, roteiristas e espectadores nos âmbitos da criação, da distribuição e do consumo de telenovelas. Nesse contexto, o interesse foi perceber como os roteiristas-autores de telenovelas puderam lidar com essas inovações, que geraram intensas alterações nas esferas da produção, circulação e recepção. Inserimos na investigação as repercussões, no período examinado, dos constrangimentos causados pela pandemia da Covid-19.

Examinamos telenovelas originais exibidas de 2018 (inclusive aquelas com estreia em 2017) a 2020 na TV Globo e contabilizamos os roteiristas mais frequentes no período, os que assumiram a função autoral pela primeira vez, os já consagrados por trabalhos anteriores no campo, os responsáveis pelas telenovelas experimentais, assim como por aquelas reconhecidas pela crítica, pelo público e pelas instâncias de premiação. A partir desses critérios, chegamos a 11 roteiristas-autores, entre eles Cao Hamburger, Rosane Svartman e Walcyr Carrasco.

As especificidades das posições em jogo no campo da telenovela orientaram as manifestações dos roteiristas-autores e colaboradores sobre a percepção da repercussão da cultura digital na feitura dramatúrgica das telenovelas que confeccionaram e em que medida tais circunstâncias promoveram inovações. Os resultados apresentados mostram a complexidade do exame dos projetos criativos inovadores dos roteiristas-autores de telenovelas, das decisões e escolhas dramatúrgicas que precisam negociar com as circunstâncias da emissora e das repercussões inusitadas da cultura digital, conjugadas com a cuidadosa e contínua renovação do gênero.

Os movimentos de inovação identificados explicitam o manejo das possibilidades tecnológicas digitais que, entre outros efeitos, geraram a necessidade de monitoramento contínuo do público por parte das organizações. Nesse cenário, fica evidente a importância do investimento da Globo nos segmentos responsáveis pelos projetos transmídia das telenovelas, assim como dos autores roteiristas interessados em ampliar as conexões com a audiência familiarizada com os recursos da ambiência digital.

A equipe do A-tevê, responsável pela investigação do biênio mais recente do Obitel Brasil, sobre as inovações na ficção televisiva (período de 2019 a 2021), traduziu a maturidade acadêmica do grupo que, em meio à pandemia, em condições precárias de existência diante de tão avassaladora tragédia sanitária, manteve a serenidade para converter o volume expressivo de dados em uma reflexão que deixou seus frutos no campo de estudos sobre televisão, em especial sobre o lugar autoral do roteirista de telenovela. Fizeram parte da equipe pesquisadores doutores que, no início da nossa participação na Rede Obitel Brasil, estavam cursando o mestrado. Essa vinculação longeva dos discentes e egressos com o projeto de pesquisa colaborativa do grupo, com certeza, é um dos méritos das universidades públicas e dos cursos de pós-graduação que privilegiam os grupos como espaços privilegiados de formação de futuros pesquisadores. Tal vinculação promoveu a parceria com o Grupo de pesquisa Lavint – Laboratório de Análise de Visualidades, Narrativas e Tecnologias, do Programa de Pós-Graduação em Comunicação da Universidade Federal de Sergipe (UFS), coordenado pela professora doutora Tatiana Aneas, egressa do A-tevê.

A segunda parte da coletânea, *Ficção de fãs de telenovelas*, traz para o leitor as descobertas de seis anos de pesquisa do A-tevê sobre a produção de histórias escritas pelos fãs de telenovelas, em três artigos que merecem ser lidos consecutivamente. A primeira investida nesse assunto foi no biênio de 2013 a 2015, intitulada *Criação, circulação e consumo das fanfictions de telenovelas*. Apresentamos um amplo cenário das ficções de fãs de telenovelas exibidas integralmente de 2010 a 2013 (Souza *et al.*, 2015). O levantamento de dados realizado pelo grupo permitiu a constatação de que das 31 produções inéditas transmitidas no período, 22 obras (cerca de 70%) apresentaram *fanfics*. A partir dos dados coletados, identificou-se o volume das produções dos fãs e os diversos modos de organização, publicação, circulação e fruição das telenovelas e das *fanfics* criadas por eles.

Na sequência, caracterizamos as criadoras e as leitoras das *fanfics* de telenovelas de nossa base dados: quem eram, o que escreviam e quais sistemas de publicação e difusão foram usados. Constatamos que o tratamento que as *fanfics* dão aos mundos ficcionais das telenovelas depende da motivação das criadoras e das maneiras como se acercam das potencialidades comunicativas das plataformas escolhidas. Em linhas gerais, delineamos duas tendências para o fenômeno a partir dos dados encontrados. Um primeiro grupo de *fanfics* englobava textos dedicados à expressão dos afetos das criadoras, que tinham como meta primeira a partilha dessas emoções com uma comunidade de leitores. Nesses casos, as *fanfics* costumavam estar pouco organizadas nos sistemas de publicação, dificultando a busca por capítulos anteriores. Os textos costumavam ser mais curtos ou menos estruturados, visando à leitura rápida, momentânea e fugaz. As plataformas mais usadas para esse fim foram os blogs e o Facebook.

No segundo grupo, estavam os textos de escritoras-autoras que associavam a expressão dos afetos ao empenho na criação de textos com ênfase na (re)apresentação dos personagens, na configuração e reversão de expectativas e no emprego de elementos de serialização nas publicações, entre outros recursos narrativos e estilísticos. Era notório, nesses casos, o interesse em cultivar e ampliar o público leitor, publicando as *fanfics* em várias plataformas com o intuito de estimular um sistema articulado de distribuição, com o uso de sites como Facebook, Tumblr e o repositório Nyah!, entre outros.

Por fim, analisamos *fanfics* das escritoras dos dois grupos identificados para observar os seus esforços de reescritura, observando, entre diversos aspectos, se as *fanfics* se dedicavam mais a sequências, prequelas e interlúdios das telenovelas ou se privilegiavam reescrituras de cenas, finais alternativos ou mudanças de ambientação. Ao cabo da análise, constatamos que as principais modulações observadas foram: a) a compressão do mundo ficcional para abrigar apenas o par romântico e mais alguns personagens; b) o retorno a momentos marcantes para o casal; c) as reescrituras do final e/ou continuações da obra; e d) a operação de mudanças nos personagens, nas situações e nos ambientes canônicos.

Em *Amados amantes narrados nos mundos das fanfics*, artigo resultante da pesquisa realizada no biênio 2015-2017, ampliamos a base de dados da investigação anterior e aprofundamos o fenômeno dos *ships*, que havia se destacado no panorama realizado, ou seja, dos casais de personagens que incitavam mobilizações e histórias dos fãs (Souza *et al.*, 2017).

A continuidade com a pesquisa anterior ampliou o exame do fenômeno para contemplar um total de 48 telenovelas inéditas exibidas ao longo da primeira metade da década de 2010 (31 obras do levantamento do biênio 2013-2015 e 17 do biênio 2015- 2017), das quais 37 apresentaram *fanfics* dedicadas a elas. Das telenovelas inéditas que começaram em 2013 e foram finalizadas em 2014, bem como das exibidas entre 2014 e 2015, identificamos *fanfics* relacionadas a 15 das 17 telenovelas selecionadas para o corpus. O estudo confirmou a prevalência de fãs mulheres vinculadas ao fenômeno das *fanfics* de telenovelas. No que concerne à presença de histórias que tratam especificamente do fenômeno da *shippagem*, o levantamento mostrou que 95,3% das 1.065 *fanfictions* localizadas apresentaram pelo menos um casal *shippado*. Não só isso, 13 das 15 telenovelas que registraram *fanfics* apresentaram textos dedicados a mais de um *ship*, ratificando o fato de que a torcida para a concretização amorosa dos casais é um motor para que os fãs elaborem ficções sobre as novelas brasileiras.

Seguimos examinando as plataformas de publicação, circulação e consumo usadas pelos fãs, destacando o Instagram como um novo meio incorporado às práticas dos fãs. Para o estudo mais pormenorizado das *fanfics*, escolhemos sete telenovelas, todas exibidas pela TV Globo. Após elencarmos os *ships* mais presentes a partir da quantidade de *fanfictions* e capítulos, exploramos os padrões encontrados e observamos as interações que esses casais agregaram nas plataformas em que estavam alocadas, como o número de comentários, curtidas e favoritismos.

Os resultados da análise mostraram três tendências gerais — as quais não são mutuamente exclusivas, mas ressaltam características particulares do fenômeno. A primeira indica as histórias que se vinculam a um *fandom* permeado por um ativismo identitário, tendo as *fanfics* de *Em Família* (TV Globo, 2014, 21h) como o caso mais emblemático do ativismo LGBTQIAPN+. A segunda mostra como os *fandoms shippam* não apenas os personagens ficcionais, mas também os atores e as atrizes que os interpretam. As *fanfics* de *Geração Brasil* (TV Globo, 2014, 19h) ilustram essas práticas. Por último, a observação das ações dos grupos de fãs de *Meu Pedacinho de Chão* (TV Globo, 2014, 18h) indica a existência de fãs que privilegiam a troca afetiva de experiências movida pelo desejo de fruição compartilhada.

Essas tendências corroboram a percepção que o fã de telenovelas brasileiras não se diferencia muito dos fãs de outros produtos midiáticos, chamando atenção para as nuances desse fenômeno mundial, que parece estar marcado mais pelas semelhanças entre *fandoms* do que pelas dissonâncias.

Por fim, no biênio seguinte, de 2017 a 2019, em *Criadoras dos casais adorados: prazer de amar e narrar*, finalizamos o processo instigado pelas práticas das autoras de *fanfics* de telenovelas que, ao longo desses anos, se mantiveram como tais, mesmo depois das telenovelas concluídas. A mesma base de dados foi acionada e atualizada, servindo de referência para a análise das premissas dos mundos ficcionais inventados por quatro escritoras de *fanfics* de telenovelas (Souza *et al.*, 2019).

Nessa terceira aproximação com o fenômeno, selecionamos as *fanfics* de nossa base de dados que tiveram o maior número de publicação de capítulos e de interações suscitadas entre suas leitoras e comentadoras. Observamos as dinâmicas de partilha afetiva entre as autoras das *fanfics* e suas leitoras, bem como a recriação dos mundos ficcionais das telenovelas operada nas *fanfics*. Das 12 escritoras que se destacaram, selecionamos as que resistiram e se mantiveram autoras de *fanfics* nos anos posteriores ao levantamento de dados do biênio 2015-2017: Manuella Rosie, dedicada a *fanfics* de *Amor à Vida* (TV Globo, 2013, 21h); WaalPomps, escritora de histórias baseadas em *Sangue Bom* (TV Globo, 2013, 19h); Lab Girl, inspirada pela novela *Geração Brasil* (TV Globo, 2014, 19h); e Gaúcha, dedicada à obra *A Regra do Jogo* (TV Globo, 2015, 21h). Realizamos entrevistas com essas autoras, que, na época, estavam na faixa etária dos 20 aos 30 anos, e a construção de mundo de suas *fanfics* foi nosso objeto de análise interna.

No desfecho, demonstramos como as escolhas das autoras Lab Girl, Manuella Rosie, WaalPomps e Gaúcha negociam com os cânones estabelecidos nos mundos ficcionais das telenovelas *Geração Brasil, Amor à Vida, Sangue Bom* e *A Regra do Jogo*, respectivamente, com destaque para a apropriação de situações e eventos relativos aos casais adorados pelas fãs e na (re)construção das narrativas românticas e sentimentais do amor entre esses personagens. Evidenciamos, mais uma vez, que as transduções efetuadas pelas escritoras em suas *fanfics* são moduladas a partir do engajamento efetivo e da experiência compartilhada entre os grupos de fãs interessados na apreciação do envolvimento romântico de determinados casais, emulando programas de efeitos internos das obras, calcados em matrizes melodramáticas e românticas tradicionais do gênero novelesco.

O artigo encerra, assim, uma investigação longeva levada a cabo por uma geração de mestrandos e doutorandos que finalizaram sua formação acadêmica enriquecidos pela vivência de um processo coletivo e colaborativo, que os envolveu desde a formulação do problema até a publicação dos resultados em uma rede nacional de pesquisadores especialistas que desbravaram temas candentes com abordagens inovadoras. O esforço de atualização dos artigos não elimina a percepção do frescor da época de sua realização, sendo, em certa medida, um documento de seu tempo.

Esta coletânea emana esse espírito que associa uma história de práticas e abordagens de um grupo de pesquisa no campo da comunicação, inserido em uma rede nacional de pesquisa com as descobertas que evidenciam ganhos e limites de uma abordagem teórico-metodológica testada nas pesquisas individuais de seus integrantes.

O esforço de apresentar os resultados dessa década de pesquisas do grupo A-tevê, no âmbito da Rede Obitel Brasil, mira a oportunidade de dar a ver um dos espectros da história de pesquisas sobre os processos de produção, criação e consumo das telenovelas brasileiras na ambiência digital, ficção seriada de maior consumo popular que ainda vigora como um dos recursos de comunicação da nação e da reflexividade íntima da audiência que a aprecia.

Expressamos, por fim, o nosso agradecimento a todos e todas que colaboraram com a elaboração das pesquisas aqui relatadas ao longo dos anos, em especial à coordenação da Rede Brasileira de Pesquisadores da Ficção Televisiva (Obitel Brasil), liderada pela professora Titular Maria Immacolata Vassallo de Lopes, aos colegas pesquisadores dos grupos nacionais associados à Rede, à equipe de investigadores integrantes do braço UFBA do Obitel Brasil, ao Programa de Pós-Graduação em Comunicação e Cultura Contemporâneas da UFBA e à Coordenação de Aperfeiçoamento de Pessoal de Nível Superior (CAPES).

REFERÊNCIAS

ALMEIDA, A. A. *Quem matou o Barão Henrique Sobral?* A construção da narrativa policial na telenovela de Gilberto Braga. 2012. 180 f. Dissertação (Mestrado em Comunicação e Cultura Contemporâneas) – Faculdade de Comunicação, Universidade Federal da Bahia, Salvador, 2012.

BAXANDALL, M. *Padrões de intenção*: a explicação histórica dos quadros. São Paulo: Editora Schwarcz, 2006.

BIANCHINI, M. *A Netflix no campo de produção de séries televisivas e a construção narrativa de Arrested Development*. 2018. 219 f. Tese (Doutorado em Comunicação e Cultura Contemporâneas) – Faculdade de Comunicação, Universidade Federal da Bahia, Salvador, 2018.

BOOTH, P. *Digital fandom*: New Media Studies. New York: Peter Lang Publishing, 2010.

BORDWELL, D. *Figuras traçadas na luz*: a encenação no cinema. Campinas: Papirus, 2008.

BOURDIEU, P. *As regras da arte*: gênese e estrutura do campo literário. São Paulo: Companhia das Letras, 1996.

BRIGLIA, T. M. *O ofício do autor-roteirista de telenovelas da TV Globo no cenário midiático contemporâneo*. 2021. 216 f. Dissertação (Mestrado em Comunicação e Cultura Contemporâneas) – Faculdade de Comunicação, Universidade Federal da Bahia, Salvador, 2021.

CERQUEIRA, R. B. *Transmidiação na Rede Globo*: análise das estratégias de conteúdo nos sites das telenovelas. 2014. 166 f. Dissertação (Mestrado em Comunicação e Cultura Contemporâneas) – Faculdade de Comunicação, Universidade Federal da Bahia, Salvador, 2014.

CERQUEIRA, R. B. *As ações de participação no projeto transmídia de Malhação Sonhos*: uma análise dos procedimentos para a produção e a incorporação do trabalho dos fãs. 2018. Tese (Doutorado em Comunicação e Cultura Contemporâneas) – Faculdade de Comunicação, Universidade Federal da Bahia, Salvador, 2018.

JENKINS, H. *Cultura da convergência*. 2. ed. São Paulo: Aleph, 2009.

LESSA, R. *O universo transmídia do seriado True Blood*: paratextos e extensões ficcionais do HBO e dos fãs. 2017. 212 f. Tese (Doutorado em Comunicação e Cultura Contemporâneas) – Faculdade de Comunicação, Universidade Federal da Bahia, Salvador, 2017.

LESSA, R. *Seriados de TV e narrativa transmídia*: explorando o mundo ficcional de *True Blood*. Salvador: Edufba, 2020.

LOPES, M. I. V.; PINÓN, J.; BURNAY, C. D. (coord.). *As produtoras independentes e a internacionalização da produção de ficção televisiva na Ibero-América*. Santiago, Chile: Ediciones Universidad Católica de Chile, 2023.

LOTZ, A. *The Television Will Be Revolutionized*. 2. ed. New York: New York University Press, 2014.

LOTZ, A. *Portals*: A Treatise on Internet-Distributed Television. Ann Arbor, Michigan: Maize Books, 2017.

LOTZ, A. *Netflix and streaming video*: the business of subscriber-funded video on demand. Cambridge: Polity Press, 2022.

SILVA, M. V. B. Cultura das séries: forma, contexto e consumo de ficção seriada na contemporaneidade. *Galaxia,* São Paulo, n. 27, p. 241-252, jun. 2014. Disponível em: https://revistas.pucsp.br/index.php/galaxia/article/view/15810/14556. Acesso em: 7 ago. 2024. http://dx.doi.org/10.1590/1982-25542014115810.

SOUZA, M. C. J.; ANEAS, T.; NOLASCO, H.; ALVES, G.; BRIGLIA, T.; MACHADO, T.; ROSAS, I.; AOUAD, A.; FEDERICO, S.; RIOS, D.; VIEIRA, B.; ARAÚJO, J.; CANESSO, N.; FAGUNDES, C. Roteiristas-autores e a inovação nas telenovelas da década de 2010 ao contexto da pandemia. *In*: LOPES, M. I. V.; SILVA, L. A. P. (org.). *Criação e inovação na ficção televisiva brasileira em tempos de pandemia de Covid-19.* Alumínio: CLEA Editorial, 2021. p. 18-36.

SOUZA, M. C. J.; ARAÚJO, J.; CERQUEIRA, R.; LESSA, R.; BIANCHINI, M.; AOUAD, A.; LIMA, M.; BULHÕES, R. S. Entre novelas e novelos: um estudo das *fanfictions* de telenovelas brasileiras (2010-2013). *In*: LOPES, M. I. V. (org.). *Por uma teoria de fãs da ficção televisiva brasileira.* Porto Alegre: Sulina, 2015. p. 107-151.

SOUZA, M. C. J.; BIANCHINI, M.; LESSA, R.; VALOIS, D.; ARAÚJO, J.; AOUAD, A.; ROSAS, I.; LIMA, M.; CERQUEIRA, R.; FERNANDES, D.; BULHÕES, R. S. Amados amantes narrados nas *fanfictions* de telenovelas brasileiras. *In*: LOPES, M. I. V. (org.). *Por uma teoria de fãs da ficção televisiva brasileira. Práticas de fãs no ambiente da cultura participativa.* Porto Alegre: Sulina, 2017. v. 2. p. 57-92.

SOUZA, M. C. J.; LESSA, R.; ARAÚJO, J.; CERQUEIRA, R.; ERICK, G.; VALLE, E.; VICENTE, K.; AOUAD, A. Empresas produtoras, projetos transmídia e extensões ficcionais: notas para um panorama brasileiro. *In*: LOPES, M. I. V. (org.). *Estratégias de transmidiação na ficção televisiva brasileira.* São Paulo: Sulina/Globo, 2013. p. 303-344.

SOUZA, M. C. J.; LESSA, R.; BIANCHINI, M.; NOLASCO, H.; SOUZA, B.; ALVES, G.; ARAÚJO, J. Criadoras de mundos dos casais adorados nas *fanfictions* de telenovelas: prazer de amar e narrar. *In*: LOPES, M. I. V. (org.). *A construção de mundos na ficção televisiva brasileira.* Porto Alegre: Sulina, 2019. p. 87-105.

TRANSMIDIAÇÃO E AUTORIA

PANORAMA DAS EXTENSÕES TRANSMÍDIA DA FICÇÃO SERIADA BRASILEIRA COM ÊNFASE NAS TELENOVELAS

Maria Carmen Jacob de Souza
Rodrigo Lessa
João Araújo
Renata Cerqueira
Gustavo Erick
Elva Valle
Kyldes Vicente
Amanda Aouad

Os modos de ver e produzir televisão vêm passando por importantes câmbios. A crescente tendência à digitalização e a possibilidade de assistir aos conteúdos televisivos em outros aparelhos que não sejam o televisor sinalizam tais mudanças. O paradigma da convergência (Jenkins, 2009) permite compreendê-las ao apontar que as novas e as antigas mídias interagem de formas cada vez mais intricadas. Um dos movimentos mais significativos nesse sentido é o dos conteúdos que percorrem múltiplas plataformas, num contexto no qual os distintos mercados de mídia tendem à cooperação e os públicos adotam um comportamento migratório: do mesmo modo que se produz em diversos suportes, há também consumidores que se dispõem a se deslocar entre eles com o intuito de acessar conteúdos (Jenkins, 2009).

É nesse contexto que surge a narrativa transmídia como o epítome deste momento. Jenkins (2009), entusiasta desse recurso emergente, entende que tais narrativas propõem uma nova estética, nascida a partir da convergência entre as mídias. Essas narrativas são capazes de expandir seus universos ficcionais por meio de distintas plataformas. Isso implica, por exemplo, que um seriado televisivo derive uma revista em quadrinhos que desvele o passado do herói, uma websérie protagonizada por seus coadjuvantes ou perfis em sites de redes sociais que expõem os pensamentos e desejos de um personagem. A narrativa transmídia possibilita, pois, que diversos meios — televisão, quadrinhos, repositórios de vídeos na internet (como o YouTube) e mídias sociais (como Facebook ou Twitter) — se integrem em torno de um mesmo universo ficcional para contar histórias e desdobrá-las.

As instâncias criadoras da ficção seriada, das redes abertas às produtoras independentes, tendem a se organizar para fazerem uso do potencial ofertado pelas extensões transmídia, conforme a natureza e o gênero de cada série. As experiências mais exitosas nessa área comprovam a tendência em empregar modos diversos de criação e distribuição das extensões, que podem variar de acordo com a mídia central, que abriga o texto matriz, e as plataformas em seu entorno. No universo transmídia do seriado *True Blood* (HBO, 2008-2014)[9], por exemplo, as ramificações em outros suportes procuram expandir o seriado exibido na TV, que é a obra principal[10].

As extensões transmídia têm, ainda, o potencial de promover a interação com a audiência. Ou seja, embora alguns desdobramentos em outros suportes, como romances ou revistas em quadrinhos, ofereçam interação praticamente nula com os espectadores, outros, como jogos on-line, blogs e perfis em sites de redes sociais, promovem um ambiente frutífero para o engajamento do público com seu programa favorito e também com outros internautas.[11] Fechine e Figueirôa (2011) também seguem essa linha, com o cuidado de especificar as estratégias possíveis em tais extensões.

A primeira delas recorre às lógicas de desdobramento e complementaridade, integrando organicamente os conteúdos dos textos secundários ao principal. É usada em romances, quadrinhos e webséries — peças que, obrigatoriamente, *narram* uma história. A segunda diz respeito às lógicas de ressonância e retroalimentação, gerando elementos que, a rigor, não narrativos, mas desempenham funções narrativas no contexto em questão, como sites e ferramentas da internet que são usados para estender o mundo ficcional da série. Exemplos incluem endereços web ficcionais que a audiência pode acessar de casa, blogs de personagens e perfis dos protagonistas em sites de redes sociais.

---

[9] O universo transmídia do seriado *True Blood* foi examinado por Rodrigo Lessa. Os resultados podem ser consultados em *Seriados de TV e narrativa transmídia*: explorando o mundo ficcional de *True Blood* (Lessa, 2020) e na tese de doutorado *O universo transmídia do seriado* True Blood: paratextos e extensões ficcionais do HBO e dos fãs (2017).

[10] Aquilo a que Jenkins (2009), Long (2007) e Mittell (2012) chamam nave mãe, simbolizando o esquema no qual há um texto basilar sobre o qual orbitam os secundários, que são suas expansões narrativas.

[11] Autores como Long (2007) e Mittell (2012) realçam sobretudo o caráter acessório dessas peças, sempre definidas a partir da relação com o texto principal.

Os graus de proximidade e interdependência de uma mídia e outra podem variar, conforme apontamentos de Fechine; Figueirôa (2011), mas a noção de que a extensão soma algo ao conjunto da história permanece. Jenkins esclarece esse ponto ao se apropriar do termo "compreensão aditiva", cunhado pelo designer de videojogos Neil Young, para se referir "ao grau com que cada novo texto adiciona algo para a nossa compreensão da história como um todo" (Jenkins, 2011, on-line, tradução nossa). Ao adicionar algo à história, essas extensões podem, ainda, promover maior ou menor interação com a audiência, possibilitando também um ambiente, on-line ou não, no qual o público consumidor das séries e de suas ramificações interaja entre si.

Mittell (2012) atenta para a necessidade de diferenciação entre as extensões que expandem o universo ficcional, descritas anteriormente, e aquelas que podem ser classificadas como informativas da obra matriz, contribuindo para promovê-la e apresentá-la, como propagandas de TV, merchandising, vídeos de bastidores e similares. Essas extensões jamais dilatam o mundo ficcional do produto nuclear; em vez disso, informam sobre ele, podendo redundá-lo (como em trailers ou guias ilustrados) ou trazer dados contextuais sobre a obra (como em blogs de produção).

Em nossa apreciação, esses produtos também podem ser compreendidos como extensões transmídia, pois são materiais alocados em várias plataformas, embora não expandam a narrativa principal. Isso porque, aqui, partilhamos com Long (2007) a ideia de que o termo transmídia deve ser utilizado como um adjetivo — qualidade, característica ou habilidade que pode ser atribuída a diversos fenômenos e produtos (performance transmídia, marketing transmídia etc.) — e não como um substantivo. Desse modo, as narrativas transmídia (*transmedia storytelling*) de que fala Jenkins, que necessariamente dilatam o universo ficcional, são apenas um caso específico do conceito mais geral de extensões transmídia, que podem ou não expandir o mundo da história.

A dilatação do universo ficcional é, desse modo, o critério para estabelecer a diferença proposta. Haverá, assim, ramificações transmídia que expandem o mundo da história, às quais Jenkins chama *transmedia storytelling*, e extensões de caráter informativo, que não dilatam esse universo. Para ambos os tipos de extensão, os setores das empresas responsáveis precisam desenvolver estratégias específicas, muitas vezes criando um grupo particular para cada uma dessas áreas — um elenco de trabalhadores especializados nos meandros do marketing e, em outra frente, um grupo de profissionais com expertises relacionadas à narração ficcional —, ambos competentes quanto ao uso dos recursos comunicacionais que a ambiência digital e suas ferramentas oferecem. A gestão empresarial da criação e uso combinado dessas diferentes modalidades de extensão (ficcionais e informativas) será denominada aqui *projeto institucional transmídia*[12].

Na experiência norte-americana, séries como *24 horas* (Fox, 2001-2010) e *Smallville* (CW, 2001-2011), cujas ramificações que expandem o mundo da história se tornaram referências mundiais, tiveram suas extensões idealizadas quando já estavam no ar. Em outros casos de destaque, as extensões transmídia que estendem o universo ficcional foram planejadas ainda na idealização do produto, como ocorreu com *Heroes* (NBC, 2006-2010), *True Blood* (HBO, 2008-2014) e *Defiance* (SyFy, 2013-2015). A partir do fim da última década, planejar a criação e difusão dessa sorte de extensões desde que a série é idealizada se tornou uma prática cada vez mais difundida. No contexto brasileiro, com menor intensidade, observa-se o mesmo. Nacionalmente, fica claro que os casos mais significativos, explorados à frente, foram conduzidos pela Rede Globo.

O que mobilizou nossa equipe foi, aliás, exatamente o interesse por entender como as empresas produtoras da ficção seriada, em especial as redes de televisão no Brasil, estavam atuando nessa área. Particularmente, parecia animadora a busca por melhor conhecer a linha de trabalho voltada para a produção de peças transmídia que dilatassem o universo ficcional das ficções seriadas. Preocupava-nos, porém, certo viés no campo científico, que tendia a hipervalorizar experiências norte-americanas exitosas. Ao fazê-lo, incorria-se, por vezes, no equívoco de firmar critérios de qualidade para as experiências locais segundo circunstâncias de produção engendradas em outro mercado, distantes do estado em que se encontrava o campo de produção nacional e dos próprios formatos mais recorrentes na ficção televisiva brasileira.

É preciso dizer que nossa própria tendência, num primeiro momento, era de partilhar esse viés. Todavia, o parco conhecimento acumulado sobre o tema naquele momento induzia ao abandono de tal perspectiva e à formulação de um panorama que ponderasse a natureza das ficções

---

[12] Projeto transmídia para telenovelas é uma definição de Fechine e Figueirôa (2011, p. 45) voltada para as estratégias de transmidiação pensadas para esse produto. Com o termo *projeto institucional transmídia*, vamos nos referir às premissas que orientam o planejamento estratégico de transmidiação das empresas, supondo que, para cada segmento ou produto, haverá projetos específicos.

seriadas nacionais e dos projetos institucionais transmídia articulados pelas empresas. Por outro lado, é inegável que a experiência estadunidense se constituiu, de fato, em uma referência para demarcar práticas que surgiram na arena global. Munidos dessas razões, fizemos o esforço de delinear as linhas básicas de composição das extensões ficcionais efetuadas pelas principais produtoras da ficção seriada estadunidense. Por meio desses parâmetros, exploramos a situação recente dos projetos institucionais transmídia elaborados pelas redes de televisão e pelas produtoras independentes no Brasil, cuidando para identificar as particularidades de cada contexto e, assim, evitar tomar os casos americanos como normas qualitativas.

A EXPERIÊNCIA ESTADUNIDENSE

Desde que o meio televisivo se consolidou nos Estados Unidos, são inúmeros os exemplos de séries que, anos após terem terminado, permaneceram no imaginário popular e continuaram em circulação comercial, inicialmente por meio de reprises e, mais tarde, com lançamentos em VHS, DVD ou Blu-ray. Em 2013, os downloads e serviços de streaming eram formas mais hodiernas de distribuição desses clássicos, especialmente a partir da "mobilidade aumentada" (pode-se assistir a programas nos celulares, tablets etc.). Essas produções já mostravam metamorfoses nos recursos expressivos, nas cadeias produtivas, nas estruturas tecnológicas e nas ambiências de consumo.

Uma guinada significativa — essencial para compreendermos o fenômeno contemporâneo de transmidialidade em meio à produção ficcional para a TV — ocorreu paulatinamente nas décadas de 1980 e 1990, no campo da produção ficcional televisiva estadunidense, e se estabeleceu em definitivo nos anos 2000. Alterações na composição poética das séries mostram a insuficiência das classificações usuais de *serials* e *series*, que *a posteriori*, se convencionou chamar de seriados narrativamente complexos[13]. Esses seriados são conhecidos, dentre outros aspectos, por tecerem tramas continuadas, como nas *soap operas* (e nas telenovelas brasileiras), mescladas a narrativas episódicas, típicas dos formatos procedurais.

Essa complexificação das narrativas implicou, muitas vezes, um volume de tramas e personagens, uma miríade de histórias simultâneas

---
[13] Conferir Allrath; Gymnich; Surkamp (2005), Mittell (2006, 2012) e Sconce (2004) para uma melhor discussão sobre a complexidade narrativa.

que se arrastavam por anos com grande número de coadjuvantes. Esses dois aspectos favorecem o planejamento de narrativas transmídia, que passam a ser uma estratégia recorrente de expansão daqueles mundos ficcionais.

Se, na última década do século passado, seriados como *Twin Peaks* (ABC, 1990-1991), *Arquivo X* (Fox, 1993-2002) ou *Friends* (NBC, 1994-2004) abriram caminho para as narrativas complexas que dominavam o horário nobre da televisão americana[14], foi também nos anos 1990 que o fenômeno das narrativas transmídia se tornou notório, inclusive em outros meios. Dois exemplos de destaque são a franquia *The Matrix* e o seriado televisivo *Dawson's Creek* (WB, 1998-2003).

No caso de *The Matrix*, o primeiro filme, lançado em 1999, foi responsável por chamar a atenção para os produtos que se predispunham a contar diversas histórias ambientadas num mesmo universo ficcional por meio de múltiplos suportes. *The Matrix* originou uma trilogia cinematográfica, uma série de curtas de animação, duas coleções de histórias em quadrinhos e vários videojogos. Cada um desses produtos se apresenta como uma narrativa individual, mas com aproximações e vínculos de continuidade distintos entre si. A meta foi proporcionar o consumo de histórias e produtos culturais.

Com o seriado televisivo *Dawson's Creek*, outra estratégia se apresenta: a de buscar promover interação com a audiência e fortalecer vínculos afetivos com ela. Foi lançado o *Dawson's Desktop*, um website que simulava o computador pessoal do protagonista e permitia ao público acessar pastas, fotos e e-mails dele e de outros personagens. Com o passar do tempo e a proliferação de experimentos com extensões transmidiáticas cada vez mais ousadas, essas duas estratégias delinearam os modelos predominantes de narrativas transmídia.

Alguns anos depois, no âmbito televisivo, experiências transmídia foram conduzidas pelas redes produtoras por meio dos seriados *24 horas* (FOX, 2001-2010), *Smallville* (The WB, 2001-2006; The CW, 2006-2011), *Lost* (ABC, 2004-2010) e *Heroes* (NBC, 2006-2010), popularizando o modo narrativo transmidiático no meio e difundindo-o junto às audiências. Esses seriados se destacaram pela profusão de extensões transmídia ao longo de suas temporadas, pelo sucesso comercial conquistado e pela euforia causada no público e na crítica. As ferramentas e estratégias usadas foram diversas e simultâneas, e algumas delas continuaram mesmo

---

[14] Nos anos 1980 apenas alguns seriados incorporavam com vigor essa tendência, a exemplo das séries da NBC *Hill Street Blues* (1981-1987), *St. Elsewhere* (1982-1988) e *Cheers* (1982-1993).

durante os períodos de hiato entre temporadas, com especial destaque para extensões como *webisodes*, *mobisodes*, blogs de personagens, sites fictícios, quadrinhos, ARGs, videojogos e romances.

Das estratégias empregadas, foram de particular interesse: o uso de extensões para introduzir ao público personagens que apenas posteriormente viriam a aparecer no seriado; histórias que explicavam o passado de personagens em situações prévias à cronologia da fábula televisiva; conexões intertextuais diretas entre acontecimentos da narrativa principal e das extensões; histórias que explicavam os lapsos de tempo entre temporadas; jogos de realidade alternativa que engajavam o público em torno da resolução de um mistério; romances publicados em nome de personagens fictícios, sem vínculos diretos entre a narrativa literária e a televisiva, mas com dicas e pistas que o público deveria perseguir para dominar os detalhes da trama; o lançamento de edições semanais de revistas em quadrinhos cujas histórias eram sincronizadas com os acontecimentos dos episódios do seriado televisivo; e, por fim, tramas paralelas protagonizadas por personagens que jamais viriam a aparecer no seriado.

24 horas, *Smallville*, *Lost* e *Heroes* foram tomadas como referência para o que deveriam ser as narrativas transmídia que dilatam o universo ficcional desenvolvidas em torno de seriados televisivos. Esses casos mostravam propriedades comuns. Destacamos a existência de uma situação favorável para a criação das expansões, que vai desde a existência de um público-alvo engajado em tecnologias digitais (geralmente adolescentes e jovens adultos) até um suporte financeiro da emissora que produz a série. Outro destaque, não menos importante, sinaliza o interesse dos produtores e criadores dos seriados em expandir seus universos ficcionais. Esse interesse pode ter um incentivo comercial — vender novos produtos ou engajar telespectadores para que consumam a narrativa matriz — e/ou criativo, isto é, de levar ao público mais relatos sobre aquele mundo criado, a princípio, para a televisão.

Tomando como ponto de partida as mudanças ocorridas até 2013, autores como Evans (2011), Mittell (2012), Clarke (2012), Fechine (2013) e Lessa (2013) propõem o termo *transmedia television*, ou televisão transmídia, para compreender as práticas comuns aos processos de transmidiação de conteúdos ficcionais cujos textos originários sejam programas televisivos. Destacam-se as proposições de Evans (2011), que sintetizam as duas dimensões centrais que caracterizam a televisão transmídia, ambos referentes à temporalidade das ficções seriadas nesse meio.

A primeira delas se refere ao sistema de exibição dos seriados pelas emissoras. Para a autora, as extensões transmídia realizadas para tevê utilizam as janelas temporais inerentes à grade de programação. Ou seja, expandir a narrativa para outros meios é algo que se pode realizar durante a exibição do episódio, entre a exibição de um episódio e outro, e entre o final de uma temporada e o início da próxima. Esta circunstância amplia a "vida útil" das narrativas dos seriados. A segunda dimensão da temporalidade diz respeito às tecnologias que permitem o telespectador assistir aos seriados quando e onde quiser, mencionadas no início deste tópico.

PARÂMETROS DE ANÁLISE

As experiências estadunidenses de criação e produção de séries ficcionais televisivas, reconhecidas e consagradas em escala mundial, tendem a ser tomadas como parâmetros para avaliar as produções de outras partes do globo. Por esse motivo, estabelecemos uma pesquisa exploratória, de caráter quantitativo, para cartografar o que se observava em 2011-2012 na realidade norte-americana em termos de criação de narrativas transmídia, ou melhor, de extensões ficcionais transmídia dos seriados televisivos. Os dados coletados foram usados para caracterizar os projetos institucionais transmídia no mesmo período no mercado das séries televisivas brasileiras. Mais uma vez, vale lembrar o cuidado de evitar o prejuízo que desconsidera as especificidades das realidades nacionais ao tomar as experiências estadunidenses como modelo absoluto.

Ao contrário do que se poderia imaginar, ainda na fase de coleta de dados ficou claro para que as experiências das narrativas transmídia do país são mais díspares do que se acredita. Em suma, os grandes *cases* de *24 horas*, *Smallville*, *Lost* e *Heroes* não são regra, mas exceção. Após computar e analisar um conjunto de experiências, percebemos que, enquanto há projetos muito elaborados (no que diz respeito à quantidade das extensões que dilatam o universo ficcional produzidas durante o tempo de exibição original do programa), há também séries com casos isolados de extensões que expandem o mundo da história, e ainda outras que só possuem ramificações exclusivamente informativas.[15]

---

[15] Vale repetir que o nosso esforço foi no sentido de mapear as extensões que ampliam o mundo ficcional. Portanto, doravante toda vez que é afirmado que uma ficção não possui extensões transmídia, estamos ignorando as meramente informativas. Consideramos fato óbvio que, dado o ambiente midiaticamente saturado em que vivemos, todos os produtos aqui citados possuem extensões de caráter informativo.

Na busca por identificar a diversidade e as recorrências nos projetos institucionais transmídia de seriados televisivos norte-americanos (excluímos as *soap operas* de nossa amostra), separamos a produção do país em duas categorias: a primeira, composta por séries exibidas originalmente na rede aberta ou de *broadcasting*, e a segunda, por aquelas cujas emissoras da transmissão original têm sinal fechado, ou *cable*. O sistema de *broadcasting* inclui as cinco maiores emissoras de televisão do país — Fox, ABC, CBS, NBC e CW. Essas redes transmitem conteúdos de alcance nacional por meio de retransmissoras regionais.[16] Cerca de 97% dos domicílios norte-americanos recebem o sinal dessas cinco redes.[17]

No sistema de distribuição de canais fechados, o público assina um pacote (de cabo, satélite etc.) ou um provedor individual (caso dos canais chamados *premium*) para ter acesso direto a emissoras que não operam sob a lógica aberta do *broadcasting*. Assim, o sinal é transmitido sem intermédio de afiliadas locais. Cada canal a cabo possui um alcance distinto, a depender da soma de telespectadores que optam por assiná-lo ou compram pacotes que os contém. O canal HBO, por exemplo, possui cerca de 41 milhões de assinantes no país,[18] enquanto o ABC Family possui cerca de 80 milhões.[19]

Integraram a pesquisa 15 seriados de *broadcasting* e 12 seriados do sistema de *cable*. No *broadcasting*, foram escolhidos os dez seriados de maior audiência no total de telespectadores adultos da faixa etária de 18 a 49 anos, durante a temporada 2011-2012.[20] Essa lista, porém, não continha produções de todos os grandes canais de rede aberta. Por esse motivo, incluímos mais cinco séries, almejando fazer com que o inventário final contemplasse, no mínimo, os dois seriados de maior audiência de cada uma dessas redes. A permuta entre os dois parâmetros resultou numa lista composta por seis produtos da rede CBS, três da ABC, duas da Fox, duas da NBC e duas da CW.

---

[16] A rede ABC, por exemplo, distribui sua programação por meio de mais de 200 emissoras afiliadas espalhadas pelos Estados Unidos, que operam em instância local (por exemplo, um morador da cidade de Shreveport, no estado da Louisiana, assiste à programação da rede ABC por meio da retransmissora KTBS-TV, cujo sinal pode ser sintonizado no canal 3 de seu receptor). Essa lógica de funcionamento é similar ao que se encontra no Brasil: por exemplo, em Salvador (BA) assiste-se à programação da Rede Record por meio da emissora local afiliada TV Itapoan, que intercala os programas da rede nacional (como telenovelas) com produções próprias (caso dos telejornais locais).

[17] Disponível em: http://en.wikipedia.org/wiki/List_of_United_States_over-the-air_television_networks. Acesso em: 26 jun. 2013.

[18] Fonte: http://www.hbo.com. Acesso em: 5 jan. 2013.

[19] Fonte: http://www.answers.com/topic/abc-family-worldwide-inc. Acesso em: 27 jun. 2013.

[20] O dado foi coletado em: http://tvbythenumbers.zap2it.com/2012/05/24/final-list-of-2011-12-season-tv--show-ratings-sunday-night-football-tops-followed-by-american-idol-the-voice-modern-family/135747/. Acesso em: 27 jun. 2013.

Quadro I – Mapeamento transmídia da extensão ficcional da ficção seriada de maior audiênciano broadcasting estadunidense, faixa etária de 18 a 49 anos, temporada 2011-2012

Título	Emissora	Ano de estreia	Transmídia (sim/não)
2 Broke Girls	CBS	2011	Sim
Glee	Fox	2009	Sim
Grey's Anatomy	ABC	2005	Sim
How I Met Your Mother	CBS	2005	Sim
Mike and Molly	CBS	2010	Não
Modern Family	ABC	2009	Sim
NCIS	CBS	2003	Sim
New Girl	FOX	2011	Sim
Once Upon a Time	ABC	2011	Sim
One Tree Hill	The CW	2003	Sim
Smash	NBC	2012	Sim
The Big Bang Theory	CBS	2007	Sim
The Office	NBC	2005	Sim
The Vampire Diaries	The CW	2009	Sim
Two and a Half Men	CBS	2003	Não

Fonte: veículos oficiais de comunicação on-line, tanto sites como mídias sociais, das redes de televisão pesquisadas; blogs, sites de notícias ou de fãs (*fan sites*), verbetes no Wikipedia, wikis colaborativos (*fan wikis*) e em conteúdos extras existentes nos DVDs e Blu-rays de alguns dos produtos. Dados coletados entre março e maio de 2013[21]

A seleção dos canais de *cable* não pôde seguir os mesmos critérios orientados pela audiência que a dos de *broadcasting*. As principais razões para tanto são a diversidade do alcance desses canais e o fato dos seriados de empresas diferentes não serem exibidos simultaneamente, mas em períodos distintos do ano, o que inviabiliza a comparação das audiências como parâmetro. Desse modo, procedemos de maneira distinta. Inicialmente, levantamos os canais fechados da TV americana com maior relevância na exibição de ficções originais, chegando a um total

[21] Disponível em: http://tvbythenumbers.zap2it.com/2012/05/24/final-list-of-2011-12-season-tv-show-ratings-sunday-night-football-tops-followed-by-american-idol-the-voice-modern family/135747/. Acesso em: 27 jun. 2013.

de 12 emissoras (dentre elas, canais *premium*, mais caros e de assinatura exclusiva, e canais *basic cable*, mais baratos e assinados em pacotes), que são: HBO, Showtime, Starz, AMC, TNT, USA, ABC Family, FX, Lifetime, SyFy, A&E e Cinemax. Em seguida, identificamos o seriado que obteve maior audiência em cada uma delas durante o ano de 2012.[22]

Quadro II – Mapeamento transmídia da ficção seriada de maior audiência nos canais de cable estadunidense, faixa etária de 18 a 49 anos, temporada 2011-2012

Título	Emissora	Ano	Transmídia (sim/não)
Army Wives	Lifetime	2007	Não
Dexter	Showtime	2006	Sim
Haven	SyFy	2010	Sim
Longmire	A&E	2012	Sim
Pretty Little Liars	ABC Family	2010	Sim
Sons of Anarchy	Fx	2008	Não*
Spartacus	Starz	2010	Sim
Strike Back	Cinemax	2011	Sim
Suits	USA	2011	Sim
The Closer	TNT	2005	Não
The Walking Dead	AMC	2010	Sim
True Blood	HBO	2008	Sim

*Site disponível apenas para residentes dos EUA
Fonte: informações e números de audiência das produções ficcionais mais relevantes de cada um dos seriados. A busca incluiu os sites oficiais de cada seriado e os sites como TV by The Numbers, TV Line, Entertainment Weekly e TV Wise. Veículos oficiais de comunicação on-line, tanto sites como mídias sociais, dos canais pesquisados; blogs, sites de notícias ou de fãs (*fan sites*), verbetes no Wikipedia, wikis colaborativos (*fan wikis*) e em conteúdos extras existentes nos DVDs e Blu-rays de alguns dos produtos. Dados coletados entre março e maio de 2013

---

[22] Para definirmos os seriados de maior público de cada canal fechado, pesquisamos largamente por informações e números de audiência das produções ficcionais mais relevantes de cada um deles. A busca incluiu sites como TV by The Numbers, TV Line, Entertainment Weekly e TV Wise. Não há um dado oficial único que abarque todos os canais fechados simultaneamente, como ocorre com a programação de *broadcasting*, o que dificultou a coleta dos dados.

Após a seleção dos seriados, procuramos identificar as extensões transmídia de cada um deles a partir do esquadrinhamento dos seus veículos oficiais de comunicação on-line, tanto sites como mídias sociais. Observamos, ainda, fontes secundárias, como blogs, sites de notícias ou de fãs (*fan sites*), verbetes na Wikipedia, wikis colaborativos (*fanwikis*) e em conteúdos extras existentes nos DVDs e Blu-rays de alguns desses produtos. O período de coleta foi o mês de março de 2013, com atualização de alguns itens em maio. O panorama a seguir permite a tessitura de alguns apontamentos sobre as extensões transmídia dos seriados e sobre seus projetos institucionais transmídia.

PRIMEIROS ESFORÇOS CARTOGRÁFICOS: O ESTADO DA ARTE NA TEVÊ ESTADUNIDENSE

Embora os canais fechados considerados exibam comédias e *sitcoms*, todos os seus seriados de maior audiência são de drama, incluindo uma diversidade de subgêneros,[23] tais como dramas *teen*, policial, terror, ação e fantasia. Os seriados de canais a cabo pesquisados foram: *True Blood* (HBO, 2008-2014), *Dexter* (Showtime, 2006-2013), *Spartacus* (Starz, 2010-2013), *The Walking Dead* (AMC, 2010-2022), *The Closer* (TNT, 2005-2012), *Suits* (USA, 2011-2019), *Pretty Little Liars* (ABC Family, 2010-2017), *Sons of Anarchy* (FX, 2008-2014), *Army Wives* (Lifetime, 2007-2013), *Haven* (SyFy, 2010-2015), *Longmire* (A&E, 2012-2017) e *Strike Back* (Cinemax, 2010-2020).[24] Desses produtos, 75% (nove) apresentam extensões transmídia, e apenas 25% (três) deles não possuem extensões dessa natureza. Os que não possuem são *The Closer*, *Army Wives* e *Sons of Anarchy*.[25]

No caso das principais redes de TV aberta, cerca de 53% (um total de oito séries) das produções ficcionais de maior audiência pertence ao formato *sitcom*, de duração de meia hora. São elas: *Modern Family* (ABC, 2009-2020), *The Big Bang Theory* (CBS, 2007-2019), *Two and a Half Men* (CBS, 2003-2015), *2 Broke Girls* (CBS, 2011-2017), *New Girl* (Fox, 2011-

---

[23] Usamos a noção de gênero empregada pelas empresas. As informações sobre o gênero foram coletadas nos sites oficiais de cada série, assim como em suas respectivas páginas da Wikipédia em inglês.

[24] Nota do editor: decidimos não inserir as datas de encerramento dos seriados citados nessa nova versão do artigo, 10 anos depois, para que o leitor possa com mais facilidade observar que a maior parte deles ainda estava sendo exibido, o que corrobora o fenômeno examinado, qual seja, as extensões ficcionais transmídia das séries exibidas em 2011 e 2012.

[25] O site oficial de *Sons of Anarchy* não permite acesso a usuários fora dos Estados Unidos, o que dificultou a prospecção de suas possíveis extensões e pode ter influenciado no resultado.

2018), *How I Met Your Mother* (CBS, 2005-2014), *Mike and Molly* (CBS, 2010-2016) e *The Office* (NBC, 2005-2013). Os outros sete produtos que compõem o panorama pesquisado são seriados de uma hora, incluindo uma comédia musical (*Glee*, Fox, 2009-2015), um drama musical (*Smash*, NBC, 2012-2013), dois de fantasia (*Once Upon a Time*, ABC, 2011-2018; *The Vampire Diaries*, CW, 2009-2017), um drama médico (*Grey's Anatomy*, ABC, 2005-), um drama policial (*NCIS*, CBS, 2003-) e um drama *teen* (*One Tree Hill*, CW, 2003-2012). Os dados mostram que, das séries de canais *broadcasting* mapeadas, apenas 13% (duas, em números absolutos) não possuem extensões transmídia, enquanto 13 as possuem. As que não possuem são *Two and a Half Men* e *Mike and Molly*.

De modo geral, havia expectativa de que os seriados de maior audiência dos canais pesquisados apresentassem extensões transmídia, o que pôde ser parcialmente comprovado por meio dos dados. Ao todo, dos 27 seriados sobre os quais nos debruçamos, apenas cinco não possuem extensões transmídia (aproximadamente 18%). Contudo, ao observarmos o tipo das extensões encontradas, notamos situações bem díspares: algumas com grande ampliação do universo ficcional, a partir de *webisodes*, sites, blogs, romances, quadrinhos e videojogos; e outras com produções mais simples, como aplicativos para celular e web, perfis ficcionais em redes sociais on-line ou conteúdos extra publicados nos sites oficiais, sem periodicidade regular e, às vezes, com uma única extensão. Desse modo, faz-se necessário distinguir os seriados que esboçam um projeto institucional transmídia, com extensões diversas lançadas de forma constante ao longo do tempo de exibição do programa, daqueles que realizaram extensões apenas de modo isolado.

Uma análise dos dados indica recorrências nos usos de extensões que expandem o universo ficcional desses seriados. Primeiramente, mostrou-se relevante a quantidade de extensões relacionadas às produções destinadas ao público jovem — crianças, adolescentes e jovens adultos. São exemplos de seriados nessa situação os da rede aberta *New Girl*, *Glee*, *The Vampire Diaries*, *One Tree Hill*, e os de canais fechados *True Blood*, *Pretty Little Liars* e *The Walking Dead*. Destaca-se uma estratégia voltada à interação com o público dessa faixa etária, com o uso de blogs, sites e perfis ficcionais em sites como Facebook, seguindo uma lógica de ressonância e retroalimentação.

Seriados com temática fantasiosa, como *True Blood*, *The Walking Dead*, *Spartacus*, *The Vampire Diaries* e *Once Upon a Time*, tendem a investir em extensões que seguem uma lógica de desdobramento e complementaridade, promovendo uma expansão narrativa do universo ficcional de seus respectivos seriados. Nessas, é mais comum o recurso a revistas em quadrinhos, romances, webséries e videojogos, produtos que narram histórias secundárias e que se relacionam de forma mais contundente com o texto principal. Há também sites ficcionais, como o da igreja *Fellowship of the Sun*[26], que existe apenas no mundo diegético do seriado *True Blood*, mas que pode ser acessado na internet, fornecendo ao telespectador detalhes que não constam no texto principal, ao mesmo tempo em que promove uma imersão na ficcionalidade.

Outra tendência observada é a de haver projetos institucionais transmídia mais bem elaborados dentre produções de canais fechados, como *True Blood*, *The Walking Dead*, *Spartacus*, *Dexter* e *Pretty Little Liars*, nos quais, muitas vezes, o uso de extensões é previsto desde a concepção do produto. No sistema de *broadcasting*, por sua vez, nota-se maior uso de extensões de modo isolado, em que não é possível visualizar um projeto coeso. *Smash*, *Glee*, *Grey's Anatomy*, *NCIS*, *2 Broke Girls* e *The Big Bang Theory* são exemplos de produções desse tipo na rede aberta.

Na rede de *broadcasting*, nota-se ainda que há seriados em exibição há mais tempo — desde 2003 ou 2005 — que ainda mantêm números elevados de audiência na média de seus canais. Nessas produções, que podemos chamar de veteranas, destaca-se o uso de extensões transmídia para expandir os universos de suas histórias e para promover interação com o público, como ocorre com *Grey's Anatomy*, *How I Met Your Mother*, *NCIS*, *The Office* e *One Tree Hill*. A longevidade, portanto, parece ser uma variável que impulsiona o recurso a narrativas transmídia nas redes abertas. Algumas explicações para isso podem estar no fato de que, quanto maior o tempo de duração de um seriado na programação televisiva, maior também é o vínculo afetivo que os telespectadores desenvolvem. As extensões, sobretudo aquelas mais voltadas para a interação com a audiência, podem aparecer nesse contexto como uma forma de manter esse vínculo, além de poderem funcionar como recompensas para os fãs que continuam assistindo aos programas ao longo dos anos.

---

[26] http://www.fellowshipofthesun.org/.

Há um caso que ilustra bem a ideia de que deve haver um interesse dos produtores dos seriados para expandir suas histórias por meio de extensões transmídia. Trata-se das *sitcoms* criadas e/ou produzidas por Chuck Lorre, considerado o atual "Midas" da TV norte-americana, por conseguir realizar sucessos comerciais de forma contínua. Ele é o criador e produtor executivo de *The Big Bang Theory* e *Two and a Half Men*, os dois seriados mais assistidos do canal CBS no período pesquisado, e atua como produtor também da *sitcom Mike and Molly*, seriado que arremata a sexta maior audiência do mesmo canal no período. Enquanto a primeira série citada apresenta extensões limitadas e sem amarras entre si — um jogo de cartas on-line no Facebook e um vídeo viral —, as outras duas não apresentam nenhuma extensão. Isso evidencia que não basta o seriado possuir bons índices de audiência para possuir extensões; outros critérios podem entrar em jogo, como o interesse dos criadores e produtores, um público-alvo jovem e um gênero ou temática que favoreça o seu uso.

É importante relativizar que, embora os dados mostrem essas tendências, uma discussão sobre a qualidade das extensões ainda não pode ser feita. Em seriados com temáticas fantasiosas, por exemplo, há projetos institucionais transmídia de maior investimento na construção de um universo ficcional multiplataforma, como o de *True Blood*, mas há também casos como o de *Once Upon a Time*, que recorrem menos a extensões que expandem o mundo da narrativa. De forma similar, existem seriados com projetos bem elaborados e outros que abarcam apenas algumas peças, tanto na rede aberta quanto em canais fechados. Desse modo, generalizações qualitativas sobre temáticas, público-alvo ou gestão dos sistemas de criação e distribuição das extensões devem ser cautelosas e, neste momento da pesquisa desenvolvida, entendidas como tendências.

De modo geral, podemos concluir que os seriados, redes e canais investigados refletem um panorama contemporâneo de precisão razoável do uso das extensões que expandem a narrativa ficcional no âmbito televisivo norte-americano. É patente o uso experimental de extensões ficcionais, fato exemplificado com os casos isolados e não contínuos, o que nos leva a crer que as instâncias produtoras de ficção seriada televisiva ainda estão buscando o melhor uso das narrativas transmídia em seus produtos. Nesse sentido, é perceptível a preocupação em realizar alguma sorte de extensão ficcional, por mais simples que seja, de modo a inserir o seriado na lógica de convergência midiática.

A EXPERIÊNCIA BRASILEIRA

A consolidação do meio televisivo no Brasil, a partir do final dos anos 1960, associou-se ao aumento da produção de ficções seriadas nacionais, que, aos poucos, retiraram do mercado brasileiro o predomínio dos enlatados estadunidenses. A telenovela, produzida pelas próprias redes, tornou-se, desde então, o formato televisivo mais popular no país. Mais de trinta anos depois, já com uma produção nacional sólida, os anos 2000 viram o mercado brasileiro entrar na ambiência digital. Fechine e Figueirôa (2010, p. 282) alinham como marcos desse momento a digitalização do sistema produtivo, o contexto da implantação do novo sistema transmissor digital no Brasil, a convergência entre TV e internet e o crescimento da interatividade entre telespectadores e produtores.

Eles notam também que, já na segunda metade dos anos 1990, o sistema produtivo — que contava com câmeras e ilhas de edição digitais — se associou à "edição automática da programação e disponibilização em tempo real dos primeiros programas na internet". Os autores consideram ainda que "a produção pela TV Globo, em novembro de 1999, dos primeiros programas em HDTV (alta definição) da teledramaturgia brasileira" firmaram a digitalização na esfera produtiva (p. 282). Já o lançamento de portais que associam a grade e os programas das emissoras à internet e a outros meios, como jornais e rádio, sinaliza, ao seu próprio modo, a construção da ambiência digital. Tais sites têm "os [seus] melhores exemplos no portal Globo.com, lançado em março de 2000, que integra todo o conteúdo das organizações Globo, e o R7.com, portal de jornalismo da Record, lançado em setembro de 2009" (p. 282).

A TV digital no Brasil, por sua vez, inicia as operações comerciais em São Paulo no ano de 2007, para, em 2010, estar disponível "em 26 regiões metropolitanas, atingindo mais de 60 milhões de habitantes" (p. 282). Cabe ressaltar que esse novo sistema de distribuição se associa ao desenvolvimento da TV paga, que, segundo os dados do Anuário do Obitel 2012, cresceu 31,4% no ano de 2011, atingindo 42 milhões de pessoas. Nota-se que "esse resultado eleva para 12,7 milhões o número de assinantes, tornando o Brasil o maior mercado de televisão por assinatura da América Latina em números absolutos" (Lopes; Mungioli, 2012, p. 134).

Por fim, em 2010, a experiência da interatividade entre os criadores e os telespectadores já ultrapassava a mera disponibilização, na web, de conteúdos exibidos originalmente na TV, sendo marcada por formas de interação que se adequavam à natureza de cada produto. Naquele ano, já havia experiências que envolviam programas de auditório, telejornais, novelas etc. (Fechine; Figueirôa, 2010, p. 283). O crescimento dessas experiências é notório, facilitado pelo aumento do número de usuários de internet e pela participação ativa nas mídias sociais.

Nesse sentido, as informações oferecidas pelo Anuário Obitel 2012 são esclarecedoras: "[...] em 2011, com 18% de aumento do número de usuários [...], o país ultrapassou a marca de 77 milhões de pessoas com acesso à internet em qualquer ambiente [...], o que fez do Brasil o sétimo maior mercado de internet no mundo" (Lopes; Mungioli, 2010, p. 138). A disseminação das tecnologias digitais e móveis, associada ao aumento da participação dos usuários nas redes sociais on-line,[27] estabelece um patamar fecundo para que as instâncias produtivas da ficção seriada, em particular as redes de televisão, ampliem os projetos institucionais transmídia de seus produtos, podendo, cada vez mais, idealizar os conteúdos segundo as lógicas da transmidiação.

O período escolhido para nossa análise deriva dos resultados das pesquisas do Obitel Ibero-americano e da Rede Obitel Brasil, que consideram o início da primeira década deste novo século um marco de referência na área, sendo que, a partir de 2009, despontaram as experiências com maior vulto de investimento e complexidade, especialmente na Rede Globo de Televisão,[28] empresa que mais se destacou. Nessa medida, cartografamos os projetos institucionais transmídia da ficção seriada inédita exibida na TV aberta com estreia em 2010, 2011 e 2012.

As redes de televisão comerciais que atuaram no mercado brasileiro de teledramaturgia nos anos 2010 e 2012 — Globo, Record, SBT e Bandeirantes — formam conglomerados econômicos com mais de cinquenta anos no mercado e envolvem empreendimentos de diversos setores. Cada uma dessas emissoras, ao seu modo, trava batalhas concorrenciais no mercado nacional e internacional. Nas duas últimas décadas, elas sofrem os impactos dos desafios que decorrem da ambiência da convergência digital na esfera midiática. Um dos problemas tem sido a crescente queda de audiência.

---

[27] Os dados do anuário Obitel 2012 mostram, também, que as redes sociais on-line "foram acessadas por mais de 85% dos usuários de internet ativos, colocando o Brasil à frente do Japão (77%) e dos Estados Unidos (74%)" (Lopes; Mungioli, 2012, p. 138). Ademais, os usuários brasileiros "gastaram mais tempo nas redes sociais, com média de quase oito horas e meia por mês" (p. 139).

[28] Consultar Fechine e Figueirôa (2011, p. 47, nota 21) e Borelli (2011).

Nesta circunstância, os projetos institucionais transmídia das séries televisivas tendem a se mostrar um caminho frutífero para enfrentar a desafiante reordenação das lógicas econômicas e comunicacionais, que podem colocar em xeque a posição que cada uma das redes ocupa no campo. Nesse período, das cinco maiores emissoras brasileiras, apenas a Rede TV não produziu ficção seriada. As outras redes produziram e exibiram, de 2010 a 2012, 72 produtos ficcionais seriados, dentre os quais: 28 telenovelas, 10 minisséries, 32 séries e três *soap operas*. A Rede Globo ficou com 77% desse total, seguida pela Rede Record, com 12% e por SBT e Bandeirantes, com 5,4% cada. A Rede Globo produz regularmente novelas, minisséries, seriados e a *soap opera Malhação* (1995-2021). Nesse período, ela ainda inseriu na grade a novela das 23h, lançando, desde 2010, uma por ano, com cerca de 60 capítulos. Já a Rede Record produziu telenovelas, minisséries e um seriado. Quanto ao SBT, produziu somente novelas, e a Band, apenas séries (consultar Apêndice 1).

A experiência de coprodução que envolve produtoras independentes brasileiras e canais pagos transnacionais, por sua vez, foi observada nesse período na Rede Globo, na Record e na Bandeirantes. Esta última realizou a coprodução de duas das quatro séries que exibiu. As informações coletadas sobre os produtos dessas redes, a observação dos sites oficiais de cada uma delas e os resultados deste estudo exploratório mostram que a Rede Globo é a única que tem investido crescentemente na área, a ponto de organizar um setor responsável pelos projetos institucionais transmídia da ficção seriada na empresa. Já o SBT e a Record realizaram casos pontuais. A Bandeirantes investe em um nicho de mercado específico, com uma lógica próxima das TVs pagas, ao privilegiar estratégias transmídia na ficção seriada coproduzidas com empresas independentes.

Neste cenário, para cartografar o panorama atual de ficções seriadas brasileiras que usam extensões transmídia para dilatar os mundos de suas histórias[29], realizamos uma investigação exploratória com 29 produções nacionais.

---

[29] Este panorama se inspira nas pesquisas de Médola e Redondo (2010) e de Fechine e Figueirôa (2011).

Quadro VI – Mapeamento transmídia da extensão ficcional da ficção seriada produzida pelas Redes de Televisão, Globo, Record, SBT, Bandeirantes. Estreia de 2010 a 2012 (por ordem alfabética)

Título	Formato	Emissora	Ano	Transmídia
Ger@l.com**	Seriado	Rede Globo	2009	Sim
Afinal, o que querem as mulheres?	Seriado	Rede Globo	2010	Sim
Clandestinos: o sonho começou	Seriado	Rede Globo	2010	Não
Suburbia	Seriado	Rede Globo	2012	Não*
Amor Eterno Amor	Novela	Rede Globo	2012	Sim
Avenida Brasil	Novela	Rede Globo	2012	Sim
Cheias de Charme	Novela	Rede Globo	2012	Sim
Guerra dos Sexos	Novela	Rede Globo	2012	Sim
Aquele Beijo	Novela	Rede Globo	2011	Sim
Araguaia	Novela	Rede Globo	2010	Sim
Lado a Lado	Novela	Rede Globo	2012	Sim
Salve Jorge	Novela	Rede Globo	2012	Sim
Gabriela	Novela	Rede Globo	2012	Sim
Fina Estampa	Novela	Rede Globo	2011	Sim
Insensato Coração	Novela	Rede Globo	2011	Sim
Cordel Encantado	Novela	Rede Globo	2011	Sim
A Vida da Gente	Novela	Rede Globo	2011	Sim
Morde e Assopra	Novela	Rede Globo	2011	Sim
O Astro	Novela	Rede Globo	2011	Sim
Ti-Ti-Ti	Novela	Rede Globo	2010	Sim
Passione	Novela	Rede Globo	2010	Sim
Tempos Modernos	Novela	Rede Globo	2010	Não
Escrito nas Estrelas	Novela	Rede Globo	2010	Não
Malhação	Soap Opera	Rede Globo	2010	Sim
Malhação	Soap Opera	Rede Globo	2011	Sim

Título	Formato	Emissora	Ano	Transmídia
Malhação	Soap Opera	Rede Globo	2012	Sim
Carrossel	Novela	SBT	2012	Não
Balacobaco	Novela	Rede Record	2012	Sim
Julie e os Fantasmas	Seriado	TV Band	2011	Sim

*Não foi contemplada a experiência de criação de História em Quadrinhos.
**Presente na análise devido ao destaque da crítica, segundo dados do Anuário do Obitel 2010.
Fonte: sites oficiais das séries. Consultados em março de 2013

As telenovelas e seriados observados estrearam entre os anos de 2010 e 2012 e foram escolhidos de modo a representar a paisagem nesse contexto[30]. O estudo se ateve aos conteúdos disponíveis nos sites oficiais dos programas. Foram identificados 25 produtos da Rede Globo:[31] quatro seriados, três *soap operas* (*Malhação*) e 18 novelas, além das novelas *Carrossel* (SBT, 2012-2013) e *Balacobaco* (Record, 2012-2013), o seriado *Fora de Controle* (Record, 2012) e de dois seriados da Band, *Tô Frito* (2010) e *Julie & os Fantasmas* (2011-2012).

As produções da Rede Globo se destacam pela maior elaboração de seus projetos institucionais transmídia, os quais, via de regra, apresentam maior número e diversidade de extensões que almejam o dilatamento dos universos ficcionais. Já as produções pesquisadas do SBT e da Rede Record se encontram em um momento igualmente rudimentar, enquanto os seriados da Band mostram iniciativas mais bem elaboradas do que as novelas dessas duas redes.

Apresenta-se, a seguir, um quadro geral e breve da corrente situação de cada uma dessas emissoras comerciais de TV, todas em uma fase mais ou menos inicial de organização dos setores especializados em criar e

---
[30] O período e as produções da Rede Globo pesquisadas refletem a tendência dos trabalhos realizados pelo Obitel Brasil nos últimos anos, que vêm favorecendo a análise de produtos dessa emissora. A incorporação de ficções de outras redes e de produtoras independentes surge no nosso trabalho na tentativa a representar de forma um pouco mais precisa o panorama nacional.

[31] A saber: *A Vida da Gente* (2011-2012); *Afinal, o que querem as mulheres?* (2010); *Amor Eterno Amor* (2012); *Aquele Beijo* (2011-2012); *Araguaia* (2010-2011); *Avenida Brasil* (2012); *Cheias de Charme* (2012); *Clandestinos: o sonho começou* (2010); *Cordel Encantado* (2011); *Escrito nas Estrelas* (2010); *Fina Estampa* (2011-2012); *Gabriela* (2012); *Ger@l.com* (2009-2010); *Guerra dos Sexos* (2012-2013); *Insensato Coração* (2011); *Lado a Lado* (2012-2013); *Malhação 2010*; *Malhação 2011*; *Malhação 2012*; *Morde & Assopra* (2011); *O Astro* (2011); *Passione* (2010-2011); *Salve Jorge* (2012-2013); *Subúrbia* (2012-2013); *Tempos Modernos* (2010); e *Ti Ti Ti* (2010-2011).

executar projetos institucionais transmídia para ficções seriadas. A aproximação com as particularidades do contexto estadunidense de crescimento do uso de extensões ficcionais transmídia em séries televisivas apontam aspectos que consolidam a convergência digital e que estabelecem as bases para que projetos institucionais transmídia se proliferem em torno da teledramaturgia brasileira.

Dentre tais aspectos, dois saltam particularmente aos olhos. O primeiro sugere a importância de examinar a relação entre a natureza da narrativa das séries — os modos como criam as continuidades das tramas — e as experiências de extensões que se dedicam a expandir seus universos. O segundo indica a necessidade de observar como se articulam os sistemas de exibição (do diário e ininterrupto ao episódico com hiatos entre temporadas) e os modos dos telespectadores assistirem e interagirem com as séries, dando destaque aos meios, às tecnologias digitais empregadas e aos contextos comunicativos de recepção dessas ficções (onde, como e com quem).

REDE GLOBO

A última década do século passado viu transcorrer uma das inúmeras reorganizações institucionais da Rede Globo, marcada pela entrada de Marluce Dias da Silva como superintendente executiva da emissora e pela desocupação do cargo por José Bonifácio Sobrinho, o "Boni". No ano de 2013, desenhou-se mais uma recomposição na empresa, com a substituição do diretor geral Octavio Florisbal (2004-2012) por Carlos Henrique Schroder. Essas mudanças institucionais parecem seguir as orientações de Roberto Marinho, que ressaltava em 1993: "a Rede Globo deve se modernizar para que não cometa o mesmo erro que as três emissoras americanas ABC, CBS e NBC cometeram no passado quando não se modernizaram".[32]

Reconhecemos a complexidade dos arranjos orquestrados na organização e não ambicionamos aqui examiná-los. O que se presume é que o esforço da empresa para inserir suas ficções seriadas na era da TV transmídia parece representar essa linha mais geral de trabalho da emissora defendida por Marinho. A Rede Globo é, hoje, a maior produtora brasileira de ficção seriada, reconhecida inclusive no mercado internacional, sendo

---
[32] Publicado na Folha de São Paulo, Ilustrada, em 9 de fevereiro de 1993.

responsável pela cobertura de 98,44% do território do país. Sua posição hegemônica no campo produtor de teledramaturgia no Brasil foi estabelecida desde os anos 1980. Para nós, a posição que a Rede Globo ocupa nesse campo condiz com o alto investimento observado nos projetos institucionais transmídia das ficções seriadas que a rede elabora.

Um marco da criação de Projetos Institucionais Transmídia voltados para teledramaturgia é a plataforma web da telenovela *Passione*, de 2010 (Lopes; Mungioli, 2010, p. 132). Tal plataforma foi enaltecida por Manoel Martins, diretor artístico da emissora, que afirmou durante a coletiva da Globo para apresentar a programação daquele ano: "[Em *Passione*] o telespectador pode consumir a novela da maneira que quiser. Esse é o grande foco em Internet este ano. Começará com a novela das 21h e será implantado de forma gradativa para as outras"[33].

O caso de Passione mostra a consolidação de ações transmídia que segundo Médola e Redondo (2010) já estavam sendo experimentadas em ficções seriadas nacionais desde 2005. Fechine e Figueirôa (2011, p. 45-46) indicaram que os estudos da Central Globo de Desenvolvimento Artístico (CGDA) para implantação de uma estrutura própria de produção transmídia focada nas telenovelas ganhou fôlego ainda em 2007: "antes disso, a emissora já vinha realizando experiências pontuais, sobretudo em séries como *Malhação* [...]. Projetos mais arrojados para esse segmento só começam a ser levados para o ar em 2009, com *Malhação ID* e *Ger@l.com*".

O ano de 2010 inaugura o setor de desenvolvimento de formatos[34], implantado por Alex Medeiros[35]. Entre suas atribuições estão o desenvolvimento de projetos institucionais transmídia para a ficção seriada, além da prospecção e execução de novos projetos para os programas de variedades e musicais. Medeiros arremata, em sua experiência, a implantação da programação do Disney Channel Latin America e aquisições de conteúdo para os canais Globosat. Ele esclareceu, no III Encontro Nacional de Pesquisadores da Rede Obitel Brasil, em 2011, que o setor privilegiado em seus projetos tem sido o dos produtos ficcionais de maior audiência, pois eles guardam características de evento inédito, longa duração e exibição

---

[33] Fonte: http://www.teletime.com.br/22/03/2010/globo-desenvolve-plataforma-para-telenovelas-na-internet/tt/172597/news.aspx. Acesso em: 28 jun. 2013.
[34] O setor de desenvolvimento artístico estava ligado a Central Globo de Desenvolvimento Artístico (CGDA), que responde à Central Globo de Produção (CGP).
[35] Formado em comunicação pela Pontifícia Universidade Católica do Rio de Janeiro, mestre pela New House School of Public Communications, em Syracuse-NY (EUA).

diária e continuada, sem interrupções. Além disso, ocupam espaços fixos de alta rentabilidade na grade da emissora, como nos casos de *Malhação* (exibida de segunda a sexta, às 17h30min) e das telenovelas inéditas das três faixas de horário (segunda a sábado, entre 18h e 22h).

Na ocasião, Medeiros disse ainda que a telenovela foi o objeto das primeiras experiências de projetos institucionais transmídia e enfatizou que era preciso entender o que ela representa nesse contexto. Segundo ele, *Lost* e *Heroes* são casos particulares, e não se pode pensar em transmídia sem considerar a natureza de cada produto: o tipo de serialidade, o sistema de exibição, a audiência e as características do formato da série. Ele pontuou também que a fragmentação do público é uma realidade, o que leva à queda da audiência das redes. Desse modo, para Medeiros, o produto da TV aberta que funciona melhor é o que ele chama de "evento", o "ao vivo", como *American Idol* (ABC, 2002-). Ele salienta, assim, a "força do ao vivo" como um elemento central para a formulação dos projetos transmídia dos programas das redes abertas. Para Medeiros, a telenovela possui tal força, posto não ter episódios reprisados no período da primeira exibição.

A perspectiva promissora desse setor é especialmente reconhecida desde 2010, quando os produtores de conteúdo transmídia passaram a ser considerados profissionais artísticos na emissora, e a equipe responsável por esse tipo de conteúdo, constituída por um pequeno número de especialistas nessa natureza de ramificações, passa a constar nos créditos de cada telenovela. Medeiros explica que tais equipes estão subordinadas aos autores e diretores titulares. Ele cita casos nos quais houve interferências de roteiristas nos trabalhos da equipe transmídia, como no blog da comentarista de moda da novela *Ti Ti Ti*, em que Maria Adelaide Amaral estimulava a vida da personagem. Ainda em *Ti Ti Ti*, as contas de personagens no Twitter foram discutidas com os roteiristas para que a equipe tivesse autonomia para desenvolvê-las[36]. Desde então, é fácil observar o quanto as experiências em telenovelas se multiplicaram, e *Cheias de Charme*, de 2012, é considerada um dos casos mais exitosos de projeto institucional transmídia realizado pela emissora[37].

---

[36] Para mais informações sobre a visão dos profissionais envolvidos no Projeto institucional Transmídia da Globo, consultar os depoimentos de Alex Medeiros e Gustavo Gontijo, apresentados e editados por Yvana Fechine (Medeiros; Gontijo, 2013).

[37] Exposição cuidadosa sobre o universo transmídia das telenovelas brasileiras, com destaque para as ações da Rede Globo, de 2007 a 2011, encontra-se nos resultados da pesquisa Obitel Brasil UFPE, expostos no artigo de Yvana Fechine e Alexandre Figueirôa (2011).

Nos dados que levantamos, destacam-se duas estratégias que priorizam a interação com o público sobre a ampliação do mundo da história. A primeira é o uso de uma variedade de aplicativos e jogos que promovem a imersão no universo ficcional das novelas, permitindo que o público explore detalhes dos personagens, tramas, cenários, figurinos e cidades ficcionais. Esses conteúdos, a rigor, poderiam figurar em sinopses, notas de bastidores e álbuns de fotos, mas há um notável esforço em dar-lhes um tratamento ficcional, transformando o que seriam meras informações em extensões transmídia que dilatam a diegese e promovem interação com o público.

São exemplos dessa estratégia o jogo "Ajude Griselda[38]", da novela *Fina Estampa*, que permite ao usuário conhecer os personagens da trama e navegar pelos cenários da novela enquanto cumpre missões para ajudar Griselda; o aplicativo "O Segredo de Naomi[39]", da novela *Morde & Assopra*, que junta, em forma de dossiês, as pistas deixadas ao longo da trama e convoca o usuário a desvendar o segredo da personagem; e o aplicativo que simula o livro de receitas da personagem Gabriela, da novela homônima de 2012.[40]

A segunda estratégia é o uso de sítios ficcionais (de instituições que só existem nas novelas), além de blogs e perfis de personagens em sites de redes sociais. Nesses espaços, há diversos conteúdos, que vão desde informações sobre o funcionamento de empresas ficcionais — como o site e blog da agência de turismo Caburé,[41] da novela *Araguaia* — até a exposição dos desejos e opiniões de personagens, como nos perfis no Twitter de Clara, Fred e Fátima,[42] personagens da novela *Passione*. A *soap* opera *Malhação* (nas três temporadas observadas), destinada ao público jovem, também é exemplar no uso dessa estratégia, contando com diversos blogs e perfis em sites de redes sociais.

Outra tendência observada nas ficções seriadas da Rede Globo é a produção de material audiovisual exclusivo para veiculação on-line,

---

[38] Disponível em: http://tvg.globo.com/novelas/fina-estampa/Fique-por-dentro/noticia/2011/08/divirta-se-com-o-jogo-dos-personagens.html. Acesso em: 29 jun. 2013.

[39] Disponível em: http://tvg.globo.com/novelas/morde-e-assopra/Fique-por-dentro/noticia/2011/10/reta-final-siga-pistas-e-tente-descobrir-qual-e-o-segredo-de-naomi.html. Acesso em: 29 jun. 2013.

[40] Disponível em: http://tvg.globo.com/novelas/gabriela/Fique-por-dentro/noticia/2012/10/segredos-da-cozinheira-gabriela-veja-o-livro-de-receitas-da-morena-cor-de-canela.html. Acesso em: 29 jun. 2013.

[41] Disponível em: http://tvg.globo.com/novelas/araguaia/platb/cabure/. Acesso em: 29 jun. 2013.

[42] Disponível em: https://twitter.com/medeiros_clara, https://twitter.com/FredLobato e https://twitter.com/FatimaLobato. Acesso em: 29 jun. 2013.

como uma matéria jornalística ficcional em *Salve Jorge*,[43] um documentário feito por um personagem em *Cordel Encantado*[44] e clipes de fluxos de consciência de personagens de *Araguaia*.[45] Extensões como essas almejam a dilatação do universo ficcional mais do que a interação com o público. Embora mais infrequentes, elas são um caminho frutífero para a expansão dos mundos ficcionais: com a formatação e a periodicidade adequadas, esses conteúdos poderiam ser facilmente apresentados ao público na forma de websérie, a exemplo do que foi feito em *Sob o Signo de Ferragus*[46], websérie da telenovela *O Astro*.

SISTEMA BRASILEIRO DE TELEVISÃO

O SBT (Sistema Brasileiro de Televisão), segunda maior rede aberta do Brasil, reúne 109 afiliadas que cobrem mais de 96% dos domicílios com televisor no país. Com mais foco em programas de auditório do que em conteúdos originais de ficção, apenas na década de 1990 o SBT começou a exibir telenovelas produzidas pela emissora. A primeira delas foi uma coprodução da Miksom, *Brasileiras e Brasileiros* (1990-1991), escrita por Carlos Alberto Soffredini e Walter Avancini, que também a dirigiu.

Em 1994, foi estruturado o núcleo de teledramaturgia da emissora. Esse período foi marcado pela contemporânea *Razão de Viver* (1996) e pelas requintadas produções de época *As Pupilas do Senhor Reitor* (1994-1995), *Éramos Seis* (1994), *Sangue do Meu Sangue* (1995-1996) e *Os Ossos do Barão* (1997). A adaptação de tramas advindas de textos argentinos e mexicanos, que veio a se configurar como uma das principais marcas do SBT, resultou em obras como *Antônio Alves, Taxista* (1996), *Pérola Negra* (1998-1999), *Chiquititas* (1997-2001), *Pícara Sonhadora* (2001), *Pequena Travessa* (2002-2003), *Marisol* (2002), *Amigas & Rivais* (2007-2008), *Amor e Ódio* (2001-2002), *Canavial de Paixões* (2003-2004) e *Esmeralda* (2004-2005).

Outro momento importante para a teledramaturgia no SBT foi a estreia de Íris Abravanel como novelista, com *Revelação*, no ar entre 2008 e

---
[43] Disponível em: http://tvg.globo.com/novelas/salve-jorge/videos/t/extras/v/morte-de-rachel-e-noticia--em-telejornal-turco-assista-ao-video/2469187/. Acesso em: 29 jun. 2013.
[44] Disponível em: http://tvg.globo.com/novelas/cordel-encantado/Fique-por-dentro/noticia/2011/06/exclusivo-veja-na-integra-o-documentario-feito-por-penelope-sobre-o-cangaco.html. Acesso em: 29 jun. 2013.
[45] Disponível em: http://tvg.globo.com/novelas/araguaia/Fique-por-dentro/noticia/2011/04/cena-exclusiva-nancy-doce-e-sensual.html. Acesso em: 29 jun. 2013.
[46] Disponível em: http://especial.oastro.globo.com/sobosignodeferragus/. Acesso em: 26 jun. 2013.

2009. Após a emissora adquirir um pacote de textos radiofônicos de Janete Clair, em 2008, Íris Abravanel realizou ainda a adaptação da radionovela *Vende-se um Véu de Noiva* (2009-2010). Já Tiago Santiago estreou no SBT em 2010 com a novela *Uma Rosa com Amor* (inspirada na obra homônima de Vicente Sesso) e, no ano seguinte, criou *Amor e Revolução* (2011-2012), ambientada na ditadura militar e com a exibição do primeiro beijo não heterossexual em rede aberta no país. Em 2012, Íris Abravanel levou ao ar um remake da mexicana *La Mentira* (1998), sob o título *Corações Feridos*. Nesse mesmo ano, ela adaptou a telenovela *Carrossel*, que teve altos índices de audiência na Grande São Paulo, com média de 15,0 e pico de 17,0 pontos.[47] Com o sucesso da adaptação junto ao público infantil, estreou no canal, em 2013, a nova versão de *Chiquititas*.

Carrossel não teve extensões transmídia, e seu site,[48] até junho de 2013, continha apenas os ícones "trilha", por meio do qual podem ser ouvidos trinta segundos de cada uma das músicas da novela, e download, com *wallpapers* para fãs. Além disso, havia o blog,[49] no qual o visitante podia comentar sobre a obra ou sobre as fotografias e notas ali postadas, que também podiam ser compartilhadas nas redes sociais, em outros blogs ou por e-mail. Em 22 de fevereiro de 2013, porém, o SBT confirmou que a emissora, junto à produtora Super Toons, lançaria o desenho baseado na trama. A produção teria, inicialmente, 26 episódios de nove minutos, e a ideia era distribuí-lo para toda a América Latina. Foi anunciado, ainda, o interesse em produzir um musical da novela.

É notável em *Carrossel* o uso de extensões exclusivamente informativas — que reverberam os conteúdos da novela e buscam interação com a audiência —, não havendo expansão ficcional. Todavia, essa situação pode mudar, conforme o anúncio da produção do desenho animado e do musical citados, ambos com estreia prevista ainda para 2013. Ademais, até o momento, a novela carece de ações que objetivem dilatar o universo ficcional. Tais extensões provavelmente seriam bem acolhidas pelos fãs, dado o número de *fanpages* no Facebook dedicadas à novela, além da página oficial.[50]

---

[47] Fonte: http://natelinha.ne10.uol.com.br/noticias/2013/07/25/carrossel-atinge-pico-de-17-pontos-chiquititas-segue-em-alta-64043.php. Acesso em: 16 ago. 2013.
[48] http://www.sbt.com.br/carrosseltv/.
[49] http://www.sbt.com.br/carrossel/blog/.
[50] www.sbt.com.br.

REDE RECORD

Em 2013, na disputa pelo segundo lugar no ranking das redes de televisão no Brasil, a Rede Record de Televisão, fundada em 1953, era a mais antiga emissora aberta ainda em atividade no país. Durante todos esses anos, a Record passou por diversas administrações até que, em 1989, foi vendida ao Bispo Edir Macedo, da Igreja Universal do Reino de Deus. A despeito do seu tempo de existência, foi apenas no início dos anos 2000 que a Rede Record conseguiu entrar na disputa com o SBT pela vice-liderança de público entre as TVs abertas. Atualmente, a Rede conta com mais de 100 emissoras afiliadas em todo o país, cobrindo 92% do território brasileiro. Sua transmissão também chega a outros 150 países por meio da Record Internacional.

Em seu perfil atual, destacam-se os programas de auditório, como os apresentados por Raul Gil e Rodrigo Faro; os programas de variedade, a exemplo do *Programa da Tarde*; os *reality shows*; e o telejornalismo, setor em que a Record investiu de maneira significativa. Em 2007, foi lançada a Record News, primeira emissora de notícias 24 horas na televisão aberta nacional. Dois anos depois, em 27 de setembro de 2009, a Rede Record lançou o R7, portal de conteúdo que agrega notícias de todos os produtos da Rede, além de *hard* e *soft news* nacionais e internacionais.

Com a chegada de Antonio Guerreiro para assumir a direção do portal, em outubro de 2010, a Rede Record dinamizou suas ações transmídia,[51] principalmente a partir do *Jornal da Record News*, que mantinha na internet um conteúdo exclusivo além do que era exibido na televisão. O telejornal começava antes e terminava depois na web, além de continuar ao vivo nos estúdios com alguma atração para o público on-line durante os intervalos televisivos. Os *reality shows* da emissora também começaram a investir em variantes especiais on-line, inicialmente com uma versão alternativa de *Legendários*, humorístico comandado por Marcos Mion. Posteriormente, programas como *A Fazenda* e *Ídolos* também ganharam versões alternativas exclusivas para web.

A teledramaturgia na Rede Record expressava, naquela época, um esforço em manter uma produção regular. A partir de 2005, o desejo de investir em ficção original foi evidenciado com a criação do Núcleo de

---

[51] Fonte: http://noticias.r7.com/jornal-da-record-news/2011/05/22/diretor-geral-de-internet-da-record-fala-sobre-a-interacao-entre-tv-e-r7/. Acesso em: 29 jan. 2013.

Teledramaturgia, localizado em Várzea Grande, Rio de Janeiro. A primeira telenovela produzida no Núcleo foi *Essas Mulheres* (2005), de autoria de Marcílio Moraes e Rosane Lima. Embora não tenhamos identificado um setor específico para pensar projetos institucionais transmídia para a teledramaturgia da emissora, a preocupação em desenvolver ações transmídia faz parte do escopo dos interesses da empresa.[52] Os depoimentos da roteirista Paula Richard elucidam esse aspecto quando ela afirma que não existe uma solicitação oficial para que os roteiristas pensem em ações transmídia para suas novelas, mas que a empresa está aberta para inseri-las caso o autor as proponha.[53]

A ficção seriada exibida pela Record apresenta sites na internet para cada produto, com informações de bastidores, vídeos e recursos que estimulam a interação com o público. Para os produtos que estrearam entre 2010 e 2012, só se observa extensões ficcionais transmídia na telenovela *Balacobaco* (2012-2013), considerada a seguir. O seriado *Fora de Controle* (2012), por sua vez, produzido em parceria com a produtora Gullane, possui apenas um site com informações básicas, trazendo dados sobre personagens, episódios, bastidores e vídeos com *making of*. Não houve, nesse seriado, nenhuma preocupação com ações transmídias ou qualquer outra adequação para convergências e expansão da narrativa.[54] A Gullane não teve envolvimento com a criação do site, que ficou a cargo da equipe do R7, mais precisamente do jornalista Daniel Castro, que confirmou a inexistência de ações transmídia para a série.

O projeto transmídia de *Balacobaco*, novela de Gisele Joras com direção-geral de Edson Spinello, promoveu a interação com o público a partir da transmissão on-line da Rádio Ampola,[55] uma emissora de rádio ficcional da telenovela, que tinha um dos personagens da trama, Plínio Policarpo (personagem de Rodrigo Phavanello), como locutor.

---

[52] Em 2006, a interação mediada pelo celular (SMS) entre produtores e telespectadores da telenovela *Prova de Amor* (2005-2006) foi considerada inovadora, pois permitiu que o público escolhesse, por telefone, desfechos de conflitos de personagens dentre duas opções previamente indicadas (Médola; Redondo, 2010, p. 328).

[53] Os depoimentos de Paula Richard e Daniel Castro foram colhidos em entrevistas realizadas por e-mail.

[54] Depoimentos da época do lançamento da série. Disponíveis em: http://entretenimento.r7.com/fora-de-controle/video/autor-da-serie-fala-sobre-sucesso-do-projeto-4f996614fc9b6f4f89a09f88/; http://entretenimento.r7.com/fora-de-controle/video/produtor-fala-sobre-producao-da-nova-serie-da-record--4f996509b51a0d6dfcc56c96/; http://entretenimento.r7.com/fora-de-controle/video/produtor-executivo--revela-aproximacao-entre-fora-de-controle-e-o-cinema-4f9965563d14c5ff0ed2e9b5/; http://videos.r7.com/daniel-rezende-fala-sobre-desafios-da-serie/idm. Acesso em: 20 fev. 2013.

[55] O site da telenovela (http://entretenimento.r7.com/balacobaco/) continua no ar. O site da rádio, porém, não está mais acessível, e não é mais possível ouvi-la on-line em www.radioampola.com.br.

Na internet, era possível ouvir a esta rádio vinte e quatro horas por dia, com intervenções pontuais do personagem no meio da programação. As falas eram simples, a exemplo de "Você está ouvindo a Rádio Ampola" ou "Você acabou de ouvir a música ['x']", mas permitiam a imersão, fazendo o espectador se sentir como se ouvisse a uma rádio real.

Além disso, a interação era possível com os ouvintes, que podiam solicitar músicas e ouvir seleções especiais em formulários no site. Segundo a Record, "a ideia do produto é criar uma extensão 24 horas, na internet, do conteúdo da novela na TV.[56]" Outras extensões encontradas eram versões interativas para jogos como forca, sete erros, memória, quebra-cabeça ou "adivinhe a música". Apesar de simples, essas extensões utilizavam cenas da novela e fotos de personagens para interagir com o público.

O que se pode perceber, então, é que a Rede Record já apresenta ensaios de projetos institucionais transmídia no setor da teledramaturgia, com extensões que buscam dilatar o universo ficcional das séries. A Rádio Ampola representa uma das primeiras experimentações mais elaboradas, dando mais ênfase à interação com o público que à imersão no universo.

REDE BANDEIRANTES

A Rede Bandeirantes, também conhecida como Band ou TV Bandeirantes, é a quarta maior rede de televisão do Brasil, tanto em audiência quanto em faturamento. A emissora se destacou, a partir da década de 1980, com programas de nicho e auditório, como *Clube do Bolinha*, apresentado por Edson Cury; e, a partir de 1990, com uma programação mais forte no campo esportivo e jornalístico. Na teledramaturgia, desde que a Band foi lançada, ela tem contado com não mais que esparsas produções próprias.

A despeito disso, algumas novelas se destacaram na história do canal, como *Os Imigrantes* (1981-1982), de Benedito Ruy Barbosa. No início dos anos 2000, a emissora lançou as suas últimas produções originais, a exemplo de *Floribella* (2005-2006), considerada uma de suas novelas mais bem sucedidas.[57] Em 2013, a Band centra esforços na par-

---

[56] Fonte: http://www.cnews.com.br/tvaver/entretenimento/22971/record_investe_em_transmidia_e_bala cobaco_tera_radio_no_r7. Acesso em: 29 jan. 2013.

[57] Médola e Redondo (2010, p. 324) salientaram o emprego inusitado do uso da mensagem de texto pelo celular como recurso para interação com o público e os fãs de Floribella: "[...] o telespectador envia uma mensagem de texto que pode ser exibida durante a novela. A interação ocorre em um ambiente de bate-papo entre os telespectadores, criado a partir da conexão de celulares, formando comunidades".

ceria com produtoras, direcionando iniciativas principalmente para o público infantojuvenil. Em paralelo ao desenvolvimento de sua grade, a rede percebeu o imperativo de mudar as suas dinâmicas de produção e distribuição, adequando-se a um contexto marcado pelas novas mídias. Conforme Edson Kikuchi, diretor de Desenvolvimento de Produtos Digitais da organização, essas mudanças passam pela produção de conteúdos multiplataforma, que atendem a demandas cada vez mais específicas do público[58]. Para o executivo, "não podemos mais pensar na TV aberta apenas como uma distribuição linear. A produção de conteúdo deve ser pensada para todas as telas".[59]

As falas de Kikuchi se embasam em um posicionamento retórico maior da Band, que, de acordo com Walter Ceneviva, seu vice-presidente executivo, possui um projeto multimídia integrado para todo o grupo, incluindo rádio, TV e internet.[60] Nesse cenário, a emissora tem investido em produtos que dialogam com os desafios das novas mídias, como foi o caso de *CQC 3.0*,[61] em 2010, extensão web de *Custe o Que Custar*,[62] cuja versão nacional foi lançada em 2008. Nas ficções seriadas, por sua vez, o diálogo com as novas mídias se destacou em duas produções, *Tô Frito* e *Julie & os Fantasmas*.[63]

A primeira delas, *Tô Frito*, foi criada por Letícia Wierzchowski e Marcelo Pires e dirigida por Flávia Moraes, nacionalmente reconhecida no campo publicitário. Produzida conjuntamente pela Film Planet, pela Satélite Áudio e por Aretha Marcos, a série foi transmitida pela Band, pela

---

[58] Fonte: http://www.geminis.ufscar.br/2012/09/comentarios-painel-transmidia-experiencias-em-tv/. Acesso em: 22 jun. 2013.

[59] Fonte: http://issuu.com/telaviva/docs/tt_154. Acesso em: 22 jun. 2013.

[60] Fonte: http://www1.folha.uol.com.br/fsp/ilustrad/fq1309201005.htm. Acesso em: 22 jun. 2013.

[61] Após o término de cada programa na televisão aberta, os apresentadores continuavam a transmissão apenas pela internet, por trinta minutos, mostrando bastidores, erros de gravação e respondendo a perguntas dos internautas. Para os apresentadores, a iniciativa foi bem-vinda porque a internet sempre teve um papel muito importante para o programa, mantendo-o vivo ao longo da semana e agradando a audiência.

[62] Programa com formato distinto, da produtora Eyeworks-Cuatro Cabezas, que também possui versões em países como Chile, Argentina, Espanha e Itália. No Brasil, é exibido pela Band nas segundas-feiras, trazendo um resumo semanal de notícias sob uma ótica irreverente.

[63] No período analisado, a Band também reprisou *Descolados* (2011), série com 12 episódios de trinta minutos distribuída originalmente pela MTV Brasil (2009). Endereçada ao público jovem e patrocinada pela Skol, a marca de cerveja assinou o site e todas as ações de lançamento da série na internet. *Descolados* criou perfis dos três protagonistas nas mídias sociais e blogs, relacionados às áreas de interesse de cada um dos personagens. Com essa ação, criou-se um "passado digital" de Lud, Teco e Felipe, dando a sensação de que eles realmente eram pessoas que existiam fora do seriado. Por meio de um *quiz* no site do programa, era possível ainda ter acesso a conteúdos extras, materiais audiovisuais que não foram exibidos na televisão aberta, como algumas cenas de sexo.

MTV Brasil e pelo canal on-line TV Terra. A série teve oito episódios de quinze minutos de duração, cada um exibido originalmente nas segundas-feiras, após o CQC. O projeto foi viabilizado pela Nestlé, que expôs alguns de seus produtos durante os episódios.

O seriado manteve algumas iniciativas que permitiram que os telespectadores complementassem a experiência de assistir: o personagem principal ganhou perfis em mídias sociais, como o Flickr, em que publicava suas ilustrações, criando uma espécie de portfólio virtual.[64] Houve, ainda, a alimentação de um *blog*,[65] que funcionava como um diário das experiências vividas por ele em São Paulo. Já no site principal da série,[66] diversas extensões de caráter informativo podiam ser encontradas: os internautas poderiam acessar dicas de locais para comer e morar, conferir vagas de emprego, obter informações sobre os personagens, participar de chats com atores e realizadores etc.

Ampliando o diálogo com mídias que estenderam o contato do telespectador com a atração, houve ainda a publicação de tirinhas relacionadas ao seriado em jornais impressos, protagonizadas pelo personagem principal, que integraram a campanha de divulgação da série, assinada pela JWT. Essas extensões compuseram um projeto transmídia relativamente bem organizado, que associou a estratégia publicitária com o texto principal para proporcionar à audiência o dilatamento do mundo da história em múltiplas plataformas.

Por fim, *Julie & Os Fantasmas* alcançou 12 países após sua transmissão original na Band. Criada por Paula Knudsen, Tiago Mello e Fabio Danesi, a série foi realizada em parceria com a Mixer e a Nickelodeon Brasil e teve uma primeira temporada de 26 episódios, que ganhou, em 2011, o troféu da APCA (Associação Paulista de Críticos de Arte) na categoria *Melhor Programa Infantojuvenil*. Em março de 2013, a série passou a ser distribuída pela Netflix Brasil.

Com um projeto transmídia voltado à interação com a audiência, o seriado teve apenas duas extensões que objetivavam o dilatamento do universo ficcional, a saber: um CD com as canções da banda ficcional de Julie e um videoclipe para uma de suas músicas, ambos disponíveis para consumo on-line e gratuito. Dentre as extensões de caráter

---

[64] Link: www.flickr.com/photos/vitorpaz.
[65] Link: http://www.vitorpaz.blogspot.com.br.
[66] O site já não se encontra no ar. Antes, ele poderia ser acessado no link http://tofrito.terra.com.br.

exclusivamente informativo, se mostrou interessante o fato de o site, de atualização constante e apresentado como blog, mudar de layout a cada episódio, adaptando-se ao que foi exibido.

PRODUTORAS INDEPENDENTES E PROJETOS TRANSMIDIA DA FICÇÃO SERIADA

A Lei nº 12.845, conhecida como a "nova lei da TV a cabo", que exigiu de canais por assinatura cotas semanais de programação nacional, reconfigurou o campo de produção de teledramaturgia no Brasil. A partir desse novo contexto, as produtoras independentes se reposicionaram nesse campo, dinamizando fortemente o mercado e as experiências de transmidiação das séries brasileiras. O aumento do número de ficções seriadas na grade de programação das redes abertas e dos canais pagos mostra o envolvimento cada vez maior de tais produtoras com a ficção seriada, e os projetos institucionais transmídia das séries da Band já sinalizavam as promissoras experiências que essas empresas têm em curso no país.

Com o intuito de ilustrar o cenário emergente da recente lei da TV a Cabo, estendemos os nossos esforços no sentido de cartografar brevemente os movimentos das produtoras em torno das ações estratégicas que compõem projetos institucionais transmídia para a ficção seriada televisiva. Mais uma vez, buscamos identificar o leque de experiências que previam convocar a ampliação do universo ficcional das séries.

Como ponto de partida para tal tarefa, observamos as empresas vinculadas à Associação Brasileira de Produtoras Independentes de Televisão (ABPITV),[67] círculo que melhor representa o universo das pequenas agências que realizam séries ficcionais para TV e outras telas.[68] Entidade sem fins lucrativos, a ABPITV é um grupo ao qual se filiam diversos agentes do setor espalhados pelo território nacional. Fundada em 1999, ela afirma em seu endereço web ter "o intuito de reunir e fortalecer as empresas produtoras de conteúdo para televisão e novas mídias (exceto publicidade) no mercado nacional e internacio-

---

[67] A associação muda o nome para Bravi (Brasil Audiovisual Independente) em 2016. Esclarecem no site da organização que a mudança do nome condizia com uma nova circunstância da produção audiovisual independente na ambiência digital: "o escopo de atividades da produção audiovisual independente no Brasil e no mundo hoje atua em múltiplas telas e plataformas, tendo como possibilidades a produção para mobile, web e *video on demand*, além dos canais de televisão aberta ou por assinatura e para cinema". Disponível em: https://bravi.tv/associe-se/. Acesso em: 20 fev. 2024.

[68] A última atualização desses dados foi feita em 26 de junho de 2013.

nal", embora a maior parte das agências listadas em seu sítio trabalhe especial ou exclusivamente com o mercado publicitário.[69]

Das 327 produtoras associadas, apenas 30 (9,17%) são sediadas nas regiões Norte, Nordeste ou Centro-Oeste,[70] e nenhuma delas, segundo dados ofertados em seus sites, trabalha com conteúdo transmidiático, ficcional ou não. Na verdade, apenas duas, a baiana Truque e a goiana Mandra Filmes, parecem trabalhar com ficção televisiva. Mesmo assim, o engajamento de ambas nesse tipo de produção é recente, e os projetos de suas séries encontram-se em fase de pré-produção, sem quaisquer informações em seus sites relativas à veiculação dessas ficções em canais de TV aberta ou fechada.

Já os três estados da região Sul possuem, juntos, 28 empresas associadas à ABPITV, o que corresponde a 8,56% do total de sócias, estando a maioria delas (15) no Rio Grande do Sul. Nesse estado, merece destaque a Casa de Cinema de Porto Alegre, colaboradora da HBO em *Mulher de Fases* (2011) e da Globo em produções como *Luna Caliente* (1999), *Cena Aberta* (2003) e *Decamerão – a Comédia do Sexo* (2009); além de parcerias com a RBS TV, afiliada local da Globo. Das oito produtoras situadas no Paraná, seis trabalham com ficção televisiva. Dentre elas, se sobressai a Tecknokena, cujo filme *Brichos* (2006) se desdobrou em história em quadrinhos e série de TV (Canal Futura, TV Brasil e TV Rá-Tim-Bum), e cuja série *Mitorama - Lendas Brasileiras*, para a TV Cultura, ganhou uma HQ em 2010.

Com 269 produtoras afiliadas à ABPITV, a região Sudeste abriga 82,26% das sócias.[71] No Rio de Janeiro, localizam-se 82 associadas, representando 25,07% do universo. Das empresas cariocas, 37 (45,12% delas) já produziram ou estão produzindo unitários para TV ou ficção seriada, televisiva ou para a web. Nacionalmente, isso significa que o estado abrange 32,17% desse mercado entre as produtoras independentes.

Em meio às produtoras do Rio, destacamos, em termos de criação ficcional para a TV, a Conspiração Filmes, cujas ficções televisivas de maior

---

[69] Como se pode imaginar, o porte das 327 produtoras associadas perfiladas no site varia imensamente, bem como sua intimidade com a produção ficcional para tevê e seu engajamento com transmídia.

[70] Sendo 0,91% no Norte (três produtoras: duas no Amazonas e uma no Pará), 4,89% no Nordeste (16 empresas: 11 na Bahia, quatro em Pernambuco e uma em Sergipe) e 3,36% no Centro-Oeste (11 associadas: sete no distrito federal, três no Mato Grosso do Sul e uma em Goiás).

[71] Apenas uma delas, de não muita expressividade, se encontra no Espírito Santo. Em Minas Gerais, o número é maior, mas ainda pequeno, e o estado conta com 12 empresas, das quais apenas três parecem ter alguma incursão por ficções televisivas ou seriado para outras plataformas.

evidência são as séries *Mulher Invisível* (Globo, 2011) e *Mandrake* (HBO, 2005-2007); Indiana, uma das pioneiras no mercado de séries de ficção independentes no Brasil, com projetos para a TV Cultura (*Sombras de Julho*, 1995) e a Multishow (*Joana e Marcelo*, 1997-1999); Televisão Profissional, incluída nesta lista por conta da produção de 120 capítulos da novela angolana *Minha Terra Mãe* (TPA, 2009); Urca Filmes, pela parceria com o canal português TVI na adaptação televisiva de *Equador* (2008-2009); e Total Entertainment, criadora da série *Avassaladoras* (Record, 2006).

No estado, ainda pomos em relevo o fato de nove produtoras estarem desenvolvendo ou terem desenvolvido projetos institucionais transmídia (ficcionais ou não). Além delas, no caso de mais seis empresas a tendência parece ser essa, seja por estarem buscando parceiros para fazê-lo, por estarem decidindo se incluem extensões transmídia em projetos que já vêm desenvolvendo, ou porque seus sites não deixam claro se um certo produto possuirá ou não extensões desta natureza, mas indicam que sim.

Dos projetos já em curso, os mais promissores são *Sobre Anões e Cifrões*, da empresa Faro Filmes, que nasceu como média-metragem e já começa a ser planejada para desdobrar uma série de TV, aplicativos para celular e iniciativas para web; e *Contatos*, da produtora Segunda-Feira Filmes, bastante premiada e com iniciativas multiplataforma idealizadas pel'Os Alquimistas, uma das principais equipes da área no Brasil. Faz-se notável que 14 das 15 empresas que estão ou parecem estar desenvolvendo/ buscando desenvolver projetos transmídia no Rio de Janeiro trabalham com ficção seriada ou, ao menos, com unitários para a TV.

São Paulo abriga o restante das produtoras afiliadas à associação, contando com um total de 174 sócias, o que representa 53,21% do universo. Isso significa que, no estado, encontram-se mais do que o dobro do volume de produtoras do Rio de Janeiro. Dessas, 63 (36,2% do total) de fato produzem webséries ou ficção para TV, representando 54,78% do total das que produzem esse tipo de conteúdo no país, que é de 115, aproximadamente um terço do universo de associadas. Somente doze delas (apenas três a mais do que no Rio, em números absolutos) estão desenvolvendo ou desenvolveram projetos institucionais transmídia, e em mais 15 sócias há uma tendência indicada nesse sentido. Das 27 paulistas que já produziram ou parecem tender à produção transmídia, 19 (70,37%) trabalham com ficção seriada ou unitários para TV. Nacionalmente, 49 já trabalharam ou aparentam trabalhar com transmídia (14,98% do total). Dessas, 37 (cerca de três quartos) já fizeram ficções para TV ou webséries.

Em São Paulo, alguns dos Projetos Transmídia que se destacaram foram *420*, da (F) Filmes, uma websérie multiplataforma que levou à criação de catálogos de moda baseados nos estilos dos personagens e da qual um dos protagonistas, cineasta, enviava curta-metragens para festivais de cinema reais; e *Moonflower*, da Umana Market. Com inspiração no trabalho da artista plástica botânica Margaret Mee, pioneira na luta internacional contra a destruição da Amazônia, *Moonflower* traz obras de ficção e não ficção sobre o universo da Floresta Amazônica: sua diversidade, mitologia e preservação. A iniciativa acontece em coprodução internacional com a Starlight Runner, empresa norte-americana responsável por projetos de grande porte, como os de *Avatar*, *Piratas do Caribe* e *Tron*. Fazem parte do projeto a produção de: longa-metragem animado, documentário, bibliografia em livro, livro infantil, exposição 3D, série televisiva, histórias em quadrinhos e jogos educativos.

Quanto às produtoras mais importantes do estado, qualquer seleção seria arbitrária, pois São Paulo abriga algumas das maiores parceiras de redes abertas e fechadas. Só para ficar com alguns exemplos, temos: Damasco Filmes (*Morando Sozinho* e *Na Fama e na Lama*; Multishow, 2010-), Estricinina (*Fudêncio e Seus Amigos* e *Infortúnio MTV com a Funérea*, MTV, a primeira exibida desde 2005 e a segunda, seu *spin-off*, desde 2009), Grifa Filmes (com parceiros como Discovery, National Geographic, Fox, NHK, Arte, France 3, France 5, CBC, Record, TV Brasil, Multishow e GNT), Grupo INK (*A Pedra do Reino* e *Amor em Quatro Atos*, TV Globo, a primeira de 2007 e a última de 2011), Gullane (*Carandiru – Outras Histórias*, TV Globo, 2005; *Alice*, HBO, 2008; e *Fora de Controle*, Record, 2012), Mixer (*Descolados*, MTV, 2009; *Julie & os Fantasmas*, Bandeirantes, 2011-2012), Moonshot Pictures (*Sessão de Terapia*, GNT, 2012), O2 Filmes (*Cidade dos Homens*, *Antonia* e *Som e Fúria*, todas para a TV Globo, respectivamente nos períodos de 2002-2005, 2006-2007 e 2009; e *Filhos do Carnaval* e *Destino São Paulo*, para a HBO, a primeira exibida entre 2006 e 2007 e a última em 2012), Prodigo Films (*Copa Hotel*, GNT, 2013-; e *(FDP)*, HBO, 2012) e Sato Company (está coproduzindo a nova versão de *Chiquititas*, SBT, 2013-).

Por fim, os dados apresentados permitem inferir que existe, como se pode imaginar, uma forte polarização regional, com grande destaque para o eixo Sul-Sudeste. Observa-se que os estados que envolvem mais empresas trabalhando com ficção televisiva são também os que mais apresentam iniciativas envolvendo projetos institucionais transmídia, mesmo quando o número de produtoras não é tão alto, como no caso do Paraná. Fica claro, ainda, que, onde as emissoras locais veiculam conteúdo ficcional, há um maior volume de produtoras independentes trabalhando com TV. De qualquer sorte, a mobilização em torno das extensões transmídia voltadas para a ampliação do universo ficcional das séries parece ser pequena, mesmo no Sudeste. Além disso, é visível que a Lei nº 12.845 levou muitas produtoras, novatas ou veteranas, a buscarem parceiros para produzir conteúdo transmídia.

Ademais, nota-se que o site da associação traz informações inacuradas. Ao listar os associados que trabalham com transmídia, aparecem perfis de apenas sete produtoras. Entre todas, somente uma delas alguma iniciativa transmídia é verificável. Assim, foi apenas ignorando as informações no endereço oficial da associação e observando site por site das associadas que pudemos fazer o panorama apresentado anteriormente.

Além de dar visibilidade às associadas e ter peso nos debates acerca de regulamentações específicas, a ABPITV (hoje BRAVI) possuía diversos projetos, como o Programa Internacional de Capacitação (PIC), o Lab Transmídia e o Rio Content Market. Este último foi idealizado e produzido como um evento de porte internacional, cujas temáticas de trabalho envolvem a produção de conteúdo multiplataforma, aberto à indústria da televisão e mídias digitais. O Rio Content Market realizou a sua primeira edição em fevereiro de 2011. Em 2013, a terceira edição do evento agregou três mil pessoas, com a presença de 290 palestrantes e *players*[72] de diversos países, promoveu 16 sessões temáticas (*keynotes*) e contou com a participação de 38 canais, expondo demandas e modelos de negócios.

Destacamos a sala temática sobre séries de televisão, onde ocorreram as sessões de *pitching*[73] com as produtoras que participaram do Lab Transmídia. Realizado a partir da edição de 2012, o Lab Transmídia vem se configurando como um espaço de formação, reconhecimento e visibilidade dos melhores projetos transmídia idealizados no campo dos produtores de conteúdo para televisão e outras telas. O Lab Transmídia 2013 teve seu início meses antes do Rio Content Market. Por meio de uma chamada para seleção prévia, roteiristas e produtoras enviam propostas de conteúdos audiovisuais, de caráter ficcional ou não, cujos principais

---

[72] Termo que se refere a importantes agentes da indústria, geralmente empresas ou grandes investidores.

[73] *Pitching* é o momento de apresentação de projetos/ideias no qual o criador/autor/produtor é arguido por um grupo de pessoas, geralmente potenciais investidores.

requisitos de escolha foram a qualidade dos projetos, a adequação do produto à proposta transmídia e o potencial de mercado. De 291 projetos enviados, selecionou-se 20 nacionais e dez internacionais.

Nessa direção, as proposições mais comuns presentes nas discussões realizadas na sala temática sobre as séries televisivas volveram em torno da criação de perfis em sites de redes sociais ou de websites sobre elementos que estavam contidos nas narrativas dos produtos televisivos. Um bom exemplo advém do projeto vencedor do prêmio do canal Fox, a série ficcional *Ladies Room*. Ela trata de um grupo de mulheres que se conhecem em um banheiro público, ficam amigas e usam esse espaço para encontros regulares, desabafando suas angústias. A proposta transmídia de maior destaque foi a de criar uma rede social que assumisse a forma de um "banheiro virtual", onde mulheres pudessem se encontrar e conversar, assim como na série.

Acompanhando os debates do evento em torno dos projetos do Lab Transmídia 2013, tivemos a impressão de que a Associação e as suas afiliadas estão se empenhando em estabelecer melhores condições para a criação e difusão de projetos institucionais transmídia em torno de séries televisivas no mercado nacional, dinamizado pelas demandas da Lei nº 12.485, ou internacional. Por fim, destaca-se que a discussão sobre a qualidade das extensões transmídia propostas pesou na avaliação dos projetos, tendo como um dos critérios a adequação ao tema das séries. Até o momento, o esforço observado é o de gerar uma diversidade de extensões, sem particular interesse na criação daquelas voltadas para a ampliação do universo ficcional dos seriados de ficção.

CONSIDERAÇÕES FINAIS

O panorama apresentado sobre os projetos institucionais transmídia de séries ficcionais das redes de televisão no Brasil mostra que o desenvolvimento de extensões transmídia próprios da ambiência digital tende a ser uma nova exigência do campo, envolvendo também produtoras de conteúdo independentes e canais fechados de televisão. Todavia, a criação de extensões voltadas para a expansão do universo ficcional mostra-se em fase experimental, sendo a Rede Globo a empresa que mais tem investido nessa área.

Os projetos desenvolvidos pela Rede Bandeirantes sinalizam outra perspectiva de negócios, na qual é enfatizada a coprodução com empresas independentes que têm tradição na área da publicidade. Já o SBT e a Record, embora tenham algumas ideias ousadas, como um musical e uma animação a partir de *Carrossel* ou de uma rádio 24 horas a partir de *Balacobaco*, não parecem fazer mais do que experimentações avulsas. Esse panorama mostra como os modos pelos quais cada uma dessas empresas se aproxima das narrativas transmídia refletem, na verdade, um modelo de gerenciamento mais geral dessas emissoras. A Globo, por exemplo, já conta com equipes específicas para esse tipo de projeto, a Band se aproxima de uma lógica de TV fechada; e o SBT e a Record ainda tateiam a partir de experimentações ousadas, cujos resultados são poucos previsíveis e muito menos replicáveis.

As análises realizadas sinalizam, ainda, a tendência de investimento mais alto em extensões ficcionais em torno dos produtos nos quais se observa: a interpelação de um público-alvo engajado com tecnologias digitais, suporte financeiro da instância produtora e interesse dos profissionais criativos das séries. Nesse sentido, o mercado brasileiro se aproxima do estadunidense. Outro aspecto que se destaca é a capacitação dos especialistas que podem levar a cabo essas experiências. No caso brasileiro, eventos como o Rio Content Market e a criação de uma equipe específica para lidar com transmídia na Globo evidenciam o esforço de acúmulo de tal expertise.

No que tange às experiências de extensão do universo ficcional propriamente ditas, vale lembrar que a comparação das tendências observadas na cartografia brasileira e estadunidense foi munida de cautela, para evitar a importação de critérios qualitativos que não correspondessem às especificidades nacionais. Já mencionamos um parâmetro partilhado pelos dois países que reflete sobre a quantidade e o tipo das extensões que expandem o universo ficcional das séries: a predominância do público jovem. Além desse, destacamos o tempo de duração das séries, que se associa, entre outras coisas, ao tempo necessário para o surgimento de fãs. Nos seriados de *broadcasting* com muitas temporadas, as experiências transmídia tendem a surgir, do mesmo modo que, na situação brasileira, as experiências mais expressivas ocorreram com as telenovelas da Rede Globo.

Porém, se atentarmos rapidamente para algumas das diferenças entre a telenovela e o seriado americano, surgem reflexões sobre as tendências na criação das extensões ficcionais transmídia. Enquanto os seriados possuem entre dez e 24 episódios por temporada, exibidos com uma janela temporal de uma semana entre episódios, a telenovela brasileira caracteriza-se pela exibição diária dos seus cerca de 170 capítulos, o que deixa pouco espaço para a realização de extensões. Outra diferença entre os formatos é a quantidade de tramas e personagens, limitada nos seriados e excessiva nas telenovelas. Percebe-se que as novelas já são saturadas de informações durante suas exibições diárias, havendo poucas oportunidades para serem expandidas. Portanto, não nos parece proveitoso exigir sempre a criação de novas tramas para extensões quando já se tem excesso delas no texto matriz das telenovelas.

A solução implementada pela Rede Globo prioriza extensões que promovem a interação com a audiência, por meio de jogos e aplicativos lúdicos que permitem o público imergir na ficcionalidade e relembrar momentos importantes das tramas. As extensões voltadas para a dilatação do universo ficcional, por meio do prolongamento ou criação de novas histórias, tendem a ser menos usadas. Apontamos as novelas *Fina Estampa* e *Morde & Assopra* como exemplos exitosos no uso dessas extensões, por meio de aplicativos e jogos que relembram pontos importantes das tramas. Essa estratégia se mostra também eficaz ao considerarmos que, no período investigado (2011 a 2013), a telenovela brasileira não tem reprises de capítulos na grade da emissora enquanto está no ar pela primeira vez, diferente dos seriados norte-americanos. As telenovelas utilizam outros meios para permitir ao telespectador se manter atualizado, como matérias no programa *Vídeo Show*, sinopses publicadas nos sites oficiais ou notícias em revistas e sites especializados na programação televisiva, às quais as narrativas transmídia vêm se juntar como complemento. Por fim, as descobertas realizadas por cartografias de experiências recentes e em processo, como as aqui descritas, visam estimular novas pesquisas que possam ajudar-nos a conhecer por onde andam as dinâmicas de reconfiguração do campo de produção da ficção televisiva no Brasil. Esperamos, de fato, que as informações aqui apresentadas estimulem reflexões sobre as tendências que esse panorama nos incita a pensar.

REFERÊNCIAS

ALLRATH, G.; GYMNICH, M.; SURKAMP, C. Introduction: towards a narratology of TV series. *In*: ALLRATH, G.; GYMNICH, M. (ed.). *Narrative strategies in television series*. Hampshire: Pelgrave Macmillan, 2005. p. 1-43.

BORELLI, S. H. S. Migrações narrativas em múltiplas plataformas: telenovelas Ti-Ti-Ti e Passione. *In:* LOPES, M. I. V. (org.). *Ficção televisiva transmidiática no Brasil*: plataformas, convergência, comunidades virtuais. Porto Alegre: Sulina, 2011. p. 61-120.

CLARKE, M. J. *Transmedia television*: new trends in network serial production. New York: Bloomsbury, 2012.

EVANS, E. Transmedia texts: defining transmedia storytelling. *In*: EVANS, E. *Transmedia television*: Audiences, New Media and Daily Life. New York: Routledge, 2011. p. 19-39.

FECHINE, Y.; FIGUEIRÔA, A. Cinema e televisão na trasmediação. *In*: RIBEIRO, A. P.; SACRAMENTO, I.; ROXO, M. (org.). *História da televisão no Brasil*. São Paulo: Contexto, 2010. p. 281-312.

FECHINE, Y.; FIGUEIRÔA, A. Transmidiação: exploração de conceitos a partir da telenovela brasileira. *In*: LOPES, M. I. V. (org.). *Ficção televisiva transmidiática no Brasil*: plataformas, convergência, comunidades virtuais. Porto Alegre: Sulina, 2011. p. 17-59.

FECHINE, Y. Televisão transmídia: conceituações em torno de novas estratégias e práticas interacionais da TV. *In*: ENCONTRO ANUAL DA ASSOCIAÇÃO NACIONAL DOS PROGRAMAS DE PÓS-GRADUAÇÃO EM COMUNICAÇÃO, 22, 2013, Salvador. *Anais* [...]. Salvador: UFBA, 2013. Disponível em: http://encontro2013.compos.org.br/anais/praticas-interacionais-e-linguagens-na-comunicacao/. Acesso em: 1 jul. 2013.

JENKINS, H. *Cultura da convergência*. 2. ed. São Paulo: Aleph, 2009.

JENKINS, H. *Transmedia 202*: Further Reflections. [s. l.]: Confessions of an Aca-Fan, 2011. Disponível em: http://henryjenkins.org/2011/08/defining_transmedia_further_re.html. Acesso em: 13 jul. 2012.

LESSA, R. *Ficção seriada televisiva e narrativa transmídia*: uma análise do mundo ficcional multiplataforma de *True Blood*. 2013. 140 f. Dissertação (Mestrado em Comunicação e Cultura Contemporâneas) – Faculdade de Comunicação, Universidade Federal da Bahia, Salvador, 2013.

LESSA, R. *O universo transmídia do seriado True Blood*: paratextos e extensões ficcionais do HBO e dos fãs. 2017. 212 f. Tese (Doutorado em Comunicação e

Cultura Contemporâneas) – Faculdade de Comunicação, Universidade Federal da Bahia, Salvador, 2017.

LESSA, R. *Seriados de TV e narrativa transmídia*: explorando o mundo ficcional de *True Blood*. Salvador: Edufba, 2020.

LONG, G. A. *Transmedia storytelling*: business, aesthetics and production at the Jim Henson Company. 2007. 185 f. Dissertação (Mestrado em Comparative Media Studies) – Massachusetts Institute of Technology, Boston, 2007.

LOPES, M. I. V., MUNGIOLI, M. C. Brasil: novos modos de fazer e de ver ficção televisiva. *In*: LOPES, M. I. V., GÓMES, G. O. (org.). *Convergências e transmidiação da ficção televisiva*: Obitel 2010. São Paulo: Globo, 2010. p. 128-178.

LOPES, M. I. V.; MUNGIOLI, M. C. Brasil: a "nova classe média" e as redes sociais potencializam a ficção televisiva. *In:* LOPES, M. I. V.; GÓMES, G. O. *Transnacionalização da ficção televisiva nos países ibero-americanos:* Obitel 2012. São Paulo: Globo, 2012. p. 129-186.

MEDEIROS, A.; GONTIJO, G. Transmídia por quem faz: ações na teledramaturgia da Globo. [Apresentado e editado por] Yvana Fechine. *In*: LOPES, M. I. V. (org.). *Estratégias de transmidiação na ficção brasileira*. Porto Alegre: Sulinas, 2013. p. 345-355. Disponível em: https://www.obitelbrasil.org/wp-content/uploads/2023/09/OBITEL-BRASIL-2013-PDF.pdf Acesso em: 24 jul. 2024.

MITTEL, J. Narrative Complexity in Contemporary American Television. *The Velvet Light Trap*, Austin, n. 58, p. 29-40, 2006.

MITTEL, J. *Complex TV*: the poetics of contemporary television storytelling, pre-publication edition. New York: Media Commons Press, 2012. Disponível em: http://mediacommons.futureofthebook.org/mcpress/complextelevision. Acesso em: 14 set. 2012.

MÉDOLA, A. S.; REDONDO, L.. A ficção televisiva no mercado digital. *In*: RIBEIRO, A. P.; SACRAMENTO, I.; ROXO, M. (org.). *História da televisão no Brasil*. São Paulo: Contexto, 2010. p. 313-332.

SCONCE, J. What If? Charting Television's New Textual Boundaries. *In*: SPIGEL, L.; OLSSON, J. (ed.). *Television After TV*: Essays on a Medium in Transition. London: Duke University Press, 2004.

ROTEIRISTAS-AUTORES E A INOVAÇÃO CRIATIVA DE TELENOVELAS NA ERA DIGITAL

Maria Carmen Jacob de Souza
Tatiana Aneas
Hanna Nolasco
Genilson Alves
Tcharly Briglia
Thaiane Machado
Inara Rosas
Amanda Aouad
Sofia Federico
Daniele Rios
Bárbara Vieira
João Araújo
Natacha Canesso
Carolina Fagundes

Na história das telenovelas brasileiras, é reconhecida a preocupação com a inovação nos temas tratados e nas construções narrativas, na abordagem audiovisual e nas formas de relacionamento com o público. No final dos anos 1960, as telenovelas realistas indicaram uma nova orientação estilística que marcou as décadas seguintes (Ortiz; Borelli; Ramos, 1989; Pallottini, 1998; Costa, 2000; Hamburger, 2005, Murakami, 2015). A partir dos anos 2000, os impactos do ambiente digital no cenário nacional levaram as emissoras produtoras a modificarem as relações com a audiência. Introduziram, por exemplo, narrativas transmídia como extensão ficcional das telenovelas,[74] em associação com estratégias de comunicação com os usuários das mídias sociais on-line, em especial os fãs do produto (Lopes, 2015, 2017).

---

[74] No caso da TV Globo, a partir de *Cheias de Charme* (2012), observa-se conjunto de estratégias transmidiáticas mais sistematizadas, com uma série de conteúdos liberados no site da novela, como os videoclipes das Empreguetes, as protagonistas. No mesmo ano, em *Avenida Brasil*, foi criado um site para que o público pudesse congelar sua foto tal qual o final da novela e foi criada uma campanha para que a audiência escolhesse que imagem seria congelada no último capítulo. Já as novelas *Totalmente Demais* (2015) e *Haja Coração* (2016) tiveram extensões transmidiáticas mais complexas, explorando apenas um núcleo da novela, em formato de série para o Globoplay.

Dentre as muitas mudanças geradas no contexto da ambiência digital, esse artigo apresenta resultados preliminares de um projeto de estudos mais amplo que investiga, desde 1995, os modos como os roteiristas autores traduzem os desafios dessa época nas telenovelas que assinam.[75] O grande volume de dados coletados exigiu, para fins deste artigo, um esforço de delimitação, que se concentrou nos anos posteriores a 2010, momento em que as produtoras de telenovelas Globo, Record e SBT mostraram sinais de redimensionamento nos modelos de negócios e de gestão das telenovelas, provocados pelos impactos das transformações digitais. A Globo manteve sua posição hegemônica no setor, com volume de investimentos, produções e roteiristas superior às demais[76], justificando a atenção deste trabalho à sua atuação, sem perder de vista a perspectiva analítica relacional da dinâmica do campo concorrencial com as outras indústrias de mídia que operam no setor.[77]

O final da década de 2010 mostrou apostas mais ousadas da emissora líder, que trouxe alterações importantes em inúmeros segmentos da organização, desde a contratação de profissionais a experimentações para os novos tempos. A função autoral do roteirista titular se manteve, com o aumento de casos daqueles que as conduziram como autores pela primeira vez, atuando majoritariamente em equipes. Em 2020, a Globo passa a lidar com o desafio da pandemia do novo coronavírus, contando, naquele momento, com dois roteiristas autores em plena escritura: Manuela Dias, estreando como autora às 21h com *Amor de Mãe* (nov/2019); e Daniel Ortiz, autor pela terceira vez no horário das 19h, com *Salve-se quem puder* (jan/2020).

As informações coletadas permitiram apostar na análise de uma amostra tópica, composta por telenovelas originais exibidas de 2018

---

[75] Esse marco temporal foi orientado pelos estudos de Fechine e Figueirôa (2010, p. 282), que sinalizaram, dentre outros aspectos, que na segunda metade dos anos 1990 havia a "edição automática da programação e disponibilização em tempo real dos primeiros programas na internet". Os autores consideram ainda que "a produção pela TV Globo, em novembro de 1999, dos primeiros programas em HDTV (alta definição) da teledramaturgia brasileira" firmaram a digitalização na esfera produtiva. Um outro argumento a ser considerado em prol desse marco temporal - o fim da década de 1990 e sobretudo o período que começa a partir do novo milênio - remete aos resultados das pesquisas do Obitel Ibero-americano e da Rede Obitel Brasil, que consideram o início da primeira década desse novo século um marco de referência nos projetos institucionais de transmidiação das emissoras (Souza *et al.*, 2015).

[76] Os dados sobre a ficção televisiva no Brasil expostos nos Anuários do Observatório Ibero-Americano da Ficção Televisiva confirmam esse cenário. Anuários estão disponíveis em https://www.cetvn.net.br/obitel/ Acesso em: 21 fev. 2023.

[77] Escrutinamos os roteiristas e diretores, nas mais diversas funções, que atuaram na criação de telenovelas das emissoras selecionadas, de 1995 a 2020.

(estreia em 2017) a 2020[78], como marco temporal para capturar os traços inovadores em telenovelas e nos autores que as criaram (dados podem ser consultados no apêndice 2). Foram priorizados, nesse universo: os roteiristas mais frequentes no período, aqueles que assumiram a função autoral pela primeira vez, os já consagrados por trabalhos anteriores no campo, os responsáveis pelas telenovelas experimentais, assim como por aquelas reconhecidas pela crítica, pelo público e pelas instâncias de premiação. A partir desses critérios, chegou-se à seguinte relação: Aguinaldo Silva, Cao Hamburguer, Daniel Adjafre, Daniel Ortiz, Duca Rachid, João Emanuel Carneiro, Manuela Dias, Paulo Halm, Rosane Svartman, Thelma Guedes e Walcyr Carrasco. O intuito é, assim, mostrar os resultados de uma reflexão inicial sobre as inovações nas telenovelas que colaborem para os estudos ainda incipientes sobre o ofício dos roteiristas de telenovelas, com funções autorais ou não, onde o tensionamento entre novidade e convenção constitui o cerne dos processos dramatúrgicos que os animam.

Em um primeiro momento, apresentam-se o horizonte teórico, a metodologia e os procedimentos adotados para cartografar as inovações relevantes no campo da telenovela, a partir dos critérios já citados. Em seguida, desenvolve-se uma discussão sobre como os conceitos de inovação e autoria foram incorporados a esta pesquisa, no sentido de operá-los para compreender os processos de criação e invenção de roteiristas de telenovelas. Dada a centralidade das transformações impostas pela cultura digital às emissoras no período analisado, fez-se necessário realizar um sobrevoo sobre as formas como as empresas produtoras de telenovelas — com ênfase na Globo — lidaram com essa condicionante, incluindo as possibilidades estilísticas e narrativas derivadas da digitalização, bem como as novas formas de consumo e participação do público.

Esse movimento possibilita entrever como se configuram as circunstâncias econômicas e políticas no interior das quais os autores-roteiristas tomam decisões que se revelam, por sua vez, inovadoras na composição das obras reconhecidas como tal no espaço da crítica. A análise caminha no sentido de demonstrar que tais circunstâncias abrem um leque de possibilidades de escolhas para os autores, que não perdem de vista seus projetos criativos, e os interesses culturais e políticos que os movem, cientes do grau de risco da situação em que se encontram: da pandemia de Covid-19 às posições políticas de governos e consumidores.

---

[78] Tem-se o volume de 19 telenovelas (*Malhação*, 18h, 19h e 21h): 22 roteiristas autores e 60 roteiristas distribuídos pelas equipes em diversas funções. Consultar dados no quadro Telenovelas e Criadores TV Globo 2018 a 2020.

CAMINHOS PARA UMA CARTOGRAFIA DA INOVAÇÃO EM TELENOVELA

A imaginação dramatúrgica dos criadores-roteiristas revela uma disposição que mantém a tensão constante entre convenções e inovação. Essa habilidade dos autores é uma das forças que mobiliza a complexa cadeia produtiva dos principais produtos culturais dos conglomerados de mídia brasileiros, especialmente em tempos de intensas transformações no ecossistema midiático. No caso das telenovelas, as mudanças foram significativas, impulsionadas pela digitalização dos sistemas de produção, circulação e consumo. Além disso, os avanços tecnológicos também redefiniram os padrões e estilos de vida da audiência, bem como o perfil dos anunciantes.

Essas circunstâncias revelam que o exame da inovação na escritura das telenovelas precisa considerar a historicidade das complexas relações de poder que os autores roteiristas estabelecem com os principais agentes dessa cadeia produtiva, para verificar como tais relações afetam os processos de escolhas estilísticas que operam na feitura do produto.

O conceito de campo da telenovela brasileira, que nasceu de teorias, métodos e hipóteses elaboradas por Bourdieu (1996), orientou o exame do ofício do roteirista autor nesse contexto específico. Essa perspectiva atenta para as particularidades da história das práticas e representações de agentes, grupos e instituições que configuram os parâmetros nas lutas classificatórias, as quais constituem as disposições e regimes de crença que definem os critérios de qualidade associados às inovações e às marcas estilísticas autorais dos roteiristas nas telenovelas. A abordagem histórica do campo supõe uma cartografia das posições dos principais agentes e organizações envolvidos, para favorecer a compreensão das relações entre os interesses que os movem e os discursos enunciados sobre as telenovelas, em especial sobre os critérios de qualidade e de inovações dessa ficção seriada.

Uma das equipes do estudo mais ampliado[79] tratou dessas circunstâncias históricas do campo de produção da telenovela, desde 1995, relacionando os principais impactos da cultura digital (Lemos, 2021)[80] com as posições, discursos e práticas dos agentes examinados em circuns-

---
[79] Daniele Rios, Genilson Alves, Thaiane Machado, Hanna Nolasco, Natacha Canesso, Tatiana Aneas e Carolina Fagundes fizeram parte da equipe responsável por essa linha de ação.
[80] Esse termo, em Lemos (2021), enfatiza as práticas e disposições sociais revolucionadas na ambiência digital, mostrando aspectos relacionados desde o funcionamento de sistemas capitalistas a práticas cotidianas de produção, consumo e distribuição de informações digitais.

tâncias específicas mais recentes. Para tanto, os estudos sobre a história do campo das telenovelas (Ortiz; Borelli; Ramos, 1989; Souza, 2004, 2014) foram ampliados por meio das contribuições recentes de Rios (2019), que caracteriza os impactos da digitalização a partir dos anos 2000. Os resultados mostraram que, a partir de 2010, observa-se a consolidação da conversão digital dos processos comunicacionais no campo.

Tal demarcação temporal permitiu localizar as principais transformações no campo e formular hipóteses sobre as inovações das telenovelas pelas emissoras produtoras, assim como pela crítica (jornalística, público fã e acadêmica).[81] Essas percepções sobre a inovação, suas controvérsias e proximidades serviram de insumo para identificar quais telenovelas recebiam a alcunha de inovadoras e por quais motivos, conformando, assim, um critério significativo para elencar quais discursos dos roteiristas criadores das telenovelas privilegiar.

A segunda equipe da investigação,[82] articulada com a anterior, identificou os agentes e organizações atuantes no campo desde 1995, com o intuito de cartografar telenovelas e equipes responsáveis (roteiristas e diretores) por emissora e horário.[83] No final dos anos 2000, apenas Record, SBT e Globo continuavam a produzir telenovelas, visto que a Manchete saiu de cena em 1999, e a Bandeirantes deixou de investir no produto em 2009.

O esforço de mapear as posições de cada um desses autores promoveu a compreensão das suas trajetórias, demarcando as circunstâncias da enunciação de discursos que tematizavam os traços inovadores na composição das telenovelas ou inovações nas instâncias de produção, circulação e consumo. Os dados foram extraídos de fontes como artigos e matérias jornalísticas;[84] entrevistas, declarações e notas institucionais das empresas produtoras ou profissionais direta ou indiretamente responsáveis pelas obras ou pela gestão do processo criativo;[85] produções científicas de natureza diversa (artigos, monografias, dissertações e teses); e repositórios on-line.

---

[81] A metodologia de extração de dados e outros procedimentos usados para análise estão discriminados nas Notas Metodológicas do exame dos Discursos sobre Inovação das Telenovelas, disponível no apêndice 3.

[82] João Araújo, Inara Rosas, Amanda Aouad, Hanna Nolasco, Bárbara Vieira, Tcharly Briglia e Sofia Federico compõem a equipe responsável pela segunda linha de ação.

[83] Como fontes para a coleta de dados, utilizamos os portais Memória Globo e Teledramaturgia, além da publicação *Almanaque SBT 35 anos* (2017).

[84] Sobre a crítica, foram analisadas notícias publicadas até o dia 6 de maio de 2021 em portais de especialistas reconhecidos no campo — Cristina Padiglione, Patrícia Kogut, Nilson Xavier, Maurício Stycer e Daniel Castro — além do portal Na Telinha (UOL).

[85] A partir de buscas realizadas nos portais oficiais das emissoras produtoras: R7 (https://www.r7.com/), SBT (https://www.sbt.com.br/), Band (https://www.band.uol.com.br/) e Globo (https://www.globo.com/).

O intuito dessa cartografia foi, portanto, relacionar as especificidades das posições em jogo no campo com o exame das manifestações[86] dos roteiristas, autores e colaboradores sobre a percepção da repercussão da cultura digital na feitura dramatúrgica das telenovelas que confeccionaram e em que medida tais circunstâncias promoveram inovações. As reflexões enunciadas neste trabalho decorrem dessa abordagem teórica e metodológica e discorrem apenas sobre os dados circunscritos aos 11 autores roteiristas de telenovelas da Globo, exibidas entre 2018 e 2020, responsáveis por inovações reconhecidas no campo.

INOVAÇÃO E INVENÇÃO CRIATIVA

O conceito de inovação é amplamente manifesto nos estudos da economia. Autores como Hartley *et al.* (2013) citam Joseph Schumpeter para situar a inovação no centro do processo de crescimento econômico e do desenvolvimento do capitalismo moderno, diferenciando a criação, entendida como invenção, da inovação, definida como atribuição de valor econômico a uma nova ideia.

Outros autores, vinculados à perspectiva das Ciências Sociais, apontam que a concepção de inovação precisa estar articulada à noção de invenção ao examinar os processos de criação, sobretudo em campos voltados para a produção artística e cultural. Pratt e Jeffcut (2009, p. 14), ao questionarem a concepção dicotômica de criatividade e inovação como aspectos separados ou etapas distintas de um processo linear, mostram que ambas dependem da inserção do "agente em um contexto estrutural [onde] o resultado não pode ser simplesmente antecipado". Os processos de criação, para se tornarem inovadores, dependeriam, por exemplo, dos feedbacks e "competência dos agentes em reconhecer, compreender e agir sobre tais *feedbacks*".

Em busca de uma definição de inovação que implique as demandas econômicas sem desconsiderar as possibilidades criativas dos produtores culturais, Stoneman (2010) propõe a noção de *soft innovation*. Para

---

[86] Os depoimentos dos roteiristas autores foram extraídos de entrevistas de veículos de comunicação como O Globo, Folha de São Paulo e UOL. No caso dos autores da Globo, consultou-se: o site Gshow, em entrevistas periódicas em áudio e vídeo; o podcast "Diálogos Virtuais", com entrevistas de Cao Hamburger, Claudia Souto, Thelma Guedes, Duca Rachid, Marcos Bernstein e Rosane Svartman; a publicação "Autores – Histórias da Teledramaturgia" (2008), vinculada ao Memória Globo, com entrevistas de João Emanuel Carneiro, Silvio de Abreu, Walcyr Carrasco, Glória Perez, Aguinaldo Silva e Benedito Ruy Barbosa; e os programas de entrevista "Os donos da história" (Canal Viva) e "O ofício em cena" (Globo News).

o autor, a concepção de inovação relacionada aos processos inventivos mais presentes nas atividades culturais e artísticas tende a relativizar a ênfase na funcionalidade tecnológica e econômica, movimento analítico essencial para o exame das dimensões formais, estilísticas e estéticas dos produtos audiovisuais: "*soft innovation* é a inovação em produtos ou serviços que impacta primordialmente o apelo estético ou intelectual, e não sua funcionalidade" (Stoneman, 2010, p. 22).

O conceito de inovação, em relação aos de invenção e criatividade, mostra-se mais útil para as pesquisas que buscam compreender as relações entre as lógicas do cálculo econômico com as lógicas dos processos criativos movidos pelo desejo da invenção e do retorno simbólico que se pode proporcionar aos criadores, ampliando, assim, o grau de autonomia e controle criativo desses agentes. Esta premissa salienta que a invenção não é automática ou mecânica, sendo fruto do esforço intelectual dos profissionais que consideram a inovação uma das metas de seus projetos criativos e um dos resultados possíveis das escolhas estilísticas observadas e reconhecidas nos produtos criados.

No caso dos conglomerados de mídia, como a Globo, Oguri, Chauvel e Suarez (2009) mostraram que os aportes inovadores, capazes de promover benefícios para a organização, resultaram de modelo de gestão que prezava a flexibilidade e a improvisação organizacional para absorver mudanças em diferentes instâncias. Trata-se de um princípio de gestão que considera a incerteza como "variável inevitável" (Oguri; Chauvel; Suarez, 2009, p. 40) dos processos de criação e produção de obras culturais e artísticas.

Segundo as autoras, o processo gerencial de criação das telenovelas da Globo, entre os anos 1990 e 2007, demonstra um aspecto central das organizações industriais que gestam os processos criativos dos seus produtos artísticos e culturais: a capacidade de transmudar, de forma integrada, os dados sobre o consumo dos produtos em insumos que possam orientar ações inovadoras pelos profissionais que atuam na confecção desses produtos.

Salienta-se que a empresa imprimiu um *ethos* organizacional flexível, apto a lidar com mudanças e instabilidades intrínsecas à economia criativa, que se mostrou eficaz para a geração de inovações no produto. Dentre as ações implementadas, as organizações frisaram o sistema que encadeava a identificação das necessidades dos consumidores com a disseminação dessas informações para os setores especializados, que convertiam esses dados em orientações para as equipes responsáveis pelas telenovelas que, por sua vez, lidavam com os problemas inerentes ao seu fazer artístico: gerar empatia, emoção e conexão com público, a serem cultivadas por meses.

Em suma, a definição de inovação tecnológica e econômica que sustenta esta pesquisa assume a perspectiva analítica relacional da inovação com a invenção criativa, termo mais apropriado para examinar os processos criativos e estilísticos dos diversos agentes envolvidos na confecção das telenovelas. O exercício criativo e a experimentação dos roteiristas de telenovelas só será possível diante das possibilidades ensejadas em um mercado que tem a inovação como aspecto relevante para o desenvolvimento dos produtos das empresas, associando a inovação à criatividade como resultado de planejamento estratégico para as disputas concorrenciais, que têm como metas principais a ampliação do volume de investimentos dos anunciantes e o crescimento do público consumidor.

Sabe-se que a telenovela no Brasil tem sido fruto de inúmeras decisões tomadas pelos representantes das empresas, pelos roteiristas, diretores e demais especialistas que trabalham em múltiplas equipes interligadas, antes e durante as fases de execução do produto seriado. O roteirista é, assim, integrante de equipes que se organizam de modos variados, cabendo a essa função decisões na esfera dramatúrgica que afetam fortemente as histórias contadas. O volume de roteiristas que integram essas equipes, as experiências de formação desse ofício e o poder de roteiristas autores interferirem nas outras esferas dos demais especialistas têm sido objeto de estudos que mostram como esse lugar autoral tem se fortalecido, supondo variações no grau de autonomia ao longo dos setenta anos de história do produto.[87]

Nas telenovelas brasileiras, o lugar autoral tem sido uma atribuição do roteirista-autor, tendo em vista sua responsabilidade perante os princípios e dinâmicas que regem a concepção e o desenvolvimento dramatúrgico de um tipo de ficção popular seriada, de narrativa continuada, que tende a ser elaborada durante a exibição, aberta a mudanças e improvisações que demandam coerência narrativa e controle do regime de serialidade adotado.

---

[87] Destacam-se os estudos seminais de Samira Campedelli, Renata Pallottini, Maria de Lourdes Motter, Maria Cristina Castilho Costa, Roze Calza, Renato Ortiz, José Mario Ortiz, Silvia Borelli, Michele e Armand Mattelart, as recentes pesquisas no grupo de pesquisa A-tevê (PósCom/UFBA), além dos trabalhos de Rosane Svartman e Anderson Dias.

Reconhece-se, assim, que a posição autoral do autor-roteirista — historicamente construída no campo — expressa disposições, interesses e escolhas derivadas do seu contexto específico de trabalho, das interpretações negociadas das demandas da emissora e das parcerias firmadas, principalmente com os roteiristas das equipes que coordenam e com os diretores responsáveis pela condução geral da obra (Picado; Souza, 2018; Alves; Souza, 2021).

A autoria é, nessa abordagem, uma categoria analítica que explicita as mediações da dinâmica organizacional das empresas, as quais orquestram não só a construção da imagem do autor, mas também as atribuições das funções e os graus de controle criativo exercidos pelos profissionais na equipe responsável pela confecção da telenovela e pelos sistemas de circulação e consumo do produto. Esses sistemas envolvem, dentre diversas ações, aquelas que alimentam o sistema com informações sobre as repercussões na apreciação, as quais podem gerar mudanças de percurso devido às insatisfações dos anunciantes e/ou de segmentos importantes da audiência.

Ressaltam-se, ainda, as mediações em torno dos processos de trabalho das equipes criativas; das dinâmicas de funcionamento hierarquizadas nas quais aqueles que forem reconhecidos como autores, com maior grau de autonomia, controle e responsabilidade, exercerão práticas de gestão da equipe que incidem sobre os projetos criativos; dos problemas e soluções estilísticas que lidam com as tensões entre as escolhas de recursos convencionais e os que precisam gerar a impressão da novidade para uma audiência que tende a valorizar a recorrência das marcas dos autores roteiristas preferidos (Souza, 2014; Picado; Souza, 2018).

CAMPO DAS EMPRESAS DE TELENOVELAS NA CULTURA DIGITAL

O olhar atento sobre o modelo de gestão das empresas produtoras de telenovelas tem se mostrado um espaço privilegiado para verificar as ações que mais amplamente interferem nos modos dos roteiristas autores conduzirem suas histórias em sistema industrial e que, na cultura digital, ganharam uma complexidade nunca vista, ainda difícil de ser dimensionada. Considerar o arranjo específico das empresas produtoras de telenovelas brasileiras nesse cenário orienta, assim, a compreensão das relações entre as marcas dos autores e as marcas das empresas.

A década de 2010 foi o período do surgimento das plataformas de *streaming*, com uma dupla reverberação no consumo de produtos midiáticos no Brasil: se, por um lado, tais ferramentas converteram-se em mais uma concorrente às emissoras de TV aberta, por outro, começaram a ser utilizadas pelas próprias emissoras como uma estratégia de difusão, venda dos seus produtos e de interpelação dos fãs, trazendo, assim, uma nova experiência de fruição, visto que as telenovelas e demais programas passaram a ser vistos sem interrupções comerciais e com a frequência e o ritmo que o espectador preferisse.

A noção de tela se estendeu para além do aparelho de televisão com a popularização do uso da internet e o aumento de uso dos smartphones, que passaram a ser utilizados como meio de acesso e consumo de produtos televisivos. Além disso, o advento do 4G, com maior segurança, mobilidade e maior estabilidade para realização de acesso da TV pelo celular (Sbrissia, 2021), auxiliou na intensificação do consumo de vídeos nesses aparelhos. As emissoras de TV entraram, portanto, na corrida para se adaptar a todo esse cenário.

Ressalta-se que a popularização das redes sociais digitais trouxe para os consumidores outro ambiente de discussão, troca de informações e vigilância sobre os caminhos escolhidos pelos roteiristas para desenvolver as histórias. Redes sociais como *Facebook*, *YouTube* e *Twitter* marcaram a década de 2010 como o período em que os consumidores intensificaram o compartilhamento de informações e a produção de conteúdo, contribuindo para a perpetuação do tempo de vida das telenovelas. O final da década de 2010 ainda apresentou ambientes on-line em que os encontros passaram a ser instantâneos. Aplicativos como o *WhatsApp* e *Telegram* motivam os consumidores a estarem constantemente em conversas, inclusive sobre telenovelas. A pandemia de Covid-19 impulsionou o consumo de vídeos on-line e o uso de plataformas como *TikTok*.

O consumo multiplataforma é uma realidade no hábito dos consumidores com acesso à internet, tornando os modos de consumir em experiências diversas. As organizações produtoras de telenovelas e os criadores têm ciência, portanto, de que é necessário atender a uma audiência com hábitos distintos de consumo, desde aqueles ainda mantidos pela programação televisiva linear até a exposição continuada de vários capítulos pelas plataformas digitais.

O LUGAR DA GLOBO

A Globo realizou muitos esforços durante sua história para manter sua posição hegemônica no campo. Em 2020, a empresa promoveu uma série de mudanças no seu organograma como parte do processo de consolidação do programa *Uma Só Globo*, projeto de unificação dos diferentes negócios em uma nova e única empresa chamada Globo. Dentre essas mudanças, destaca-se a substituição de Silvio de Abreu por José Luiz Villamarim na Diretoria de Dramaturgia Diária, departamento responsável pelas decisões acerca dos produtos ficcionais, como séries e telenovelas. Apesar das diversas contribuições de Silvio de Abreu na renovação de roteiristas e no planejamento da produção de produtos ficcionais, sua substituição responde à estratégia de transformação digital da empresa, segundo a qual as decisões passaram a ser tomadas de forma integrada e orientada por dados. Nessa nova conjuntura, a Globo passou a se posicionar como uma *media tech*, empresa que produz conteúdo para ser consumido onde, quando e como o consumidor quiser. Nota-se, portanto, que a Globo está acompanhando as tendências do mercado mundial.

A emissora passou a disputar a guerra concorrencial dos *streamings*. Para tal, apostou nos conteúdos nacionais para o catálogo do *Globoplay* e em infraestrutura, ao inaugurar, em 2019, o MG4, um complexo de três novos estúdios de 1.500m^2 preparados para a tecnologia 4K IP, de gravação em altíssima definição. Em 2020, a emissora tomou uma decisão estratégica, possivelmente antecipada pela pandemia da Covid-19: com a impossibilidade de gravações de telenovelas inéditas, a Globo incluiu, em todas as faixas de horário destinadas a telenovelas, reprises do seu acervo (Kogut, 2020). Lançou também o projeto "Os Clássicos Estão de Volta", disponibilizando no *Globoplay*, a cada duas semanas, uma telenovela antiga dentre uma lista de 50 títulos (Lopes, 2020). Tal ação aumentou em cerca de 145% o número de assinantes do *streaming* (Paiva, 2020).

É necessário ressaltar que a Globo promoveu e estimulou a incorporação de novas tecnologias durante toda a sua história. Na década de 2010, as experimentações se potencializaram, como o investimento e adoção de novas técnicas e tecnologias nas áreas da computação gráfica e da fotografia, que tornaram possível o mundo ficcional da telenovela medieval *Deus Salve o Rei* (2018). É importante destacar, também, que a Globo vinha, desde 2007, desenvolvendo estudos sobre a transmidiação e empregando estratégias em suas novelas que, a partir de 2010, se tornaram mais sistemáticas. Houve a criação de núcleos transmidiáticos, e os produtores transmídia passaram a ser considerados profissionais artísticos, com seus nomes constando nos créditos das telenovelas[88].

Merece menção, também, a ampliação dos profissionais da criação, como os roteiristas autores, em um sistema que mescla a regularidade daqueles que, em cada horário, mostraram resultados de público e de crítica com a renovação, que se associa, em muitas ocasiões, a projetos experimentais e inovadores. Ao lado de Silvio de Abreu no comando da Diretoria da Teledramaturgia Diária, as executivas Monica Albuquerque e Edna Palatnik, ambas da Diretoria de Acompanhamento Artístico, recrudesceram, após 2014, a renovação de roteiristas e revelaram 18 novos autores de telenovela, como Maria Helena Nascimento, Rosane Svartman, Paulo Halm, Claudia Souto e Manuela Dias.

Essa linha de ação da empresa se mostra presente nos dados desta pesquisa: 90 telenovelas (produzidas entre 1995 e 2020) foram citadas como inovadoras. Destas, as 20 consideradas mais inovadoras foram produzidas pela Globo.[89] Foi possível verificar que 90% dessas obras foram produzidas e lançadas na década de 2010, à exceção de *Duas Caras* (Globo, 2007) e *A Favorita* (Globo, 2008). Outra descoberta importante foi a ênfase na inovação observada no horário das 21h: segundo o levantamento, 45,7% das novelas apontadas como inovadoras foram transmitidas às 21h, 32,3% às 19h, 18,9% na faixa das 18h e 3% às 17h.[90]

Dos 17 roteiristas responsáveis por, ou associados a, uma dessas 20 telenovelas, 11 (64,7%) são profissionais que estrearam como autores nesse período. Dentre eles, oito (48%) começaram assinando suas respectivas novelas em dupla. Nesse último caso, seis deles escreveram na faixa das 19h. Por fim, há que se ressaltar que cinco desses 17 roteiristas conseguiram emplacar mais de uma novela nesse ranking, a saber: os

---

[88] Pesquisadores do Obitel Brasil empreenderam pesquisas sobre esse período que se tornaram referências indispensáveis, disponíveis na Coleção Teledramaturgia, em especial, dos volumes 2 ao 5. Consultar https://www.cetvn.net.br/obitel-brasil/ Acesso em: 22 fev. 2024.

[89] *Amor de Mãe* (2019-2021), *Deus Salve o Rei* (2018), *Malhação – Viva a Diferença* (2017-2018), *Velho Chico* (2016), *Meu Pedacinho de Chão* (2014), *Além do Horizonte* (2013-2014), *Cheias de Charme* (2012), *Avenida Brasil* (2012), *Cordel Encantado* (2011), *Malhação – Vidas Brasileiras* (2018-2019), *Babilônia* (2015), *A Favorita* (2008-2009), *A Dona do Pedaço* (2019), *Totalmente Demais* (2015-2016), *Viver a Vida* (2009-2010), *Lado a Lado* (2012-2013), *A Regra do Jogo* (2015-2016), *Geração Brasil* (2014), *Amor à Vida* (2013-2014), *Duas Caras* (2007-2008).

[90] Esse percentual diz respeito às duas temporadas *Malhação – Viva a Diferença* (2017) e *Malhação – Vidas Brasileiras* (2018) que compõem esse universo de novelas inovadoras.

consagrados na faixa das 21h, Walcyr Carrasco, Benedito Ruy Barbosa e João Emanuel Carneiro (o único com mais de duas novelas); e os responsáveis por sucessos na faixa das 19h, Felipe Miguez e Izabel de Oliveira, e, na faixa das 18h, Ximenes Braga.

Os roteiristas contratados pela Globo fazem parte de um planejamento organizacional que, como se buscou demonstrar, cria condições favoráveis para que a imaginação criativa dos roteiristas atenda às expectativas da empresa. Para atingir esse fim, a emissora está ciente de que é importante valorizar a dimensão artística e autoral dos roteiristas, que demandam o controle criativo sobre as histórias que criam. São eles os que escolhem os temas, tecem os mundos ficcionais e criam intrigas e personagens para cativar a audiência (Svartman, 2023).

Na última década, elencam-se duas questões que se mostraram desafiantes para os roteiristas autores: a) alteração dos horizontes de expectativas e repertório da audiência que promoveu mudanças no ritmo dos capítulos, dinamicidade na progressão dramática, entre outros recursos dramatúrgicos; b) digitalização dos sistemas de consumo das telenovelas e repercussões dos fãs nas mídias digitais, provocando novas formas de interação com os autores-roteiristas. No período delimitado pela pesquisa, o trabalho dos autores selecionados pode ser utilizado como ilustração das maneiras diversas que têm para lidar com esses novos tempos e provocar inovações na dramaturgia das telenovelas (Briglia; Souza, 2022).

Cao Hamburger desponta no campo da telenovela na década de 2010, convocado para renovar a narrativa de *Malhação*.[91] Se as temporadas anteriores desse produto investiram principalmente em tramas centradas no contexto da academia de ginástica que dá nome à obra e em escolas particulares que centralizavam os núcleos (a partir de 1999), é com a contratação de Hamburger que o horário vive mais uma renovação de sua história. Além do deslocamento do enredo para a cidade de São Paulo, pela primeira vez, os conflitos amorosos de casais brancos heterossexuais são substituídos por uma narrativa de cinco jovens protagonistas, com comportamentos e vivências diversas.

A escola privada ganha o contraponto de uma escola pública, com discussões sobre a educação brasileira em paralelo aos temas que regularmente compuseram a obra: adolescência, romance, sexualidade, rela-

---

[91] Novela *teen* de duração longeva na emissora, no ar, de forma inédita, por vinte e cinco anos, interrompidos apenas por conta da pandemia, em 2020.

ções familiares, consumo de drogas, problemas comportamentais, entre outros. A inovação proporcionada pelo enredo de Hamburger, estreante com *Viva a Diferença* no formato telenovela,[92] foi supervisionada pelo experiente roteirista Charles Peixoto, refletindo tanto o vanguardismo dos recém-chegados quanto as experiências anteriores do autor, conhecido por seu trabalho no cinema e na TV.

Na década de 2000, a chegada da dupla Thelma Guedes e Duca Rachid ao horário das 18h, com o *remake* de *O Profeta* (2006-2007), foi o ponto de partida para uma carreira marcada por prêmios. Após a estreia de *Cama de Gato* (2009-2010), uma história original com agilidade narrativa, as duas voltaram um ano após com *Cordel Encantado* (2011), sucesso popular e de crítica que propôs um diálogo ficcional entre a cultura nordestina e a tradição europeia. Guedes e Rachid são as recordistas do *Emmy Internacional*, com as obras *Joia Rara* (2013-2014) e *Órfãos da Terra* (2019). Esta última, além de trazer, pela primeira vez, a temática dos refugiados na trama central, foi a primeira a ter os capítulos exibidos inicialmente pela plataforma *Globoplay*, antes da veiculação na TV aberta (com exceção do primeiro e os da semana final), sinalizando um processo de integração entre TV aberta e *streaming*.

No horário das 19h, a novela medieval *Deus Salve o Rei* (2018), de Daniel Adjafre, investiu em recursos tecnológicos para emular a realidade europeia sem necessidade de gravações do elenco fora do país. A inovação estética evidenciou novas possibilidades de utilização da tecnologia, que contribuíram tanto para a narrativa quanto para o aprimoramento de técnicas adotadas em outras produções. Adjafre é um roteirista com trabalhos especialmente no campo das séries contemporâneas, como *Casos e Acasos* (2008), dentre outras. Ganhou destaque, respectivamente, como colaborador e coautor de *A Vida da Gente* (2011-2012) e *Sete Vidas* (2015), até estrear como autor titular com *Deus Salve o Rei*, protagonizada por três atrizes com notória influência nas redes sociais: Bruna Marquezine, Marina Ruy Barbosa e Tatá Werneck.

Ainda na faixa das 19h, Daniel Ortiz, introduzido como autor-solo com *Alto Astral* (2014-2015), tem conseguido criar tramas geradoras de engajamentos nas redes sociais, especialmente por conta da formação de casais que ganham torcida e *fandoms*. Foi assim com *Haja Coração* (2016)

---

[92] A trama conquistou o *Emmy International Kids* 2019, prêmio que Hamburger também conquistou em 2014 com o sucesso de *Pedro e Bianca*, na TV Cultura, emissora que exibiu o maior clássico da sua carreira, o *Castelo Rá-Tim-Bum*, ícone infantil dos anos 1990.

e, mais recentemente, com *Salve-se Quem Puder* (2020-2021), que causou uma grande mobilização nas redes sociais com os triângulos amorosos das protagonistas. Ortiz parece dominar uma ferramenta aparentemente indispensável para o sucesso das tramas contemporâneas: a capacidade de criar personagens, núcleos e desdobramentos dramáticos geradores de engajamento no ambiente digital. As ações de propagação e expansão promovidas pela própria Globo, por meio do *Gshow* e do *Globoplay*, também contribuem para o envolvimento do público que se move nesse ambiente.

Acerca da relação com fãs, cabe citar o trabalho da dupla Rosane Svartman e Paulo Halm, autores que, desde *Malhação: Sonhos* (2014-2015), demonstraram verve inovadora para lidar com os desafios da ambiência digital.[93] Svartman, que integrou a equipe de conteúdo transmídia de *Passione* (2010-2011), uma das novelas pioneiras em geração de conteúdo on-line, trouxe muito dessa experiência para os seus enredos com Halm, na faixa das 19h: *Totalmente Demais* (2015-2016) e *Bom Sucesso* (2019-2020) traziam personagens com vivências na cultura digital, contribuindo para ações de *spin-offs*, *crossovers* e conteúdos exclusivos para as plataformas digitais.

No horário das 21h, Walcyr Carrasco tem se tornado uma presença cada vez mais comum, desde o sucesso de *Amor à Vida* (2013-2014), após obras populares nas faixas das 18h e 19h. Uma estratégia adotada com frequência pelo autor é a divisão do protagonismo, recurso recorrente na dramaturgia seriada, que, ao ser mais amplamente explorado, tem se mostrado eficiente na retensão da atenção cada vez mais dispersa da audiência. Embora haja personagens centrais, o enredo é articulado em uma complexa teia com outros núcleos, em tramas que se conectam à principal. Em *A Dona do Pedaço* (2019), Maria da Paz (Juliana Paes) era a personagem principal, e as personagens Vivi Guedes (Paolla Oliveira) e Fabiana (Nathália Dill) também tinham seu lugar de protagonismo. Estratégia semelhante foi adotada por outros autores, como, Glória Perez, em *A Força do Querer* (2017) — com Bibi (Juliana Paes), Jeiza (Paolla Oliveira) e Ritinha (Ísis Valverde) — e Manuela Dias em *Amor de Mãe* (2019-2021) — com Lurdes (Regina Casé), Vitória (Taís Araújo) e Thelma (Adriana Esteves).[94]

---

[93] Para compreender as ações de participação do projeto transmídia de *Malhação Sonhos*, em especial, os processos para a produção e a incorporação dos trabalhos dos fãs nos espaços oficiais do programa, consultar a tese de Renata Bento Cerqueira (2018).
[94] Às 19h, tem sido comum a utilização do mesmo recurso, observado, de modo mais enfático, em *Pega Pega* (2017-2018) e *Salve-se Quem Puder* (2020-2021).

João Emanuel Carneiro traz, em suas experiências às 21h, sucessos marcados por tentativas de renovação. *A Favorita* (2008-2009), marco da subversão da fórmula clássica de novelas centradas em pares românticos, deu espaço para dúvidas sobre a mocinha e a vilã. Com *Avenida Brasil* (2012), o subúrbio ganhou protagonismo, enquanto os núcleos da zona sul carioca ficaram nas tramas paralelas. Em *A Regra do Jogo* (2015-2016), o protagonista, além de mau-caráter, integrava uma facção criminosa que ocupava o centro da narrativa, cujos capítulos ganhavam títulos, tal como nas séries estadunidenses que inundavam o mercado naquele período. Já em *Segundo Sol* (2018), o enredo foi ofuscado por queixas do público e de entidades oficiais acerca da falta de representatividade negra em uma novela ambientada em Salvador, Bahia. Essa experiência sinaliza bem como a resposta instantânea de segmentos do público atuantes nas redes sociais digitais passará a fazer parte do cenário dos desafios frequentes dos criadores autores e da emissora diante das controvérsias no debate público sobre as questões identitárias, sobretudo — mas não somente — aquelas relacionadas à raça, gênero e orientação sexual.

Autores como Aguinaldo Silva e Gloria Perez, veteranos entre os escritores da Globo, já interagem com o público por meio de fóruns e blogs desde 1990. Contudo, o alcance atingido pelas redes sociais propiciou novas camadas de relacionamento com o público. Além deles, Thelma Guedes, Walcyr Carrasco e Rosane Svartman costumam dialogar com essa audiência on-line, respondendo a críticas, elogios e repercussões, ou justificando escolhas e desdobramentos narrativos.

Manuela Dias e Daniel Ortiz foram autores que enfrentaram problemas causados pela Covid-19. O contexto trouxe desafios como incluir, ou não, a pandemia na trama, a adaptação de cenas seguindo protocolos de segurança, encurtamento da narrativa e a impossibilidade de modificar a obra enquanto ela era exibida. Criticada pela opção de inserir a pandemia no enredo, Manuela Dias não hesitou em explicar nas redes sociais detalhes das suas escolhas como dramaturga, em uma tentativa de justificar os encaminhamentos. Sua novela foi exibida normalmente até o capítulo 102, saindo do ar em um ponto alto — a revelação da identidade de Domenico, filho da protagonista Lurdes. Com a decisão de colocar a pandemia na trama — justificada pelo aspecto realista da obra —, o enredo foi alvo de muitas críticas na exibição dos capítulos finais, entre março e abril de 2021. Com um intervalo grande entre as gravações e a veiculação na TV, alguns procedimentos sanitários adotados no primeiro ano de pandemia também já soavam ultrapassados.

Ortiz, cuja trama foi interrompida após dois meses de estreia, optou por não inserir a pandemia na história, mantendo o clima de comédia e romance que deu o tom da obra desde a estreia. Embora também tenha sido gravada dentro de rígidos protocolos de segurança, a novela voltou ao ar com capítulos inéditos em maio de 2021, passando, inicialmente, por adaptações nas cenas de envolvimento amoroso, como as de beijos. Aos poucos, todavia, a trama prosseguiu de modo a deixar quase imperceptíveis a complexidade e as limitações das gravações.

O advento da pandemia, associado à digitalização, tem gerado outras questões inusitadas. A primeira trama inédita a ir ao ar após o início da pandemia, *Nos Tempos do Imperador* (2021-2022), teve grande repercussão no mês de estreia após a exibição de uma cena que sugeria racismo reverso, em um diálogo entre o protagonista negro e a protagonista branca.[95] Esse exemplo, embora pontual, explicita a complexidade da gravação integral e antecipada de um gênero que tem no diálogo com o público uma das suas principais forças. Tal decisão, que impactou também a produção de *Um Lugar ao Sol* e *Quanto Mais Vida, Melhor*, exibidas entre 2021 e 2022, mostrou-se uma opção temporária diante do quadro pandêmico. As novelas exibidas a partir de 2022 voltaram ao formato clássico de gravações simultâneas às exibições, o que permitiu a retomada de uma relação mais próxima com os telespectadores. Isso foi observado no sucesso de *Pantanal* (2022), às 21h; *Vai na Fé* (2023), às 19h; e na sequência de títulos que conseguiram boa aceitação da crítica e da audiência em geral na faixa das 18h: *Além da Ilusão* (2022), *Mar do Sertão* (2022-2023) e *Amor Perfeito* (2023).

A retomada das produções inéditas, intensificada em 2022, aqueceu o mercado de telenovelas. Na Globo, o sucesso das histórias mais

---

[95] As reações foram muitas. Djamila Ribeiro escreveu em sua coluna da Folha de São Paulo [...] "Em uma cena peculiar, Pilar, branca, está sentada em um banco de mãos dadas com Samuel, o personagem negro. Ele estava irritado pois ela não havia sido aceita na Pequena África, local de refúgio para negros libertos [...] Irritado pela recusa, Samuel desabafa: 'Só porque você é branca não pode morar na Pequena África? Como que queremos ter os mesmos direitos se fazemos com os brancos as mesmas coisas que eles fazem com a gente?'. Seria mais uma cena de romantização da escravidão e de racismo reverso dramatizada para milhões de pessoas na história da maior emissora do país, não fosse [...] o canal negro Trace Brasil, Ad Junior, que em suas redes denunciou o ocorrido [...] Sabemos que se esse país fosse sério, novelas que romanceiam a colonização nem poderiam ser feitas [...]" (Ribeiro, 2021, on-line).

convencionais, que remontam os pilares do melodrama (especialmente às 18h), sinaliza que o público de TV aberta continua recebendo de modo satisfatório as obras que lhe parecem familiares. Em paralelo, o grupo empresarial passou a apostar, com mais frequência, em regravações ou continuações de títulos de sucesso às 21h, como nos *remakes* de *Pantanal* (2022) e *Renascer* (2024) — trabalhos emblemáticos de Benedito Ruy Barbosa, cujas primeiras versões foram ao ar na década de 1990 — e na já anunciada nova versão de *Vale Tudo*, prevista para 2025. Por sua vez, às 18h, a aposta no *remake* de *Elas por Elas* (2023-2024) não logrou êxito, o que fez a emissora repetir as mesmas fórmulas e muitos personagens de *Mar do Sertão* em *No Rancho Fundo* (2024). O horário das 19h tem sido o mais instável quanto à repercussão das produções, com títulos de baixo impacto, como *Cara e Coragem* (2022-2023) e *Fuzuê* (2023-2024), e apostas em autores mais acostumados à faixa, como Rosane Svartman (*Vai na Fé*) e Daniel Ortiz (*Família é Tudo*), todas com o tom romântico e cômico típico do horário, sem muitos sinais de inovação.

Por fim, é importante ressaltar o crescimento do mercado de *streaming*, com investimentos específicos, como *Todas as Flores* (2022-2023), de João Emanuel Carneiro, que alcançou excelente repercussão na primeira janela no *Globoplay* e na exibição posterior na TV aberta, em 2023. Movimento semelhante de fortalecimento do *streaming* se observa nas concorrentes, com o lançamento de *Pedaço de Mim* (2024), bem-sucedida série melodramática da *Netflix*, e o anúncio das estreias das novelas *Dona Beja* e *Beleza Fatal*, previstas para 2025, na *Max*. Nota-se, assim, como as empresas e os agentes criativos têm buscado se reinventar diante das possibilidades de inovação fomentadas pelo mercado digital, que, ao contrário de restringir, expande as alternativas de criação, distribuição e consumo dos produtos teleficcionais seriados.

CONSIDERAÇÕES FINAIS

Os resultados apresentados esboçam caminhos analíticos atentos à complexidade do exame dos projetos criativos inovadores dos roteiristas-autores de telenovelas, das decisões e escolhas dramatúrgicas que precisam negociar com as circunstâncias da emissora e das repercussões inusitadas da cultura digital, conjugadas com a cuidadosa e contínua renovação do gênero. Os movimentos de inovação identificados explicitam o manejo das possibilidades tecnológicas digitais que, dentre outros efeitos, geraram a necessidade de monitoramento contínuo do público por parte das organizações. Nesse cenário, fica evidente a importância do investimento da Globo nos segmentos responsáveis pelos projetos transmídia das telenovelas, assim como dos autores roteiristas interessados em ampliar as conexões com a audiência familiarizada com os recursos da ambiência digital. Os casos exitosos ressaltados em nossa pesquisa contribuem, assim, no fortalecimento do lugar emblemático da telenovela em uma sociedade que a consome, a inspira e a representa há mais de sete décadas.

Os dados levantados sinalizam, portanto, que a tendência é haver um redimensionamento das empresas produtoras de telenovelas para que possam garantir a audiência, que tem cada vez mais canais disponíveis para assisti-las e reassisti-las, bem como de ampliar sua apreciação por meio, por exemplo, de extensões transmídia, e participar mais ativamente do processo criativo, dialogando com os autores nas redes. Telenovelas de diferentes mercados e estilos circulam nos serviços de streaming, nas TVs abertas e nos canais por assinatura, mostrando a presença de um público fiel e, em certa medida, renovado.

Essa ficção seriada ainda prospera no novo ecossistema midiático digital, mostrando sua longevidade e o vigor característico das narrativas convencionais, convivendo com experimentações estéticas e temáticas que buscam atender os interesses de públicos que ampliaram substancialmente sua enciclopédia da audiovisualidade seriada. Nesse cenário, as redes sociais amplificam as obras, as temáticas e as histórias dos personagens, seja na forma como propagam e remixam os conteúdos televisivos, seja na criação de formatos ficcionais originais, notadamente influenciados pelas raízes clássicas das telenovelas, ressignificadas com as possibilidades que surgem na ambiência digital.

A importância do criador autor roteirista nessa cadeia criativa não é uma mera tendência, mas uma necessidade frente às demandas que se ampliam, associadas à responsabilidade ética e moral pelo poder de mobilizar desde a conversação mais íntima às forças sociais que atuam no debate público. Merece mencionar que os roteiristas estão se mobilizando frente às mudanças nos regimes de trabalho, que tendem a agudizar sua precarização, como indicam as preocupações e mobilizações geradas diante do uso das ferramentas das inteligências artificiais generativas: dos esforços para incorporação adequada desses recursos às mobilizações em prol da defesa da autonomia criativa e do lugar autoral do roteirista e de sua equipe no processo de desenvolvimento das histórias.

Vale lembrar que, no projeto ampliado de nossa investigação, seguimos com a meta de ressaltar a percepção e os pontos de vistas dos roteiristas autores e colaboradores sobre as repercussões da digitalização na criação e confecção das telenovelas, em seus processos de trabalho e em suas escolhas estilísticas. Seguimos com as questões que nos mobilizam: quais desafios redundaram em inovações? Quais dimensões das convenções foram salientadas? Este artigo expõe descobertas, em caráter ensaístico, pois necessitam maior aprofundamento sobre as escolhas estilísticas de número reduzido de roteiristas autores reconhecidos como inovadores, que atuaram na emissora líder nesse campo. Criadores que viveram esse desafio em momento recente de nossa história (2018 a 2020), associado de modo trágico com a epidemia da Covid-19.

No caso da Globo, o conglomerado de mídia hegemônico no campo, críticos e pesquisadores confirmam que os tipos de inovação são instigados pelos projetos artísticos da instância da criação, movidos por questões dramatúrgicas, temáticas, e pelo uso das estratégias transmidiáticas e estéticas. O lugar do autor-roteirista é, certamente, destacado. João Emanuel Carneiro, por exemplo, aparece com diversas menções de inovação em obras que são exaltadas por marcas autorais do roteirista, como formato e ritmo, temáticas abordadas e construção de personagens. Walcyr Carrasco é mencionado por questões de construção narrativa e por suas estratégias de merchandising e transmídia. As construções transmidiáticas consagram também as obras de Rosane Svartman e Paulo Halm, assim como a de Cao Hamburger. A dramaturgia engenhosa de temas complexos e controversos também foi destacada em relação à obra dos autores estudados, assim como a ousadia no uso do multiprotagonismo e da arrojada linguagem audiovisual, construída em parceria criativa com a direção e outros profissionais envolvidos.

As descobertas aqui sinalizadas são, portanto, aportes iniciais de uma reflexão que precisa ser expandida, pois pouco se tem investigado sobre o ofício e os processos criativos dos roteiristas da ficção seriada, como bem ressalta Svartman (2023). Por fim, frisamos em nossos argumentos como a compreensão do modelo de gestão das empresas produtoras de telenovelas auxilia na análise dos desafios vividos pelos roteiristas autores e colaboradores, gerando hipóteses que permitem verificar como as mudanças que atingem esse sistema industrial dos conglomerados de mídia afetam as condições de existência desses profissionais e as forças criativas promotoras da invenção e da inovação. O cuidado, mais uma vez, é não perder de vista que se está diante de uma complexa rede de forças e poder, especializada e particular, exigindo dos pesquisadores abertura para repensar seus paradigmas.

REFERÊNCIAS

ALMANAQUE SBT 35 ANOS. Barueri: On-line editor, 2017.

ALVES, G.; SOUZA, M. C. J. A construção do lugar autoral da roteirista Shonda Rhimes no mercado da ficção seriada televisiva. *Revista GEMInIS*, São Carlos, v. 12, n. 1, p. 42-63, jun. 2021. DOI 10.53450/2179-1465.RG.2021v12i1p42-63. Disponível em: https://www.revistageminis.ufscar.br/index.php/geminis/article/view/619. Acesso em: 27 jun. 2021.

BOURDIEU, P. *As regras da arte*: gênese e estrutura do campo literário. São Paulo: Companhia das Letras, 1996.

BRIGLIA, T.; SOUZA, M. C. J. *O autor-roteirista de telenovelas no cenário midiático digital*. Florianópolis: Insular, 2022.

CERQUEIRA, R. B. *As ações de participação no projeto transmídia de Malhação Sonhos*: uma análise dos procedimentos para a produção e a incorporação do trabalho dos fãs. 2018. Tese (Doutorado em Comunicação e Cultura Contemporâneas) – Faculdade de Comunicação, Universidade Federal da Bahia, Salvador, 2018.

COSTA, C. *A milésima segunda noite*. Da narrativa mítica à telenovela: análise estética e sociológica. São Paulo: Fapesp, Annablume, 2000.

FECHINE, Y.; FIGUEIRÔA, A.. Cinema e televisão na trasmediação. *In*: RIBEIRO, A. P.; SACRAMENTO, I.; ROXO, M. (org.). *História da Televisão no Brasil*. São Paulo: Contexto, 2010. p. 281-312.

HAMBURGUER, E. *O Brasil antenado*: a sociedade da novela. Rio de Janeiro: Zahar, 2005.

HARTLEY, J.; POTTS, J.; CUNNINGHAM, S.; FLEW, T.; KEANE, M.; BANKS, J. Innovation. *In*: HARTLEY, J.; POTTS, J.; CUNNINGHAM, S.; FLEW, T.; KEANE, M.; BANKS, J. *Key concepts in creative industries*. Londres: Sage Publications, 2013. p. 111-115.

KOGUT, P. Globo decide reprisar 'Fina estampa' e outras novelas. *O Globo,* Rio de Janeiro, 16 mar. 2020. Disponível em: https://kogut.oglobo.globo.com/noticias-da-tv/noticia/2020/03/globo-decide-reprisar-fina-estampa-e-outras-novelas.html. Acesso em: 20 out. 2020.

LEMOS, A. *Tecnologia é um vírus*: pandemia e cultura digital. Porto Alegre: Sulina, 2021.

LOPES, M. I. V. (org.). *Por uma teoria de fãs da ficção televisiva brasileira.* Porto Alegre: Sulina, 2015.

LOPES, M. I. V. (org.). *Por uma teoria de fãs da ficção televisiva brasileira.* Práticas de fãs no ambiente da cultura participativa. Porto Alegre: Sulina, 2017. v. 2.

LOPES, F. Globoplay prepara 50 novelas antigas para seu catálogo; A Favorita será a primeira. *Notícias da TV,* São Paulo, 21 maio 2020. Disponível em: https://noticiasdatv.uol.com.br/noticia/novelas/globoplay-prepara-50-novelas-antigas-para-seu-catalogo-favorita-sera-primeira-37075. Acesso em: 1 jun. 2021.

MEMÓRIA GLOBO. *Autores. História da teledramaturgia.* São Paulo: Editora Globo, 2008.

MURAKAMI, M. H. *Da fantasia ao transmídia*: modernização do gênero telenovela brasileira. 2015. Tese (Doutorado em Meios e Processos Audiovisuais) – Universidade de São Paulo, São Paulo, 2015. Disponível em: http://www.teses.usp.br/teses/disponiveis/27/27161/tde-26052015-115453/. Acesso em: 9 dez. 2024.

OGURI, L. M. B.; CHAUVEL, M. A.; SUAREZ, M. C. O processo de criação das telenovelas. *Revista de Administração de Empresas,* São Paulo, v. 49, n. 1, p. 38-48, jan./mar. 2009. Disponível em: https://www.researchgate.net/publication/247854679_O_processo_de_criacao_das_telenovelas. Acesso em: 25 maio 2021.

ORTIZ, R.; BORELLI, S.; RAMOS, J. *Telenovela*: história e produção. São Paulo: Brasiliense, 1989.

PAIVA, F. Base de assinantes do Globoplay cresce 2,5 vezes em um ano. *Teletime,* [s. l.], 18 jun. 2020. Disponível em: https://teletime.com.br/18/06/2020/base-de-assinantes-do-globoplay-cresce-25-vezes-em-um-ano/. Acesso em: 20 abr. 2021.

PALLOTTINI, R. *Dramaturgia de televisão.* São Paulo: Ed. Moderna, 1998.

PICADO, B.; SOUZA, M. C. J. Dimensões da autoria e do estilo na ficção seriada televisiva. *Matrizes,* São Paulo, v. 12, n. 2, p. 53-77, 2018. Disponível em: https://

ww w.revistas.usp.br/matrizes/article/download/143970/147035/. Acesso em: 12 dez. 2024.

PRATT, A.; JEFFCUT, P. Creativity, innovation and the cultural economy: snake oil for the twenty-first century? *In*: PRATT, A.; JEFFCUT, P. (ed.). *Creativity, Innovation and the Cultural Economy*. New York, Oxon: Routledge, Taylor e Francis, 2009. p. 3-19.

RIBEIRO, D. Racismo reverso em 'Nos tempos do imperador' não deveria acontecer. *Folha de S. Paulo*, São Paulo, 26 ago. 2021. Disponível em: https://www1.folha.uol.com.br/colunas/djamila-ribeiro/2021/08/racismo-reverso-em-nos-tempos-do-imperador-nao-deveria-acontecer.shtml. Acesso em: 22 fev. 2024.

RIOS, D. V. *Representações, autoria e estilo*: o nordeste de Velho Chico. 2019. 295 f. Tese (Doutorado em Comunicação e Cultura Contemporâneas) – Faculdade de Comunicação, Universidade Federal da Bahia, Salvador, 2019.

SBRISSIA, H. 1G, 2G, 3G, 4G e 5G: entenda a evolução da internet móvel. *Tecmundo*, São Paulo, 12 maio 2021. Disponível em: https://www.tecmundo.com.br/5g-no-brasil/217230-1g-2g-3g-4g-5g-entenda-evolucao-internet-movel.htm. Acesso em: 3 abr. 2021.

SOUZA, M. C. J. *Telenovela e representação social*: Benedito Ruy Barbosa e a representação do popular na telenovela *Renascer*. Rio de Janeiro: E-Papers, 2004.

SOUZA, M. C. J. O papel das redes de televisão na construção do lugar do autor nas telenovelas. *In*: SOUZA, M. C. J.; BARRETO, R. (org.). *Bourdieu e os estudos de mídia*: campo, trajetória e autoria. Salvador: Edufba, 2014. p. 13-40.

SOUZA, M. C. J.; ARAÚJO, J.; CERQUEIRA, R.; LESSA, R.; BIANCHINI, M.; AOUAD, A.; LIMA, M.; BULHÕES, R. S. Entre novelas e novelos: um estudo das *fanfictions* de telenovelas brasileiras (2010-2013). *In*: LOPES, M. I. V. (org.). *Por uma teoria de fãs da ficção televisiva brasileira*. Porto Alegre: Sulina, 2015. p. 107-151.

STONEMAN, P. *Soft Innovation. Economics, Product Aesthetics, and the Creative Industries*. New York: Oxford University Press, 2010.

SVARTMAN, R. *A telenovela e o futuro da televisão brasileira*. Rio de Janeiro: Cobogó, 2023.

FICÇÃO DE FÃS
DE TELENOVELAS

CRIAÇÃO, CIRCULAÇÃO E CONSUMO DAS *FANFICTIONS* DE TELENOVELAS

Maria Carmen Jacob de Souza
João Araújo
Renata Cerqueira
Rodrigo Lessa
Maíra Bianchini
Amanda Aouad
Marcelo Lima
Rodrigo de Souza Bulhões[96]

A despeito das ainda notáveis disparidades regionais e socioeconômicas, é justo afirmar que pessoas do mundo inteiro têm acesso a aparatos tecnológicos de baixo custo para edição e difusão de conteúdos multimídia, sendo capazes de criar e distribuir mensagens via internet a um ritmo acelerado e, em alguns casos, em tempo real. Assim, o poder que antes se centrava em poucas instituições, como conglomerados de mídia e canais de televisão, hoje está disperso entre "editores independentes, sites de compartilhamento de vídeo, bancos de dados mantidos colaborativamente e entretenimento produzido por fãs" (Delwiche; Henderson, 2013, p. 3, tradução nossa).

Nesse sentido, dado que esses fãs tendem a ser "consumidores que também produzem, leitores que também escrevem, espectadores que também participam" (Jenkins, 1992a, p. 208, tradução e grifo nossos), é notável que a ação desempenhada por eles se relaciona de modo íntimo ao que hoje convencionou-se chamar de cultura participativa,

> Cultura [esta] que possibilita a expressão artística e o engajamento cívico, que apoia a criação e a partilha dos produtos realizados por meio de uma tutoria informal que permite que o conhecimento dos mais experientes seja passado para os novatos. Uma experiência cultural em que se acredita que as contribuições de cada indivíduo importam e que existe algum grau de conexão social de uns com os outros (Jenkins et al., 2009, p. 3, tradução nossa).

---

[96] Além dos autores, a equipe de pesquisa contou com Genilson Alves (graduado em jornalismo pela UFBA à época) na coleta e análise de dados.

Desde a popularização do acesso à internet, a emergência da cultura participativa vem evidenciando uma série de expressões culturais do público, canalizadas por produtos tão diversos quanto romances, séries de televisão, games, *comics* e mesmo artistas ou conjuntos musicais, aos quais são dedicadas produções como *fan videos*[97], *fan arts*[98], *fan sites*[99], memes[100], Tumblrs[101] e *fanfictions*, sendo estas últimas o foco deste artigo.

As *fanfictions*, ou ficções de fãs (também conhecidas por suas formas abreviadas *"fanfics"* ou simplesmente *"fics"*), são estórias de ficção literária criadas por fãs a partir de uma referência direta a mundos ficcionais, personagens ou mesmo artistas preexistentes. Assim, as *fanfictions* podem explorar ficcionalmente desde os possíveis relacionamentos imaginados entre os membros de uma banda de pop japonês até um suposto caso homoerótico entre Spock e o Capitão Kirk (*Star Trek*), havendo mesmo fusão de elementos oriundos de experiências culturais distintas, como reescrituras de *Cinquenta Tons de Cinza* que trazem Justin Bieber como protagonista.

Acreditamos que essas experiências criam novos mundos ficcionais — isto é, espaços lógicos mobilizados por conjuntos específicos de indivíduos, ambientes e estados de coisas (Heintz, 1979; Doležel, 1998; Eco, 2008). Esses espaços são instituídos a partir da ficcionalização das vidas de artistas ou da reescritura de personagens e estórias preexistentes em outras obras. É notável como os fãs criadores de *fics* tomam por base o mundo ficcional dos produtos adorados, como as séries, para inventar novos mundos em seu entorno (Ryan, 1991), organizando um universo composto por vários deles, que podem propor, com aquele da obra matriz, relações diversas de reescrita[102] — podendo respeitar ao máximo a história originalmente contada e apenas acrescer-lhes cenas, seja implodindo os eventos, personagens e cenários que são canônicos nas obras que os inspiram.

Mas, e as telenovelas? Seus fãs produzem *fics*? A partir desse questionamento, resolvemos fazer um levantamento para constatar se havia alguma expressividade nesse fenômeno, partindo inicialmente da hipótese de que,

---

[97] Peças audiovisuais independentes criadas por fãs em homenagem a uma obra existente. Geralmente são *teasers*, *trailers*, paródias, *mash ups* ou compilações de cenas de personagens ou casais.
[98] Peças gráficas (pinturas, ilustrações etc.), geralmente não remuneradas, feitas por fãs.
[99] Sites, blogs ou páginas virtuais criadas e mantidas por fãs interessados em algum fenômeno cultural.
[100] Conceitos, frases, imagens ou vídeos que "viralizam" por compartilhamentos pessoa a pessoa na internet.
[101] Plataforma que mescla os blogs convencionais aos microblogs (Twitter) em um formato amigável aos dispositivos móveis. Por meio do Tumblr, usuários publicam, sobretudo, textos curtos, imagens e vídeos.
[102] Posteriormente neste capítulo, apontamos a preferência pelo termo "transdução" e as razões para isto.

caso sequer encontrássemos *fanfics* de telenovelas, as experiências seriam poucas e esparsas — ainda que, desde o início, tivéssemos ciência tanto do grau de atividade on-line dos fãs brasileiros de novela[103] quanto do expressivo volume de *fanfictions* nacionais dedicadas a produções estrangeiras[104].

Decididos a fazer on-line o levantamento dessas *fanfics*, escolhemos como campo de observação todas as 31 telenovelas inéditas exibidas integralmente entre 2010 e 2013 nas maiores redes abertas brasileiras, das quais 22 (cerca de 71%) apresentaram *fics*.[105] A coleta foi feita a partir de uma varredura no sistema de buscas Google, o que gerou uma base de dados com 1720 textos.[106] Esse volume surpreendeu o grupo, mobilizando-nos a aceitar o desafio de explorar esse tema pouco abordado no campo.[107]

Inicialmente, a base de dados recebeu um tratamento exploratório (Lessa; Araújo; Lima, 2014), que permitiu verificar a distribuição das *fics* entre as diferentes telenovelas, as plataformas de publicação empregadas por quem escreve tais produtos e quais as relações que as *fanfics* estabeleceram com as obras que as inspiraram, sobretudo em termos de composição dos universos ficcionais. Posteriormente, a base recebeu

---

[103] Como pode ser notado nas centenas de comunidades em mídias sociais e blogs dedicados ao tema.

[104] Algo demonstrado, por exemplo, pelas cerca de 27 mil *fics* dedicadas ao universo de Harry Potter disponíveis no site *Floreios e Borrões*. Disponível em: http://fanfic.potterish.com/. Acesso em: 10 maio 2015.

[105] A opção por este período se deu em conformidade com a pesquisa do A-tevê para o Obitel 2012/13 (Souza *et al.*, 2013) e adveio do interesse em trabalhar um tipo específico de transmidiação dos fãs (as *fics*) a partir de um *corpus* semelhante àquele cujas extensões transmídia empresariais já havíamos estudado, de forma a dar uma continuidade entre as pesquisas. As 22 obras que apresentaram *fanfics* foram *Araguaia*, *Escrito nas Estrelas*, *Passione*, *Ti Ti Ti* (Rede Globo, 2010), *A Vida da Gente*, *Cordel Encantado*, *Fina Estampa*, *Insensato Coração* (2011), *Amor Eterno Amor*, *Avenida Brasil*, *Cheias de Charme*, *Guerra dos Sexos*, *Lado a Lado*, *Salve Jorge* (2012), *Flor do Caribe*, *Sangue Bom*, *Saramandaia* (2013); *Ribeirão do Tempo* (Rede Record, 2010), *Vidas em Jogo* (2011), *Uma Rosa com Amor* (SBT, 2010), *Amor e Revolução* (2011) e *Carrossel* (2012). As telenovelas do período que não apresentaram *fanfics*, por sua vez, foram *Tempos Modernos* (Rede Globo, 2010), *Aquele Beijo*, *Morde e Assopra*, *O Astro* (2011), *Gabriela* (2012), *Balacobaco*, *Máscaras* (Record, 2012), *Dona Xepa* (2013) e *Corações Feridos* (SBT, 2012). Já a novela *Rebelde* (Rede Record, 2011) foi a única excluída do levantamento, por conta de dificuldades em separar as *fics* associadas ao produto brasileiro das relativas à sua contraparte mexicana.

[106] O procedimento para a construção de tal base consistiu na utilização do mencionado sistema de buscas para pesquisar, telenovela a telenovela, os termos «"[nome da obra]" *fanfic*». O título do produto foi colocado entre aspas, operador que permite buscar na web um sintagma exatamente como digitado, e a navegação foi anônima para não ser enviesada pelo histórico de internet do pesquisador. Processados os resultados, visualizamos as dez primeiras páginas de ocorrências, que totalizavam, no mais das vezes, 100 sites. Quando o resultado era de fato uma *fanfic* ou repositório de *fanfics*, o que nem sempre era o caso, o sítio era escrutinado em busca de outras *fics* da mesma obra, e os resultados eram então inseridos em um formulário criado com a ferramenta Google Drive. O levantamento foi feito entre 23/01 e 07/02 de 2014.

[107] Ademais, pesou ainda a convergência de interesses de diversos membros da equipe, cujos trabalhos se debruçam sobre temas como a transmidiação (Bianchini, 2011; Lessa, 2013; Cerqueira, 2014), a construção de mundos (Araújo, 2012), a cultura de fãs (Souza, 2007; Alves, 2014) e as expressões de autoria (Souza, 2004a, 2004b, Almeida, 2012).

ainda um segundo tratamento, que reduziu o número de entradas de 1.720 para 699. Tal diminuição se deu pelo fato de termos reunido certos grupos de textos como uma única *fic* quando isso era razoável.[108] A partir dessa etapa, observamos dois blocos distintos de *fanfics*: por um lado, havia várias *fics* de telenovelas escritas por mulheres adultas que publicaram em uma miríade de plataformas distintas. Por outro, era visível também um volume expressivo de produções infanto-juvenis vinculadas à telenovela *Carrossel*, que se concentravam no repositório on-line *Nyah! Fanfiction* (http://fanfiction.com.br/).

Ficou claro que cada um desses blocos articulava um conjunto de escritores, leitores e textos bem distintos, de forma que, mesmo com *Carrossel* apresentando uma quantidade imensa de produções e ocupando metade da base de dados, escolhemos privilegiar, na pesquisa, o outro conjunto de experiências, com a clareza de que o fenômeno das *fanfics* de telenovelas infanto-juvenis merece um estudo à parte. Assim, optamos por não incluir as *fanfics* de *Carrossel* entre as produções a serem analisadas mais detidamente.

Tomada a decisão, voltamos aos sites nos quais as *fanfictions* foram inicialmente encontradas para uma caracterização geral das produtoras e leitores desses textos: quem eram, o que escreveram e quais os sistemas de publicação e difusão utilizavam.[109] Esse olhar global sobre o cenário objetivou a formulação de critérios que possibilitariam definir as novelas, escritoras e *fanfics* que seriam aprofundadas qualitativamente — isto é, um corpus de análise qualitativa adequado às condições de pesquisa e ao objetivo de analisar, nas *fanfics*, a recriação dos mundos ficcionais das telenovelas, tendo em vista as motivações das criadoras e os usos das plataformas digitais nos seus processos de criação e difusão.

A escolha desse corpus se deu a partir da constatação de duas tendências operando nas experiências observadas nesta etapa, as quais confirmaram nossa percepção de que o tratamento que as *fanfics* dão aos mundos ficcionais das telenovelas depende tanto da motivação dos

---

[108] Por exemplo, havia um conjunto de mais cem *fanfictions* dedicadas a *Ti Ti Ti* que exploravam as fãs-autoras, o ator Caio Castro e a roteirista Maria Adelaide Amaral como deuses gregos discutindo a telenovela no Olimpo. Inicialmente, cada uma destas postagens havia sido contada como uma *fanfic*, mas devido à sua ligação temática, ao fato da maioria ser composta de um só capítulo, de serem escritas pela mesma autora e de haver continuidade entre as postagens, resolvemos no tratamento final contá-la como uma só *fic* com vários capítulos, procedimento que foi repetido em vários casos semelhantes.

[109] Nesta etapa, ficou claro que havia certa volatilidade dos dados que compunham o universo, de modo que em agosto de 2014 várias das *fanfictions* computadas na varredura inicial já se encontravam fora do ar.

criadores quanto das maneiras como eles exploram as potencialidades comunicativas das plataformas escolhidas.

A primeira dessas tendências englobava textos mais dedicados à expressão dos afetos das criadoras e que pareciam ter como meta primeira a partilha dessas emoções com uma comunidade de leitores. Nesses casos, as *fanfics* costumam estar pouco organizadas nos sistemas de publicação, dificultando a busca por capítulos anteriores, e os textos costumam ser ou mais curtos ou menos estruturados, supondo uma leitura rápida, momentânea e fugaz. As plataformas mais usadas para esse fim foram os blogs e o Facebook. Para representar essa tendência, escolhemos dois blogs criados por mulheres que transformavam a escrita de *fanfics* de telenovelas em fomento da experiência interativa, além de uma autora que se divulgava por meio de distintas *fanpages* no Facebook. As telenovelas tratadas nessas *fanfics* foram *Ti Ti Ti*, *Uma Rosa com Amor* e *Salve Jorge*.

No blog *Entre Novelas e Novelos*,[110] ativo entre março de 2011 e outubro de 2013, o *remake* da telenovela *Ti Ti Ti* foi o tema central das *fanfics*, que enovelaram as vidas das cinco mulheres que as escreveram junto às dos personagens da obra. O segundo blog, *Biscoito, Café e Novela,* surgiu em julho de 2010 para a partilha de experiências de recepção de telenovelas antigas, e naquele mesmo mês já viu surgir sua primeira *fanfic* do *remake* de *Uma Rosa com Amor*. A partir daí, *fanfics* relacionadas a essa novela foram uma constante até agosto de 2013 no blog, que ainda hoje está ativo. Já em relação ao Facebook, Rayssa Vasconcelos foi a escritora que mais aproveitou as potencialidades da plataforma para divulgar *fanfictions*, que escrevia em homenagem ao casal Stenio e Heloísa, de *Salve Jorge*, e publicava em três páginas distintas.[111]

A segunda tendência observada na base de dados, por seu turno, se relacionava a autoras que associavam a expressão dos afetos à criação de textos narrativos que mostram maior empenho em sua elaboração. Isso é visível no fato de as publicações serem melhor estruturadas, tanto textual quanto narrativamente, com ênfase na (re)apresentação dos personagens, na configuração e reversão de expectativas, no emprego de elementos de serialização nas publicações com muitos capítulos (como *leitmotivs* e ganchos)[112] e na atenção às normas da língua e à coerência do

---

[110] Link: http://entrenovelasenovelos.blogspot.com.br/. Acesso em: 30 abr. 2015.
[111] Além disso, ela atua como proeminente colaboradora no blog *FCO Império Gio Antonelli*. Disponível em: http://imperiogioantonelli.blogspot.com.br/p/fanfics-steloisa.html. Acesso em: 30 abr. 2015.
[112] E mesmo na sinalização de que os distintos fragmentos eram capítulos, e não novas *fics*.

texto. Aqui também ficava claro o interesse em cultivar e ampliar o público leitor dessas *fanfics*, movimento que levava ainda ao estabelecimento do lugar dessas criadoras como escritoras autoras. Nesses casos, as *fanfics* foram publicadas em várias plataformas com o intuito de estimular um sistema articulado de distribuição, e selecionamos duas experiências para representar essa tendência. Walkiria Pompeo (que usa o nome de usuário WaalPomps), criadora de *fanfictions* da telenovela *Sangue Bom*, associou contas do *Facebook*, *Tumblr* e do repositório *Nyah!* para ter maior circulação. Já Jeane Bordignon (por vezes identificada como Jeane B.) e um conjunto de amigas criadoras de *fanfics* da telenovela *Araguaia* conjugaram o uso do Blog e do SlideShare para recuperar e divulgar *fanfics* criadas para consumo de comunidades do Orkut.

Escolhidos os casos que comporiam o corpus, partimos para a análise dos modos como eles se relacionam com os mundos ficcionais das telenovelas que as *fanfics* reescrevem. Essa análise privilegiou as relações de reescritura propostas, observando se as *fanfics* se dedicavam mais a sequências, prequelas e interlúdios das obras matrizes ou se elas privilegiavam reescrituras de cenas, finais alternativos ou mudanças de ambientação. Nesse mesmo sentido, observamos ainda as prevalências temáticas e de gênero, bem como os modos como os personagens e cenários são retrabalhados.

No curso desta exposição, antes dos resultados desta análise, apresentamos os pontos de partida que nos levaram até ela, empreendendo uma discussão teórica sobre as *fanfictions* de telenovelas brasileiras, os fãs que as criam, os universos ficcionais que eles ajudam a ampliar e as plataformas nas quais as *fanfics* foram publicadas e consumidas.

PONTOS DE PARTIDA

FÃS ENGAJADOS, *FANFICTIONS* E A ECONOMIA DA DÁDIVA

A criação de *fanfics* — e a ação do fã nesse processo — está associada ao contexto mais amplo de consumo midiático, construção de identidades e difusão de tecnologias digitais participativas. Os fãs fazem uso de suas habilidades para distribuir criações próprias que, em instância primeira, expressam suas subjetividades e afetos em relação a um produto midiático adorado (Güldenpfennig, 2011). Compreender estes aspectos subjetivos da construção de identidades e da criação de laços de afeto é essencial para um entendimento preciso do que é um fã (Bailey, 2005; Martens, 2011; Sullivan, 2013; Gray; Sandvoss; Harrington, 2007). Para Booth (2010), ser um fã significa *se identificar* com um texto midiático, e o autor argumenta, seguindo Sandvoss, que "o objeto midiático 'é parte do senso de si mesmo do fã', visto que alguns fãs usam sua identidade *enquanto* fãs como uma forma de se diferenciarem de outros públicos midiáticos" (Booth, 2010, p. 20, grifo do autor, tradução nossa).

Os autores que tratam do tema tendem a concordar que há diferentes gradações de fãs conforme o nível de engajamento que eles demonstram na relação constituída com o produto. Nesta perspectiva, Sandvoss (2013) os divide em fãs, adoradores e entusiastas; Sullivan (2013) cria uma escala que parte de consumidor, passando por entusiasta e fã, antes de chegar à figura do produtor; e Jenkins (2009) trata os fãs de televisão como zapeadores, casuais ou fiéis. A despeito da variedade de terminologias possíveis nos estudos de fãs, concordamos com Jenkins (1992b) e Fechine (2014) de que a concepção de fã sempre pressupõe um consumo ativo, um agenciamento sobre os produtos, que "consiste em várias formas de intervenção sobre aquilo que consomem e em distintos graus de envolvimento com os conteúdos" (Fechine, 2014, p. 14).

Assim, é salutar compreender os fãs a partir das nuances de seu engajamento com o objeto adorado. Embora se costume dar ênfase aos polos extremos ilustrados nas figuras do "mero consumidor midiático" e do "entusiasta fiel disposto a criar produtos", há no ínterim, uma infinidade de formas de um indivíduo expressar seus afetos e paixões. Ao longo deste trabalho, chamamos de fã engajado, ou por vezes apenas fã, aquele que expressa seu envolvimento por meio da participação em comunidades on-line, o que, muitas vezes, se traduz na escrita e leitura de *fanfics* e nas interações sociais criadas a partir disso.

Nesta perspectiva, as colaborações de Lewis são valiosas, pois salientam a necessidade de observar a importância das comunidades dos fãs para o engajamento deles na realização dos produtos, realização que costuma decorrer das experiências vividas em tais comunidades, as quais intensificam a aproximação com o texto midiático: "Talvez apenas um fã possa apreciar em profundidade os sentimentos, as gratificações e a importância de lidar com a vida cotidiana que o *fandom* representa" (Lewis, 1992, p. 1, tradução nossa). A dimensão aqui sinalizada enriquece a compreensão de ações e interesses dos fãs que também são criadores de conteúdo, a partir da predisposição ao engajamento com um produto cultural e à dedicação de tempo, dinheiro e energias criativas para se envolver na criação destes conteúdos de fã (Mittell, 2013).

Com o intuito de explorar os produtos midiáticos, os fãs empenhados usam suas habilidades tecnológicas, sua predisposição à interação social, seus conhecimentos individuais e a inteligência coletiva (Booth, 2010). Estes fãs se engajam na obra e produzem sentido e extraem prazeres do consumo de produtos culturais (Fiske, 1992), em um esforço que resulta na produção autônoma dos mais diversos tipos: *fanfics*, desenhos, montagens, clipes audiovisuais, blogs, músicas, wikis colaborativos etc. Assim, os fãs engajados criam um sistema próprio de produção e circulação de suas obras, o que Fiske (1992) chama de economia cultural nas sombras, ou seja, fora do circuito *mainstream*.

Quando se considera as atuais práticas de transmidiação de conteúdos ficcionais, em especial as narrativas transmídia que expandem histórias por várias plataformas, nota-se grande semelhança entre os produtos criados por fãs e aqueles produzidos pelas próprias indústrias de entretenimento. Essa observação remonta a considerações de Scolari (2013), para quem a narrativa transmídia é composta por dois polos distintos, com textos, lógicas de criação e estéticas diferentes e inter-relacionadas: de um lado, a produção comercial; do outro, os conteúdos criados pelo público, que representam uma das experiências de recepção e consumo da cultura participativa transmidiática.

Neste contexto, compreendemos a *fanfiction* como a produção autônoma de fãs associada a um ou mais produtos culturais, geralmente na forma escrita, com diferentes níveis de rebuscamento literário e histórias que ultrapassam os limites do texto original. Trata-se de experiências que salientam as práticas de fãs, as quais tendem a conformar redes de relações específicas, orquestradas por lógicas que alimentam as ações de criar/recriar, difundir/consumir e fruir/interpretar universos ficcionais, segundo os modelos de comunicação e sistemas transmídia que os envolvem. Neste sentido, Mittell (2013) lembra que produções de fãs são paratextos, artefatos culturais que existem na relação com outros produtos. "A maioria das obras da cultura popular tem paratextos oficialmente licenciados criados pelas indústrias de mídia [...]. Fãs também criam seus próprios paratextos não licenciados inspirados pela cultura popular" (Mittell, 2013, p. 38, tradução nossa).

Como enuncia Jamison (2013), uma característica definidora das *fanfics* é a sua publicação, quase sempre, sem fins lucrativos. No mesmo sentido, Güldenpfennig (2011, p. 15, tradução nossa) pontua que "a *fanfiction* é feita pelo fã para o bem maior de seu fandom" segundo dinâmicas específicas dessa ambiência, e não por lucro. Autores como Booth (2010), De Kosnik (2009) e Turk (2014) usam ainda o termo *gift economy* (economia da dádiva) para falar na circulação livre e gratuita das peças criadas por fãs.

> O fandom geralmente tem sido discutido [...] como uma economia de partilha, e especificamente como uma economia de presentes baseada em dar, receber e retribuir. No interior desta economia, obras de arte — *fanfiction, fan video, fan art* — tem sido tipicamente os mais óbvios e mais apreciados presentes (Turk, 2014, p. 1, tradução nossa).

De Kosnik (2009) vai além e sublinha que a "economia da dádiva" do *fandom* provavelmente logo sofrerá influências de lógicas comerciais. A autora pareceu prenunciar o que se observa hoje: fãs que comercializam suas criações e empresas que passaram a investir em táticas de monetização desses produtos. Talvez o melhor exemplo disso, seja o lançamento em 2013, do Kindle Worlds (plataforma de venda de *fanfics* em formato e-book) pela gigante do varejo on-line Amazon. A Amazon realizou contratos de licenciamento com empresas de mídia para garantir seguridade legal para a venda de *fanfics*, de forma que escritores — que, por via da empresa, se profissionalizaram — podem criar histórias livremente inspiradas nos mundos ficcionais de obras conhecidas e vendê-las pela plataforma Kindle.[113] Notavelmente, esse indicativo da monetização dos produtos criados pelos fãs e do surgimento de modelos de negócios potencialmente lucrativos evidencia, ainda, o desejo de muitos desses escritores de se tornarem autores.

Neste sentido, como ressalta Jamison (2013), as grandes empresas comerciais não estão preparadas para formar os aspirantes a escritores, e o sistema de criação, publicação e distribuição gratuito de *fanfics* pode

---

[113] Até agora, os contratos da empresa garantem *fanfictions* de um limitado número de obras, que inclui os seriados televisivos *Gossip Girl*, *Pretty Little Liars* e *The Vampire Diaries* (propriedades da Time Warner), os quadrinhos da Valliant Entertainment e os romances de autores como Hugh Howey, Barry Eisler e Blake Crouch. Ademais, antes mesmo do investimento da Amazon, há ainda o exemplo do best-seller literário *50 Tons de Cinza*, de E. L. James. A autora publicava *fanfics* da Saga Crepúsculo (romances escritos por Stephenie Meyer) em seu blog pessoal em 2009, sob o título *Master of the Universe*. Após a repercussão de seus contos, ela editou os escritos para retirar as referências aos personagens da saga e publicou comercialmente em 2011 a obra pela editora britânica Random House (no Brasil, pela editora Intrínseca).

cumprir essa função, preparando escritores novatos, inclusive, para o mercado editorial: "Hoje, centenas de milhares de novos escritores — jovens, crianças — estão desenvolvendo sua escrita não em isolamento, mas com uma comunidade estabelecida de leitores e comentadores que já amam os personagens e mundos sobre os quais estão escrevendo" (Jamison, 2013, p. 34, tradução nossa). Assim, empresas como a Amazon podem capitalizar em cima do fato de que comunidades de fãs geralmente fornecem uma rede de apoio para escritores iniciantes, incentivando-os a publicar. Seja em grandes repositórios de *fanfics*, que se preocupam em ensinar aos novatos o ofício de *"fic writer"*, seja em blogs ou em mídias sociais, onde a colaboração é visível, neste ambiente há sempre um fomento à publicação.

Por fim, antes de fechar este tópico, cabe deixar claro que, conforme adentrávamos mais e mais no mundo das *fanfics* das telenovelas, crescia a convicção de que as mulheres predominavam na escrita dessas estórias. Jamison argumenta um ponto semelhante quando diz que "a maior parte desses textos sem fins lucrativos é escrita por mulheres, ou se não por mulheres, então por pessoas que estão dispostas a serem consideradas mulheres" (2013, p. 33, tradução nossa). Alguns fatores, contudo, tornam impossível precisar esse fato numericamente: além da dificuldade em se catalogar uma imensa quantidade de fãs-escritores, nota-se que muitos deles não identificam seu gênero ou sequer aceitam o binarismo masculino/feminino. É possível supor com que gênero um fã-escritor se identifica a partir do seu nome ou apelido, mas apenas em alguns casos. Mesmo com essas variáveis, a predominância de mulheres (ou de pessoas que assim se identificam) é uma verdade sobre a escrita de *fanfics* bem aceita entre acadêmicos e fãs, verdade que parece se confirmar no caso específico das *fanfics* de novelas.

Conforme conhecíamos o mundo das *fanfics*, descobrimos que a maioria delas era jovem — de adolescentes a jovens adultas. O fato de as comunidades de fãs criarem uma rede de apoio e incentivo à escrita pode facilitar a entrada de novos escritores, sobretudo os mais jovens, que se encontram em um ambiente amigável onde podem se expressar livremente. Por outro lado, é preciso ponderar que o corpus de *fanfics* e escritoras se limitaram àquelas encontradas em pesquisas na internet: a maior presença de jovens nesse cenário on-line aponta não apenas que eles estejam escrevendo *fanfics*, mas também que eles são mais bem-sucedidos em utilizar ferramentas e plataformas digitais para publicação e difusão de suas produções.[114]

FANFICS, TRANSDUÇÕES E UNIVERSOS FICCIONAIS

Do mesmo modo que as próprias novelas, os fãs criadores de *fanfics* também constroem os seus próprios mundos ficcionais — termo correlato, mas não idêntico ao de universo ficcional. Esse termo é debitário da lógica, área na qual a noção de mundo possível surge para tratar, fundamentalmente, de mundos criados a partir de proposições contrafactuais (Eco, 2008), sendo contrafactual tudo aquilo que não ocorreu ou existe, mas poderia *ter* ocorrido ou existido, ou ainda *vir* a ocorrer ou existir. Desse modo, contrafactuais lidam não com estados de coisas "reais", mas com possíveis não realizados.

Ainda no âmbito da lógica, um universo é um conjunto de mundos conectados a partir de um ou mais critérios bem estabelecidos (Pavel, 1986), critérios aos quais Eco (2008) chama de "propriedades essenciais". Assim, por exemplo, supondo que estabeleçamos o critério de "serem povoados por exatamente os mesmos indivíduos", dois mundos pertencem a um mesmo universo se suas populações forem idênticas, ainda que coisas diferentes aconteçam aos seus habitantes. Se, no entanto, um desses mundos possuir uma pessoa a mais que o outro, eles não pertencem ao mesmo universo.

Pavel aproveita a noção lógica de universo para pensar os universos ficcionais como conjuntos estruturados de mundos conectados a um ou mais trabalhos de ficção. Dessa forma, para Pavel, o universo ficcional de um livro ou seriado televisivo contém não só o mundo base no qual se desenrola a história, mas: 1) os mundos imaginados, sonhados, desejados ou conjecturados pelos personagens, como aquele povoado por dragões que só existe na cabeça de Dom Quixote, nos romances de Cervantes; e 2) os mundos que apresentam alternativas possíveis não realizadas ao mundo-base (a exemplo de um mundo onde Nina nunca resolveu vingar-se de Carminha em *Avenida Brasil*).

---

[114] De acordo com a Pesquisa Nacional por Amostra de Domicílios – PNAD 2013 do IBGE, 75,7% dos jovens brasileiros entre 15 e 17 anos utilizam internet; a proporção de jovens adultos até 24 anos ultrapassa os 70%. O número cai progressivamente, até chegar aos 12,6% de adultos com 60 anos ou mais.

Assim, os universos ficcionais seriam compostos: a) pelo mundo "base" onde se desenvolve a história, a que David Herman (2009) chama *storyworld* e cujos personagens, eventos e ambientes conformam o chamado *cânone do mundo ficcional* (Wolf, 2012, p. 270-282); b) pelos mundos criados pelos personagens a partir dos seus atos imaginativos — de certa forma próximos ao mundo canônico, posto que foram imaginados pelos seus próprios habitantes; e c) pelas versões alternativas àquele mundo (como as propostas em adaptações, *fanfics* e extensões transmídia que trazem novas ambientações ou mudam o *background* dos personagens, cambiando o cânone).

Em *Lector in Fabula*, Eco (2008) aponta ainda outro tipo de mundo possível associado às ficções: aqueles imaginados pelos consumidores em seus passeios interpretativos, criados quando esses fazem apostas sobre como a trama se desenvolverá daquele ponto em diante. Esses mundos, quase sempre, ora se justapõem ao mundo da história (no caso de previsões que se concretizam), ora não. Assim, as hipóteses do espectador podem ser confirmadas pelo cânone e incorporadas ao mundo base (a); ou negadas pelo cânone, tornando-se versões imaginadas alternativas ao que aconteceu (c). É possível, porém, que a obra jamais confirme ou negue as hipóteses que nos leva a fazer — como *Dom Casmurro*, que não confirma nem nega a conjectura de que Capitu traiu Bento. Assim, podemos dizer que os mundos imaginados pelos espectadores, às vezes, são de um quarto tipo (d), que não são parte do cânone nem o negam abertamente.

Dessa forma, ao estudarmos a relação das *fanfictions* com o cânone dos mundos ficcionais das telenovelas, estamos examinando como as contribuições materiais dos fãs expandiram o universo ficcional das obras, investigando se a prioridade foi a de reiterar os eventos do próprio cânone, fazendo neles apenas mudanças marginais; se foi a de apresentar novos eventos que não contradigam o cânone (trazendo "cenas extras" ou sequências que poderiam ter se passado após o fim da novela); ou se os fãs preferiram reescrever radicalmente a obra e implodir o cânone, seja mudando a fábula, o passado das personagens, o cenário ou mesmo fundindo mundos ficcionais distintos (*crossover*).

Outro conceito que conduziu nossa reflexão sobre a recriação dos mundos ficcionais das telenovelas nas *fanfics* selecionadas foi o de transdução, elaborado por Lubomír Doležel (1998). Para esse autor, qualquer forma de "reescrita" de uma obra é pensada como transdução: desde a tradução interlingual, que o próprio Doležel reconhece não interferir no *storyworld*, até as bem-humoradas reescritas modernistas de textos clássicos, que criam versões alternativas do mundo da história — versões que, se por um lado geram mundos que são parte do mesmo universo ficcional, por outro propõem um *storyworld* "alternativo" em si mesmo, no qual circundam mundos sonhados, desejados e conjecturados pelos personagens dessas versões, bem como criados pelos seus apreciadores, quando estes formulam hipóteses sobre a nova história e o seu mundo.

Ao nos apropriarmos desse conceito, o intuito foi examinar as *fanfics* de telenovelas a partir do entendimento de que a ideia de transdução resguarda a amplitude dos universos ficcionais para além dos *storyworlds* e salienta a necessidade do estudo dos processos de recriação para compreender o macrofuncionamento desses universos, bem como a relação entre os distintos mundos que os compõem. Isso porque, associado à noção de universo ficcional, o conceito de transdução põe em relevo o fato de que os universos ficcionais das telenovelas existem para além do mundo base no qual a narrativa da TV se desenvolve. Assim, foi com ciência do papel nuclear das transduções para a configuração íntima dos universos ficcionais que as *fanfics* selecionadas foram examinadas, entendendo que centralizar o olhar em torno do *storyworld* é ignorar aspectos cruciais desses universos e de como eles funcionam. Afinal, "novas construções ficcionais, como novos jogos, permanecem sempre possíveis" (Pavel, 1986, p. 61, tradução nossa).

Por fim, na perspectiva de análise esboçada, mostra-se importante conhecer, ainda, como os fãs de telenovelas se comportam diante dos mundos ficcionais que cada uma delas enuncia. Em seguida, nos deteremos em aspectos cruciais que merecem ser levados em consideração em uma análise sobre as *fanfictions* de telenovelas.

TELENOVELAS BRASILEIRAS, NARRATIVAS SENTIMENTAIS E REASSISTIBILIDADE

A telenovela, série ficcional de longa duração, ocupa um lugar de destaque na cultura brasileira contemporânea, tendo sido historicamente alçada ao centro da programação das redes de TV aberta, de modo que envolve vultosos investimentos e forte apelo à audiência. Nos últimos trinta anos, tem-se a hegemonia da Rede Globo no que concerne a esse tipo de produção, enquanto a Rede Record e o SBT são outras duas emissoras que investem regularmente nessa seara.[115]

Os consumidores das telenovelas apresentam perfis distintos: podem ser homens ou mulheres, de diferentes classes socioeconômicas, faixas etárias e regiões brasileiras, e acompanhar as tramas de maneira contínua ou pontual. Ao longo dos anos, tal variedade também se estende aos modos como os espectadores veem e reveem os capítulos e se relacionam com as obras adoradas, ampliando o espaço para práticas dos fãs que mantêm estreitas relações com as tecnologias que estão acessíveis ao público.

Temas de discussão nacional e de interesse público ("merchandising social") costumam atravessar as tramas dramatúrgicas que conformam as telenovelas, segundo o ponto de vista dos roteiristas-autores que nelas imprimem suas marcas (Mattelart; Mattelart, 1989; Hamburger, 2005; Lopes, 2009). Todavia, não se deve esquecer que o regime poético que as caracteriza redimensiona estes temas a partir dos modelos de tramas orientadas pelo "império dos sentimentos" (Sarlo, 1985) da narrativa amorosa.

Nesse sentido, sobressai-se nos estudos sobre o assunto a tese de que fazem parte dos temas das produções melodramáticas romanescas os ideais de felicidade como motores das peripécias amorosas das personagens, em um movimento que mescla modelos mais gerais de conduta com aspectos específicos e cotidianos das experiências emocionais dos amantes, que buscam modos de "reparar" os obstáculos ou os conflitos encontrados, tudo isso lidando com "estratégias argumentativas para dizer o que somos ou devemos ser em matéria de amor" (Costa, 1999, p. 132). As telenovelas seriam, assim, especialistas no espetáculo dos afetos.

Quais elementos estariam no centro das atenções do espetáculo dos afetos? Esquenazi (2011) oferece uma boa resposta após o exame de estudos emblemáticos sobre a recepção das séries ficcionais televisivas. Ele salienta que o público das séries é assíduo e não dissimula o prazer de assisti-las, mostrando que a adesão afetiva que elas convocam é intensa. Nas séries de longa duração que enfatizam os dramas familiares e sentimentais, como as novelas, o desenvolvimento dos capítulos ou episódios

---

[115] Dados colhidos por nossa equipe mostraram: TV Globo, SBT e Record, de 2010 a 2013, produziram e estrearam um total de 38 telenovelas inéditas. A Rede Globo apresentou 25 telenovelas, em todas as faixas de horário, enquanto o SBT exibiu oito e a Record, cinco, no horário posterior às 20 horas. Nesse período, a Rede TV e a Band não produziram telenovelas. Dessas, como já dissemos, 31 (aquelas exibidas integralmente até 2013) estavam em nossa varredura inicial.

enredados pelos dramas das personagens femininas, construídas como "pessoas verdadeiras", mobiliza na audiência, majoritariamente feminina, a crença de que as personagens são como elas. Essa adesão emocional e sentimental estaria associada à autorreflexividade das espectadoras, que desde cedo debatem, conversam e escrevem sobre os problemas vividos pelas personagens e sobre os temas esculpidos nas tramas como se fossem delas. Os resultados dessas ações do público muitas vezes repercutem na vida privada e na intimidade das espectadoras, assim como em temas da vida social e pública, mobilizando ações que adensam debates e manifestações na esfera pública e política.

Isso quer dizer que o texto dramatúrgico seriado das telenovelas é um dos motivadores dessas reações da audiência, ou seja, a mobilização do público depende, em parte, do tratamento dado, no mundo ficcional, à realidade social e afetiva íntima do espectador-modelo. As pistas deixadas por Esquenazi mostram que a adesão ao mundo ficcional construído é, pois, um dos pilares dessa "transferência de partes desse mundo para a vida privada" (p. 34), assim como a arquitetura da encenação é também um dos propulsores do interesse da audiência pelos artistas que interpretam as personagens.

Outro destaque dado por Esquenazi remete à competência interpretativa do público, que permite a compreensão e a apropriação do mundo ficcional, estimulando a autorreflexividade e os atos de partilhar, discutir e (re)escrever textos, alguns deles ficcionais, como as *fanfics*. Por fim, o autor ressalta que a atividade argumentativa intensa e ininterrupta dos fãs gera um espectro de experiências que fazem os mundos das séries e das personagens amadas que neles habitam terem vida longa na imaginação desse público. Tais experiências nos recordam da habilidade dos fãs em incorporar as estruturas profundas das telenovelas e as suas tradições narrativas, facilitando novas fabulações que as reproduzem e, em certa medida, recriam. Conforme indicam Torreglosa e Jesus (2012), a telenovela atua como uma matéria-prima a partir da qual o fã altera, converte, antecipa, contextualiza e ironiza, abrindo espaço, por exemplo, para a criação de *fanfics* — o que é potencializado quando o fã tem oportunidade de reassistir ao produto.

No momento de finalizar esta pesquisa, em 2015, as telenovelas guardavam uma característica peculiar: o capitulo inédito não era reprisado em outro momento na grade de programação durante o período em que ela estava em exibição. Esse obstáculo vinha sendo contornado de distintas formas pelos fãs do formato. Desde que os videocassetes foram lançados no Brasil, por exemplo, fãs de novelas começaram a gravar os capítulos exibidos na grade de programação, a trocar ou vender entre si materiais captados e a organizar encontros para reassistir aos capítulos em grupos. Os aparelhos de DVD, por sua vez, contribuíram para que as emissoras pudessem lançar boxes especiais com novelas antigas, fomentando ainda mais a reassistibilidade de conteúdos outrora exibidos na grade. A estratégia das emissoras de reapresentar as telenovelas de sucesso em programas vespertinos também forneceu oportunidades para revê-las,[116] oportunidades essas ampliadas ainda pela disseminação da TV por assinatura, sendo o caso do canal Viva o mais exitoso até o momento.[117]

Já com a disseminação da internet e a emergência de ambientes de sociabilidade on-line, que ampliam as possibilidades de produção e compartilhamento de conteúdo, tornou-se comum encontrar, por exemplo, vídeos no YouTube com capítulos disponíveis na íntegra ou compilações de cenas relacionadas a um personagem ou casal, assim como links para downloads ilegais desses mesmos conteúdos. Por fim, iniciativas como a da globo.com[118] de disponibilizar capítulos inteiros de novelas recentes para assinantes e trechos específicos para não assinantes só vêm a acrescentar nesse sentido. Somando-se a isso o alto potencial de consumir paratextos, como postagens em ambientes on-line e produções dos sites oficiais das telenovelas, o fã encontrava, em 2015, a possibilidade de ampliar as suas formas de fruição nas mídias digitais.

PANORAMA DAS *FANFICS* DAS TELENOVELAS BRASILEIRAS

Nesse cenário, embora as telenovelas recebam tratamento similar por parte das emissoras em termos de distribuição digital de conteúdos e pelos fãs na forma de *fan* videos em plataformas como o YouTube, o mesmo não se reflete na criação de *fanfics*.

Ao observar a base de dados construída para esta pesquisa, um dos primeiros elementos que saltam aos olhos é a desigualdade na distribuição das *fanfics* entre as obras, havendo desde telenovelas para as quais houve um número expressivo de ocorrências, como *Uma Rosa com Amor*, *Carrossel*, *Ti Ti Ti*, *Lado a Lado* e *Sangue Bom*; até aquelas para as quais não se

---

[116] A reprise de telenovelas antigas na grade tem sido foco de atenção das redes abertas já há muito. No caso da Globo, por exemplo, elas são reapresentadas no programa *Vale a Pena Ver de Novo* desde 1977.

[117] Lançado em 2010, o canal Viva integra o Grupo Globosat, tendo em sua programação majoritariamente reprises de programas da TV Globo.

[118] Disponível em: http://www.globo.com/. Acesso em: 20 mar. 2015.

localizou sequer uma publicação — caso de *Dona Xepa*, *Morde e Assopra*, *Aquele Beijo*, *Tempos Modernos* e *Máscaras*.[119] O tratamento estatístico desses dados permitiu verificar os padrões mais gerais de distribuição das *fanfics* de telenovelas por emissoras e faixas de horário, bem como indicar se as telenovelas mais recentes apresentaram um volume maior ou menor de *fanfics* em relação às mais antigas.

Tabela 1 – Distribuição de frequências das *fanfics* pelas variáveis de emissora, faixa de horário da novela, ano de exibição e plataforma de publicação

Variável	Atributo	Todas as novelas				Sem Carrossel			
		N	%	X^2	P	N	%	X^2	P
Emissora	Globo	299	41,76	19,45	< 0,001	299	90,61	217,65	< 0,001
	SBT	417	58,24			31	9,39		
Faixa de horário	18:00	98	13,71	682,20	< 0,001	98	29,70	148,09	< 0,001
	19:00	131	18,32			131	39,70		
	20:30	411	57,48			26	7,88		
	21:00	63	8,81			63	19,09		
	≥ 22:00¹	12	1,68			12	3,64		
Ano de exibição da novela	2010	109	15,24	778,54	< 0,001	109	33,03	45,35	< 0,001
	2011	40	5,59			40	12,12		
	2012	499	69,79			114	34,55		
	2013	67	9,37			67	20,30		
Plataforma de publicação	Blog	68	9,51	932,02	< 0,001	63	19,09	103,33	< 0,001
	Midia social	66	9,23			56	16,97		
	RFO²	532	74,41			162	49,09		
	Outros³	49	6,85			49	14,85		

(¹) 22h e 23h; (²) Repositórios de *fanfic* on-line; (³) Sites e repositórios de arquivos em nuvem.
Fonte: elaboração própria (2024)

---

[119] Curiosamente, notamos que mesmo sem haver *fanfics* dedicadas a elas, os títulos dessas novelas foram utilizados (muitas vezes enquanto elas estavam em exibição) para nomear *fanfictions* de outros produtos, como *Naruto*, *Jonas Brothers* e *Harry Potter*.

Para que tal tratamento tivesse maior validade, das 699 *fanfics* de novelas exibidas integralmente entre 2010 e 2013 que compunham a base de dados, foram eliminadas as duas únicas que eram de telenovelas da Rede Record (a saber: *Ribeirão do Tempo* e *Vidas em Jogo*).[120] Por outro lado, dado que uma *fanfic* pode estar associada a mais de uma novela, alguns textos foram contados mais de uma vez, aumentando o número de registros de 697 para 715.[121] Das entradas que permaneceram na contagem final, a maioria predominante foi sobre *Carrossel*, correspondendo a 53,8% de todo o banco de dados. Diante de tal situação, as variáveis foram estudadas com e sem a referida novela infantil.[122]

No tratamento feito sem *Carrossel*, foi possível verificar que a maioria das *fanfics* está associada à Rede Globo (90,61%), com apenas 9,39% vinculadas a produções do SBT — mostrando que a hegemonia da emissora se verifica não apenas nos números de audiência, mas também no engajamento dos fãs na produção de textos ficcionais próprios conectados aos mundos narrativos das obras. Entretanto, se levamos em conta o caso de *Carrossel*, a situação se inverte, e as telenovelas do SBT passam a dominar o cenário, sendo responsáveis por 58,24% das *fanfics*, mostrando o quanto o universo infantojuvenil pode ser mais efetivo na convocação de fãs para o engajamento em práticas da cultura participativa. Não à toa, com ou sem *Carrossel*, telenovelas de faixas de horário que visam um público mais jovem (18h e 19h na TV Globo e 20h30min no SBT) em geral apresentam um maior volume de produções — ainda que as autoras

---

[120] Isso ocorreu para que essas entradas não comprometessem o desempenho dos métodos estatísticos — e, consequentemente, a qualidade dos seus resultados, já que uma das premissas para aplicação do teste Qui--Quadrado é a de que todas as casclas da tabela tenham pelo menos cinco itens.

[121] Algumas *fanfics* abordam novelas que foram transmitidas em períodos de tempo não contemplados neste estudo (2010 a 2013), bem como outros tipos de séries televisivas que não se enquadram como telenovela (minisséries ou séries estrangeiras). Exemplificando com dois casos: a) Determinada *fanfic* contemplou *Carrossel*, *Another*, *Amor Doce*, *Avenida Brasil*, *Chaves*, *The Big Bang Theory*, *A Bela e a Fera*, *The Walking Dead* e *Star Wars*. Neste caso, consideramos somente as duas repetições acerca das telenovelas *Carrossel* e *Avenida Brasil*; b) Certa *fanfic* abordou *Tropa de Elite*, *Alma Gêmea*, *Avenida Brasil*, *Amor à Vida*, *Cheias de Charme*, *Flor do Caribe*, *Guerra dos Sexos*, *Lado a Lado*, *Malhação*, *Os Mutantes*, *Sangue Bom*, *Ti Ti Ti* e *Salve Jorge*. Nessa situação, não contabilizamos as repetições em: *Tropa de Elite* e *Malhação*, por não serem consideradas telenovelas; e *Alma Gêmea*, *Amor à Vida* e *Os Mutantes*, por não terem sido integralmente transmitidas entre 2010 e 2013 (*Amor à Vida* acabou em janeiro de 2014).

[122] Em termos metodológicos, o teste Qui-Quadrado foi aplicado com o objetivo de identificar se existem diferenças estatisticamente significativas entre as frequências observadas e esperadas relacionadas à distribuição de uma variável categórica. Além disso, utilizou-se o teste Binomial para a comparação de proporções de variáveis dicotômicas. As análises estatísticas foram realizadas no ambiente computacional R 3.1.3. Adotou-se o nível de significância de 5% para o presente estudo.

sejam, em alguns casos, mais velhas, o que mostra que, em certa medida, isso se deve muito mais a características dos produtos pensados para um público mais jovem do que à idade real da audiência que consome essas telenovelas e produz esses textos.[123]

Os dados indicam, ainda, que aproximadamente 71% das telenovelas exibidas integralmente entre 2010 e 2013 apresentaram *fanfics*. Em termos de distribuição temporal das *fanfics* de telenovelas ao longo dos anos (outro dado que buscamos verificar), a flutuação não parece apontar para um padrão de diminuição ou crescimento do volume de produções, embora os anos de 2011 e 2013 indicassem um crescimento expressivo.

Figura 1 – Total de publicação de *fanfics* por ano[124]

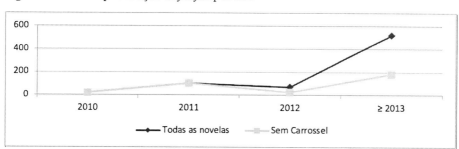

Fonte: elaboração própria (2024)

Por fim, o tratamento estatístico mostrou, ainda, a distribuição das produções em distintas plataformas, como blogs, sites de mídias sociais, sites que funcionam como repositórios on-line de *fanfics* e outros tipos de páginas (como repositórios de arquivos em nuvem, a exemplo do SlideShare). Nesse caso, os repositórios de *fanfics* on-line concentraram a maior parte das produções, abrigando 74,41% delas se contabilizamos *Carrossel* e 49,09% sem considerar tal novela. Juntos, os blogs e sites de redes

---

[123] Sabemos que os fãs escreveram mais *fics* sobre as novelas das 18h00min e 19h00min. Todavia, merece ser posteriormente investigado o fato de bons índices de audiência e aclamação crítica não necessariamente se traduzirem em um volume expressivo de *fics*, algo demonstrado pelo fato de ter havido poucas *fics* de *Cordel Encantado* e *A Vida da Gente*, ambas transmitidas pela TV Globo em 2011.

[124] A Figura 1 apresenta o total de publicação de *fanfics* por ano. Entre 2010 e 2011 ainda não havia *Carrossel*, o que faz com que as duas curvas sejam concorrentes nesse período, sendo que nele é possível observar um crescimento de 2010 para 2011. Por outro lado, foi observado declínio em 2012 mesmo com as contagens de *Carrossel*. Em 2013 e 2014, as quantidades de publicações crescem em relação aos períodos anteriores, sobretudo com *Carrossel* sendo computada.

sociais foram o segundo meio mais usado, perfazendo total de 36,09%. A seguir, prosseguimos a uma maior caracterização desses três tipos de plataforma, exemplificando com o mesmo corpus tópico que orientou as análises qualitativas da próxima seção deste artigo.[125]

REPOSITÓRIOS ESPECIALIZADOS EM *FANFIC*: O CASO *Nyah!*

Os sites que aqui chamamos de repositórios on-line de *fanfic* são plataformas criadas especificamente para a publicação desse tipo de texto e incluem criações dedicadas aos mais variados produtos culturais. Apesar de haver vários deles, como *Social Spirit*[126], *Need For Fic*[127] e *Fanfics Brasil*[128], a plataforma *Nyah! Fanfiction* predominou em nosso banco de dados. Conforme seu próprio site, o *Nyah!* reúne "criações originais ou ficções criadas por fãs", sendo aberto para qualquer usuário. Criado em 2005 como uma iniciativa pessoal de Michael Frank (apelido Seiji), o site buscava ser um espaço para que amigos "tivessem um lugar para postar suas *fanfictions* e reunir pessoas que gostam dos mesmos animes, livros e séries"[129]. Hoje, o fundador afirma que seu objetivo é fazer com que as pessoas tenham prazer na leitura e, ao mesmo tempo, incentivá-las a explorar seus lados criativos.[130]

Para participar do *Nyah!*, é exigido cadastro (nome de exibição, e-mail e senha),[131] e cada usuário tem seu perfil, que pode preencher com informações pessoais e identificar quais são as *fanfics* que publicou, acompanha, recomenda e prefere no site, auxiliando o consumo de outros leitores. Desvela-se, assim, uma das principais orientações e formas de apropriação do *Nyah!*: favorecer o processo de descoberta e acompanhamento de histórias na plataforma. Ao logar em seus perfis, por exemplo, os usuários

---

[125] Conforme mencionamos na Introdução deste capítulo, tal corpus é composto por *fics* encontradas em blogs dedicados a *Ti Ti Ti* e *Uma Rosa com Amor* (respectivamente *Entre Novelas e Novelos* e *Biscoito, Café e Novela*); produções de Rayssa Vasconcelos publicadas no Facebook em homenagem a Stenio e Heloísa, de Salve Jorge; publicações de Jeane Bordignon e amigas em homenagem a *Araguaia* postadas no SlideShare e compiladas no blog *Vitor e Amélia* após a deleção de uma comunidade do Orkut; e *fics* de Walkiria Pompeo dedicadas a *Sangue Bom* e divulgadas em distintas plataformas.

[126] Disponível em: http://socialspirit.com.br/. Acesso em: 20 maio 2015.

[127] Disponível em: http://s1.zetaboards.com/Need_for_Fic/index/. Acesso em: 20 maio 2015.

[128] Disponível em: http://fanfics.com.br/. Acesso em: 20 maio 2015.

[129] Disponível em: http://fanfiction.com.br/imprensa/. Acesso em: 13 maio 2015.

[130] De lá para cá, o site se tornou bastante representativo no segmento: segundo dados da própria plataforma, em 2013, havia a média diária de 297 novas histórias, 1.200 novos capítulos e 390 novos cadastros de usuários. No total, até então, foram mais de 160.000 histórias e 900.000 capítulos publicados, além de 300.000 usuários cadastrados.

[131] É possível se cadastrar também a partir de uma conta no Facebook.

podem receber notificações sobre novos capítulos e histórias publicadas das *fanfics* e dos autores que seguem. Além disso, a página é organizada a partir de categorias, como "livros", "animes/mangás" e "seriados/novelas/doramas"; e tags, como "Romance", "Amizade" e "universo alternativo", que facilitam a localização das narrativas desejadas[132].

A relação com outros internautas também contribui para o consumo das *fanfics* — e de modos distintos. Primeiramente, ao realizar a busca por novas histórias, pode-se observar quantas pessoas favoritaram cada uma delas, o que demonstra o que tem sido mais apreciado por outros leitores do site. Ao acessar uma história, os internautas também visualizam os comentários deixados por outros, que interagem entre si e com o autor da *fanfic* correspondente, que tem a liberdade de indicar (de maneira visível para todos da comunidade) qual foi a melhor mensagem deixada. Com base em avaliações como essa, o *Nyah!* elabora uma lista de "melhores leitores" da semana, que fica exposta com visibilidade na página principal, estimulando não só que as pessoas comentem, mas que formulem bons comentários e, portanto, façam leituras atentas às *fanfics*.[133]

Se, por um lado, o *Nyah!* facilita o compartilhamento de conteúdos em ambientes de sociabilidade on-line; por outro, as interações entre os usuários ocorre de maneira restrita em sua própria plataforma. A despeito disso, a sociabilidade entre os usuários parece ser estimulada em ambientes físicos, como se nota a seguir em depoimento de Camila Felacio (apelido Kori Hime), uma das moderadoras do *Nyah!*.

> O Nyah é mais do que um site de fanfics. Também somos responsáveis por dar início às amizades verdadeiras. Pessoas que se encontraram através de uma história querida, dos casais favoritos ou gêneros em comum. A relação de Escritor x Leitor muitas vezes se torna uma amizade que ultrapassa o mundo virtual. [...] Compartilhe sua história com a gente, ou marque aquele amigo que você deseja conhecer pessoalmente"[134].

---

[132] Nas páginas de cada *fanfic*, é possível ler informações que auxiliam o processo de decisão, como resumo, classificação, avisos, gêneros, número de capítulos, se a *fanfic* está concluída ou não, notas da história, número de palavras etc. Há, ainda, uma seção dedicada aos conteúdos mais recentes do site, em que são compiladas as últimas narrativas publicadas no *Nyah!*.

[133] Outra maneira pela qual os usuários contribuem para a divulgação e descoberta de novas histórias é a partir do compartilhamento das *fanfics* nas mídias sociais: o site oferece recursos para que os internautas possam facilmente levar chamadas das histórias para o Google Plus, Facebook e Twitter.

[134] Disponível em: www.facebook.com/Nyah.Brasil/photos/a.235923903214197.1073741828.235732616 566659/394366500703269. Acesso em: 2 maio 2015.

Mas não são somente as configurações técnicas que norteiam os autores e leitores. Constituindo um ambiente regulado também por uma série de termos, a moderação do *Nyah!* estabelece diretrizes para o uso desse espaço, abrangendo pontos sobre a proposta da plataforma, os direitos autorais, a política de privacidade, a responsabilidade dos usuários, o suporte técnico e algumas orientações aos conteúdos publicados, indicando o que é permitido ou não para postagem nas *fanfictions* e nos espaços de convivência, além de dicas para um melhor uso dos recursos de formatação, classificação e categorização existentes. Apesar de trazer limitações, como não aceitar histórias com pessoas que realmente existem, a regulação contribui para que o *Nyah!* mantenha a sua organização interna, o que constitui um dos aspectos que o distinguem diante das outras plataformas analisadas, que costumam ter menos restrições temáticas ou legais, mas também menos recursos que facilitam a criação e o consumo de *fanfics*.

Os repositórios dessa natureza acabam por demandar de seus usuários certo letramento nas ferramentas e lógicas de funcionamento internas, o que aponta para a hipótese de que jovens, sejam eles nativos digitais ou jovens adultos com certa habilidade em internet e computação, estejam mais confortáveis em utilizar tais plataformas bem estruturadas como locais de publicação e distribuição de suas *fanfics*, como parece ser o caso dos fãs de *Carrossel*, bem como de Walkiria Pompeo, criadora de *fanfics* de *Sangue Bom*.

Pompeo é aspirante a escritora profissional e tem mais de 70 *fanfics* escritas, entre produções inspiradas por *Malhação* e por novelas (*Geração Brasil*, *Meu Pedacinho de Chão* e *Império*),[135] séries (*Glee*, Fox, 2009-2015) e sagas literárias e cinematográficas (*Harry Potter* e *Jogos Vorazes*). As histórias da autora foram distribuídas inicialmente no *Nyah!* e depois reproduzidas tanto no Facebook quanto no Tumblr *Eu Acredito em Você*.[136] O traquejo dela ilustra as práticas das *fic writers* mais especializadas, que são capazes de diversificar e conectar as plataformas para a difusão dos textos com o objetivo de ampliar a circulação e potencializar o relacionamento com os leitores fãs de suas narrativas.[137] Pompeo utilizou arti-

---

[135] As três da Rede Globo, 2014. As *fanfics* de Walkiria baseadas na série juvenil *Malhação*, exibida pelo mesmo canal desde 1995, também são publicadas sob o nome de usuária Believe8.

[136] Disponível em: http://fanficsfabine.tumblr.com/. Acesso em: 30 abr. 2015.

[137] Neste sentido, o sucesso de sua estratégia é visível no total de interações suscitadas por suas publicações. Contando apenas os capítulos de *fics*, a soma de tais interações marca 2.685 respostas, entre favoritamentos, recomendações, compartilhamentos, comentários e curtidas nas plataformas *Nyah!* e Tumblr — evidência de um investimento da autora em manter uma relação dialógica com os leitores de suas estórias.

culadamente o *Nyah!*, o Facebook e o Tumblr para oferecer informações contextuais e explicativas para os seus interlocutores e os interpelar de forma mais direta em seus pedidos de críticas construtivas e sugestões a cada postagem de um novo capítulo de suas histórias, intensificando as trocas entre a autora e o seu público.[138]

A expertise de Pompeo ilustra o que foi observado em nossa base de dados: o predomínio dos repositórios especializados — ou seja, dos espaços digitais exclusivos para distribuição e leitura de *fanfics* de qualquer natureza, desde os protótipos de escritoras aos fãs que compartilham impressões e afetos. Nos repositórios on-line especializados em *fanfics*, os autores publicam os textos segundo as regras de organização própria de cada site, sendo o *Nyah!* o mais importante deles. Nesses repositórios, em regra, o texto integral é publicado apenas quando acompanhado de sinopse, classificação etária e categorias que identifiquem o produto (como gênero ficcional e personagens presentes na história), havendo alguns sites que permitem ainda a inclusão de imagens. Esses ambientes também possuem dispositivos de armazenamento, uma vez que catalogam as *fanfics* apor meio de marcadores que orientam a leitura e agrupam os capítulos, e costumam ampliar a visibilidade de uma obra, já que contam com a vasta audiência especializada dessas páginas e alta visibilidade na indexação de páginas como o Google.

OS BLOGS

Os blogs (plataformas de publicação Blogger, Webnode e Wordpress) foram a segunda preferência das criadoras das *fanfics* de nossa base de dados (consultar Tabela 1). Vale mencionar, porém, que os blogs descobertos não se dedicaram exclusivamente à distribuição de *fanfics*, havendo posts diversos em torno de um tema, novela ou casal, como notícias sobre atores e atrizes, bastidores de produção e comentários sobre as tramas. Isso é compreensível, pois tais plataformas não foram projetadas para publicação e distribuição desse tipo de texto. Assim, em geral, fica a cargo do administrador do blog encontrar formas de manter as postagens organizadas, o que não ocorre com frequência.

---

[138] A *fic E Se?*, de Sangue Bom, por exemplo, totaliza 53 capítulos, com uma média de duas mil palavras cada, e um total de 953 comentários, 77 indicações como favorito e nove recomendações na plataforma *Nyah!*. Disponível em: http://fanfiction.com.br/historia/437135/E_Se/. Acesso em: 30 abr. 2015.

As *fanfictions*, portanto, correspondem, em geral, apenas a uma parte do conteúdo veiculado (em geral sem muita organização) nesse tipo de página, ainda que seja seguro afirmar que elas ocupam, em tais sites, um lugar de maior importância que as outras publicações — o que pode ser avaliado pela maior interação registrada nos posts que contêm *fanfics*. Por conta disso, o blog foi um espaço de observação desse tipo de texto e das interações entre seus leitores e criadores por meio dos comentários em posts e de *widgets* para chats públicos nas barras laterais das páginas.

Um exemplo interessante de blog foi o *Entre Novelas e Novelos*, cujas *fanfictions*, relacionadas a *Ti Ti Ti*, foram escritas por um conjunto de mulheres que se autodenominam "as tias do tricô", declaradamente de uma faixa etária maior e sem muito entrosamento com a cultura de fãs ou a produção de *fanfics*. Elas se conheceram a partir da experiência partilhada de serem comentadoras assíduas no site *Caeté News*[139] (relacionado à cidade de Caeté, Minas Gerais), e a descoberta do interesse mútuo em novelas as mobilizou para a formação de um blog onde pudessem tratar dos seus assuntos preferidos, particularmente a paixão por *Ti Ti Ti*, o ator Caio Castro e a crescente amizade que floresceu entre elas.

Chamou nossa atenção, ainda, neste blog o volume expressivo de publicações sobre uma única novela (mesmo depois que ela havia sido encerrada), bem como a dedicação a um ator. Das *fanfics* encontradas no site, o exemplo que mais se destaca é o das publicações que transportam personagens de *Ti Ti Ti* para o Olimpo e os transformam em deuses gregos. Há mais de 120 postagens com esta temática, 24 das quais são reescrituras do final da novela. Por fim, o blog se sobressai, ainda, pela explicitação constante das motivações para a escrita.

O blog *Biscoito, Café e Novela*, por sua vez, se destaca pelo próprio modo como as *fanfics* de *Uma Rosa com Amor* começaram a surgir naquela página. A publicação foi criada para a partilha de experiências sobre telenovelas antigas, sem interesse particular das participantes pela produção de *fanfictions*. As *fanfics* apareceram quase por acaso na dinâmica interacional criada pela comunidade de autoras e leitoras do blog, à medida que foram surgindo cada vez mais usuárias interessadas em criar suas próprias versões (como elas mesmas chamam) do *remake* da referida telenovela. Aos poucos, tanto *Uma Rosa com Amor* quanto as *fanfics*, de modo geral, foram ganhando destaque no sítio web, e mais tarde surgiram produções

---

[139] Disponível em: http://www.caetenews.com.br/index/index.html. Acesso em: 30 abr. 2015.

relacionadas a telenovelas como *Irmãos Coragem* (Rede Globo, 1971/1995). Notavelmente, algumas das *fanfictions* do site são as mais longas de nossa base de dados, muitas das quais passam dos 30 ou mesmo 40 capítulos.[140]

Em ambos os blogs (*Entre Novelas e Novelos* e *Biscoito, Café e Novela*), destacam-se conversações em torno do fenômeno dos *remakes*: as duas páginas são marcadas por postagens que comparam as versões originais e recentes, respectivamente, de *Ti Ti Ti* (cuja matriz é de 1985) e *Uma Rosa com Amor* (cuja original é de 1972). É comum nesses textos, a expressão de desejos e frustrações em relação a eventos que esperavam ter visto revisitados na nova versão. Em parte, isso é possível pelo fato de os dois blogs terem usuárias que se declaram mais velhas, relatando memórias de produtos cuja estreia foi há décadas.

Esses sentimentos acerca da obra matriz e do seu *remake* parecem funcionar como um incentivo à produção de *fanfics* e à multiplicação de pontos de vista sobre a história, numa experiência partilhada de rememoração e de avaliação das estratégias empregadas pelos roteiristas. No caso de *Uma Rosa com Amor*, isso é tão patente que muitos dos próprios títulos parecem refletir que, como o próprio *remake* televisivo reestrutura a obra matriz de Vicente Sesso a partir da mirada de Tiago Santiago, as produções delas reestruturam a novela a partir do olhar de cada autora (*Uma Rosa com Amor - Versão Nii*[141] e *Uma Rosa com Amor - Versão Fernanda Souza*,[142] por exemplo). No caso de *Ti Ti Ti*, isso é visível pela própria estruturação interna de muitas das *fanfictions*, que trazem Caio Castro, Maria Adelaide Amaral e as frequentadoras do blog comentando, elogiando e censurando os acontecimentos da versão atual da telenovela.

Nos dois blogs, também se identifica um predomínio do diálogo na seção de comentários das publicações, em que as fãs-escritoras batem papo. Tais comentários são frequentes, embora pouco numerosos quando consideradas as postagens singulares. Eles carregam ainda traços coloquiais de uma conversação entre amigos, e o conteúdo geralmente é de

---

[140] Na construção da base de dados, a unidade do capítulo foi interpretada de modo diferente de acordo com o site onde se encontrava a *fic*. No caso de repositórios, blogs e páginas que deixavam clara a marcação de capítulos, seguimos as autoras. Quando isso não ocorria, cada postagem foi computada como um capítulo. O tamanho de cada capítulo, por sua vez, variava imensamente de uma *fic* para outra, havendo produções com capítulos que iam de menos de cem a mais de três mil palavras.

[141] *Fanfiction* de *Uma Rosa com Amor*, disponível em: http://biscoitocafeenovela.blogspot.com.br/2010/07/uma-rosa-com-amor-versao-da-niii-parte.html. Acesso em: 30 abr. 2015.

[142] *Fanfiction* de *Uma Rosa com Amor*, disponível em: http://biscoitocafeenovela.blogspot.com.br/2010/07/uma-rosa-com-amor-versao-da-fernanda.html. Acesso em: 30 abr. 2015.

incentivo e de elogio às habilidades narrativas das escritoras. Na *fanfic Deu a Louca em Serafina, Rosa*,[143] é curioso notar o subtítulo do post: "Um texto inédito de Cláudia G.", o que indica o desejo de reconhecimento da escritora, bem como índices de popularidade dos seus textos entre os leitores do blog. Essa observação é reforçada pelos dados de interação coletados na página: Cláudia G. é a escritora que mais soma comentários em suas *fanfics*, com um total de 337 interações em 54 capítulos, quase cem a mais do que Manu, segunda colocada, com 239 comentários em 49 capítulos.

No que concerne aos elementos de sociabilidade e engajamento das fãs, esses dois blogs se sobressaem não só por esses pontos comuns, mas também por aspectos particulares a cada um deles. Na página *Entre Novelas e Novelos*, é interessante salientar que, antes mesmo da existência do blog, as autoras se conheceram em um ambiente on-line de conversação, o que indica um alto nível de interação entre as fãs-escritoras, que permaneceram em contato durante, no mínimo, um ano e meio após o encerramento de *Ti Ti Ti*. Embora o grupo não disponibilize publicamente registros de encontros pessoais, os rastros digitais de conversas nas seções de comentário do site demonstram uma relação de proximidade e amizade entre as frequentadoras do blog.

Já no *Biscoito, Café e Novela*, destacam-se a frequência de atualizações na página, ativa há quase cinco anos, e a extrapolação das relações estabelecidas no ambiente on-line para a materialidade de encontros pessoais entre os membros da comunidade. No próprio blog, é possível visualizar registros fotográficos dos encontros entre as amigas, geralmente em comemorações do aniversário do site e em viagens realizadas pelo grupo. A conversação ainda se mostra predominante na ferramenta de bate-papo, na qual alguns dos membros da comunidade estabelecem contatos diários.

No blog *Vitor e Amélia*[144], por seu turno, temos uma situação peculiar. Ativo entre março e julho de 2011, o blog envolvia escritoras de *fanfics* dedicadas a *Araguaia* — autoras cujos textos foram originalmente publicados em uma comunidade do Orkut que não mais existia no momento em que a nossa base de dados foi construída, o que nos leva a supor que as *fanfics* fizeram parte, de algum modo, das interações travadas naquele

---

[143] *Fanfiction de Uma Rosa com Amor*, disponível em: http://biscoitocafeenovela.blogspot.com.br/2010/07/deu-louca-em-serafina-rosa-um-texto.html. Acesso em: 13 maio 2015.

[144] Disponível em: http://vitoreamelia.blogspot.com.br/. Acesso em: 29 abr. 2015.

ambiente. Quando a comunidade estava prestes a ser apagada, em uma clara preocupação de que seus textos sobrevivessem ao encerramento da página, as autoras compilaram suas *fanfics* (sem os comentários originais do Orkut) em documentos publicados no repositório de arquivos em nuvem SlideShare,[145] alguns dos quais chegam a ter mais de 50 páginas e mais de seis mil visualizações. Esses documentos, por sua vez, foram incorporados ao blog, que se estrutura quase como um site, trazendo mais posts organizados em abas do que interação entre usuários ou fluxo contínuo de informação.

Neste blog, Jeane Bordignon foi a escritora que mais se destacou, além de ter sido a mais preocupada com os aspectos textuais das *fanfics* em toda a base de dados, observando desde a ortografia até o uso criativo de elementos narrativos, como o recurso a um mesmo *leitmotiv* para encerrar os vários capítulos de uma mesma *fanfic*. Não à toa, em 2014, Bordignon publicou seu primeiro livro de poemas, *Brado Carmesin* (Penalux).

MÍDIAS SOCIAIS: O CASO DO FACEBOOK

As mídias sociais constituíram a terceira plataforma mais usada para a publicação de *fanfictions*. Como os blogs e ao contrário dos repositórios especializados, essas mídias também não são ambientes pensados primariamente para a publicação de narrativas produzidas por fãs — circunstância que leva os recursos presentes em tais espaços a ganharem novos usos, pensados especialmente para a produção, distribuição e consumo dessas histórias. Ademais, por serem marcados por práticas de sociabilidade on-line, sites como Facebook, Orkut e Tumblr estimulam uma maior aproximação entre escritoras e leitores, fazendo com que a interação ganhe maior protagonismo em torno das *fanfics*.

Uma das mídias sociais que mais se destacou no levantamento realizado por esta pesquisa, o Facebook está inscrito em uma lógica de acesso cotidiano por muitos internautas e mantém um sistema simples

---

[145] Constaram na nossa base de dados os sites de armazenamento em nuvem Slideshare (http://pt.slideshare.net) e Scribd (https://pt.scribd.com/). Observamos que ambos funcionam como uma forma de repositório não especializado: é onde autores podem arquivar seus escritos, mas não se trata de um ambiente voltado à publicação e distribuição de *fanfictions*. Funcionando como um suporte, as *fanfics* encontradas estão quase sempre associadas a outro sítio e podem ser encontradas também nestes locais. Por exemplo, *fanfics* publicadas por Jeane Bordignon em seu perfil no Slideshare (http://pt.slideshare.net/jeanebj/o-herdeiro) também podem ser encontradas no blog Vítor e Amélia (http://vitoreamelia.blogspot.co.uk/2011/05/nova-fanfic-o-herdeiro.html), utilizando a função de incorporação oriunda do site de armazenamento.

e rápido para a publicação de conteúdos diversos, como textos, fotos e vídeos. Tais características contribuem para que — como nos blogs — as escritoras possam compartilhar materiais além das narrativas em si, passando a dividir com o público as informações contextuais sobre atores e telenovelas, além das próprias rotinas de trabalho, como a falta de tempo para escrever novos capítulos e a dificuldade de conexão com a internet. A lógica mais cotidiana do site também indica uma relação com o tamanho dos textos publicados, que aparentam, em geral, ser mais reduzidos e postados com maior frequência — além de ter forte caráter multimídia, aproveitando-se das possibilidades técnicas presentes nessa mídia social.

Com as amplas possibilidades de interação entre o público e as escritoras de *fanfics*, a partir de recursos como comentários, curtidas e compartilhamentos, a participação dos leitores ganha destaque no Facebook. De um lado, há a interação com os autores das narrativas, que questionam os internautas sobre quais estórias eles gostariam de ler, qual a opinião deles sobre as tramas publicadas etc., contribuindo para que as narrativas sejam pensadas para atender aos pedidos do público. Em alguns casos, observou-se que a publicação de um capítulo, por exemplo, pode estar condicionada à interação dos usuários, assim como os autores prometiam publicar o desenrolar da trama com maior antecedência se as postagens do Facebook atingissem determinado número de interações. Por outro lado, há a interação entre as próprias escritoras, que ocorre principalmente porque muitos leitores acabam se tornando tão próximos das autoras e influentes entre a audiência que se tornam também escritores das histórias que acompanham. É muito comum ver *fanfics* escritas por um conjunto de pessoas que, por sua vez, são coordenadas por uma espécie de criadora da trama – tipo de organização que, grosso modo, se assemelha ao adotado nas ficções seriadas televisivas, como as telenovelas e seriados.

As *fanfics* encontradas no Facebook aparentam possuir um caráter mais transitório, de leitura rápida e descompromissada. Essa conclusão surge do exame da forma como as escritoras e leitores interagem na plataforma. Não se percebe uma preocupação ampla com a organização de capítulos, embora o haja, em alguns casos, por motivação de certas escritoras. Visto que o Facebook não foi desenhado para ser uma plataforma de publicação e distribuição de *fanfics*, cada página faz um uso distinto das ferramentas existentes. Aquelas que optam por organizar melhor as *fanfics* geralmente o fazem a partir de álbuns de fotos, nos quais cada foto contém, na descrição, o texto de um capítulo.

Percebe-se também uma maior inclinação à expressão de afetos e à realização pessoal a partir das emoções suscitadas pelos textos. Essa hipótese se origina na presença constante de pedidos dos leitores — muitos dos quais atendidos — por estórias específicas, que satisfaçam as vontades nascidas geralmente a partir de algo que creem ter faltado ou desagradado na narrativa. Esses textos "sob encomenda" acabam sendo mais curtos e unitários (sem prolongamento em capítulos), chamados de *one-shot*.

No Facebook, as *fanfictions* de Rayssa Vasconcelos sobre Stenio e Heloísa, personagens de *Salve Jorge*, e as de Walkiria Pompeo protagonizadas por Giane e Fabinho, de *Sangue Bom*, oferecem bons exemplos. Isso se deve à notável apropriação que elas fizeram da mídia social para divulgar as *fanfics* e para interagir com os leitores, atendendo aos seus desejos. Enquanto Pompeo usava o Tumblr e a página do Facebook *Fanfics Waal Pomps*[146] para divulgar as *fanfictions* dedicadas ao casal Fabinho e Giane, originalmente postadas no *Nyah!*, Vasconcelos publicava produções tanto em páginas voltadas aos trabalhos artísticos da atriz Giovanna Antonelli (*FC Nação Antonelli*)[147] quanto em outras (*Helô e Stenio*[148] e *Helô&Stênio Amor&Lei*[149]) dedicadas especificamente às situações libidinosas e eróticas do casal formado pela delegada Heloisa, vivida por Antonelli, e o advogado Stenio, interpretado por Alexandre Nero.

ESPAÇOS DA (RE)ESCRITA DOS MUNDOS DOS AFETOS E DAS ESTÓRIAS DE AMOR

No que concerne aos modos dos mundos ficcionais das telenovelas serem recriados nas *fanfics* do corpus tópico selecionado, foi possível identificar dois conjuntos de *fanfics*. O primeiro deles é marcado por produções mais curtas ou de menor organização narrativa, nas quais há um maior extravasamento das vontades do que o fã-escritor gostaria de ver ou ter visto na obra. Nessas publicações, notou-se que era comum ainda uma fabulação pouco descritiva e o predomínio da metalinguagem — um exemplo é a *fanfic O final dos vilões de URCA — Versão Maria do Sul*,[150]

---

[146] Disponível em: https://www.facebook.com/fanficswaalpomps/timeline. Acesso em: 30 abr. 2015.
[147] Disponível em: https://www.facebook.com/FCNacaoAnto?fref=ts. Acesso em: 30 abr. 2015.
[148] Disponível em: https://www.facebook.com/pages/Hel%C3%B4-e-Stenio/369409366499902?fref=nf. Acesso em: 29 abr. 2015.
[149] Disponível em: https://www.facebook.com/helostenioamorelei. Acesso em: 29 abr. 2015.
[150] *Fanfic de Uma Rosa com Amor* disponível em: http://biscoitocafeenovela.blogspot.com.br/2010/07/o-final--dos-viloes-de-urca-versao-maria.html. Acesso em: 1 maio 2015.

cuja primeira frase inicia-se com: "Gente, imaginem o seguinte final para os vilões [...]". Este foi o caso da maior parte das produções de Rayssa Vasconcelos, bem como das *fanfics* publicadas nos blogs *Biscoito, Café e Novela* e *Entre Novelas e Novelos*, dedicados a *Uma Rosa com Amor* e *Ti Ti Ti*.

O outro conjunto de *fanfics* pode ser caracterizado pelo maior compromisso com a frequência das postagens (longa serialidade e pouco intervalo entre as atualizações), tendo como destaques a extensão dos textos e o esmero na arquitetura narrativa, bem como por uma maior atenção às normas gramaticais. As produções que seguem esse caminho costumam ser marcadas por pretensões mais sérias com a escrita, vista como algo mais que um hobby, características que balizam as *fanfics* de Walkiria Pompeo, derivadas de *Sangue Bom*, e as de Jeane Bordignon, dedicadas a *Araguaia*.

Estas duas linhas de modelização das transduções dos mundos das telenovelas se fizeram patentes nas *fanfics* submetidas à análise e, enquanto algumas experiências são motivadas pela simples vontade de manifestar nostalgias ou frustrações relacionadas aos eventos canônicos, outras demonstram um uso da novela para canalizar o prazer da escrita e pretensões autorais, embora vários casos específicos matizem essas tendências. No blog *Biscoito, Café e Novela*, por exemplo, há, em geral, *fanfics* mais longas, ainda que menos preocupadas com questões narrativas; enquanto vários dos textos que Bordignon dedicou a *Araguaia* são curtos e de poucos capítulos, mesmo que sustentem o apuro narrativo. De toda sorte, *fanfics* relacionadas a esses dois tipos de experiência foram submetidas a análise e revelaram nuances sobre como essas produções se acercam da temática amorosa ou ampliam os universos ficcionais das telenovelas.

AMORES NARRADOS NAS *FANFICTIONS*

Conforme esperado, verificou-se que as *fanfics* de telenovelas tecem continuidade com o padrão geral da escritura de *fanfics* no que concerne à ênfase em histórias protagonizadas por casais.[151] O curioso é que a dupla escolhida nem sempre corresponde ao par da trama central. Ela apenas precisa "funcionar", isto é, ser constituída por indivíduos cujas afinidades sejam capazes de provocar empatia na audiência, o que, via de regra, é construído por meio do enlace romântico e da predestinação amorosa. A

---

[151] Esta obsessão por casais (canônicos ou não nas obras matrizes) é chamada no *fandom* de *shipping*.

preferência por um determinado casal parece ser impulsionada também pelas escolhas de *casting*, que optam por elencar uma dupla de atores como par romântico em múltiplas novelas (o que ocorre com Isabelle Drummond e Humberto Carrão),[152] e pelo fato de um ator específico ter uma base de fãs robusta (Giovanna Antonelli e Caio Castro, por exemplo).

O foco em pares acentua os dramas amorosos e sentimentais melodramáticos, que privilegiam essencialmente a emoção, de modo que o emprego de estratégias que enfatizam a expressão de sensações românticas e eróticas orbitando em torno do casal e da concretização dos seus anseios amorosos foi fartamente explorado nas *fanfics*. Uma dessas estratégias foi o foco em histórias mais calcadas em diálogos diretos e ações do casal do que no relato narratorial distanciado. Por certo, há muitos exemplos específicos no corpus que fogem a esse padrão, mas ele pôde ser verificado, em maior ou menor grau, em uma boa parcela das *fanfics* de todas as autoras ou sites analisados detidamente, com os exemplos mais radicais constando nos blogs *Biscoito, Café e Novela* (*Uma Rosa com Amor*) e *Entre Novelas e Novelos* (*Ti Ti Ti*), que trazem alguns textos nos quais há supressão máxima da voz narrativa, com o formato semelhante ao de um roteiro.

Nas *fanfics* de telenovelas com maior apuro narrativo, foi observado ainda um uso cuidadoso do recurso melodramático, que costura implausibilidades amontoadas em uma só história para indicar a predestinação amorosa. Na *fanfic* de *Araguaia* intitulada *Amor em Quatro Idiomas*,[153] por exemplo, Vitor e Amélia conseguem uma audiência com o Papa em uma viagem ao Vaticano, e sua Santidade os abençoa, renovando seus votos de casamento. Essas coincidências nem se submetem à verossimilhança externa nem pretendem ferir a apreciação. O que se deseja é tocar sentimentalmente, mais do que fazer reconhecer cognitivamente (Thorburn, 2000). Por sua vez, a perseguição dos heróis e heroínas por vilões foi outro mecanismo comum aos melodramas, empregado nas *fanfics* das novelas. Para continuar no exemplo de *Araguaia*, isso ocorre em várias histórias em que Vitor e Amélia são impedidos de ficar juntos devido à ação de Max, o fazendeiro que mantém a mulher em cárcere privado enquanto tenta afugentar o jovem.

---

[152] Pareados em *Cheias de Charme, Sangue Bom* e *Geração Brasil* — esta última não consta no *corpus* da pesquisa porque foi exibida pela Rede Globo entre maio e outubro de 2014.

[153] Disponível em: http://pt.slideshare.net/jeanebj/amor-em-quatro-idiomas. Acesso em: 30 abr. 2015.

Ainda na esteira dos elementos que balizam o melodrama, pode-se notar uma acentuação — por vezes extrema — da dupla dinâmica temporal que marca o cronotopo[154] do gênero: se os momentos que priorizam o romance e o amor do casal protagonista parecem dilatar-se em longas cenas dedicadas à descrição detalhada de sentimentos, de gestos, de troca de carinhos e de diálogos, inversamente, nota-se uma compressão do tempo narrativo no relato de situações não românticas retratadas pela história. Essa estratégia é evidenciada pela descrição acelerada de eventos densamente resumidos, alguns dos quais essenciais à ação da *fanfic* (exemplos radicais disso podem ser encontrados tanto em *Uma Rosa Com Amor – Versão Gaúcha*[155] quanto em *O Resgate*).[156]

A RELAÇÃO COM O CÂNONE

Por fim, uma última questão fundamental sobre a qual concentramos nosso olhar foi a natureza da relação proposta entre a *fanfic* e a telenovela que a inspirou, especialmente no que concerne à reescritura do mundo ficcional. Parece haver, na maioria das transduções, uma compressão dos mundos ficcionais das novelas, reduzidos para abrigar apenas o casal e alguns personagens importantes para levar a história deste à frente, acentuando o drama sentimental. Nesse mesmo sentido, é costumeiro o retorno a etapas marcantes da vida da dupla, de modo que pontos nodais da trama que acompanha o casal na obra são reconstruídos com variações em múltiplas *fanfics*. Aqui se fazem presentes alguns motivos melodramáticos, como pedidos de casamento (ou recasamento, no caso de Stenio e Heloísa em *Salve Jorge*) e primeiros beijos. Destaca-se também a exploração de situações que são específicas a cada telenovela, como a ocasião em que Claude entrevista Serafina para um emprego (*Uma Rosa com Amor*) ou o cárcere privado de Amélia (*Araguaia*).

Outras duas modulações marcantes são a de reescritura do fim e continuidade da novela a partir do seu término.[157] Os textos que pensam finais alternativos geralmente lidam abertamente com decepções pro-

---

[154] Os cronotopos, segundo a acepção de Bakhtin (2014), são unidades que correlacionam espaço e tempo de modo a criar uma atmosfera reconhecível em uma obra.

[155] Fanfic de *Uma Rosa com Amor* disponível em: http://biscoitocafeenovela.blogspot.com.br/2010/07/versao--gaucha-de-uma-rosa-com-amor.html. Acesso em: 30 abr. 2015.

[156] Fanfic de *Araguaia* disponível em: http://pt.slideshare.net/jeanebj/o-resgate-7381617. Acesso em: 30 abr. 2015.

[157] Há ainda no *corpus* várias *fanfics*, sobretudo de *Araguaia*, que mesclam finais alternativos com possíveis prolongamentos que se dariam após eles.

vocadas pelo(s) último(s) capítulo(s), implodindo o cânone de forma a dar lugar ao que a autora gostaria que tivesse acontecido com um personagem ou uma dupla, como ocorre em *Luti e Valquíria, um amor que tudo vence*.[158] Por sua vez, histórias que se passam após o último capítulo costumam centrar a atenção no amadurecer da relação amorosa entre o casal, às vezes trazendo temas como a lua de mel, a criação dos filhos, a convivência conjugal e as crises naturais do próprio relacionamento (em vez de vilanias de terceiros). A *fanfic Amor em Quatro Idiomas*, por exemplo, explora a lua de mel de Vitor e Amélia na Europa, sendo pontuada por referências a óperas, pontos turísticos, à mencionada benção papal e trechos em espanhol e italiano.

Já as *fanfics Uma Rosa com Amor – Especial de Natal*[159] e *Uma Rosa com Amor – Especial de Natal 2011*[160] exploram o de fim de ano de Rosa e Claude, já casados e com dois filhos, Pedrinho (o mais velho) e Manu (a caçula). Frazão, amigo do casal, também tem uma filha, de nome Sofia. O curioso nesse caso é que as duas *fanfics* são longas e foram publicadas em um período extenso, havendo ainda um intervalo de dez meses e meio entre o final de uma e o início da outra,[161] e, mesmo assim, o segundo texto estabelece elos com o primeiro, referindo-se abertamente aos eventos desenrolados no "Natal anterior". Aqui vale apontar que o SBT apostou em um curto período de intervalo antes de reprisar a telenovela, que foi retransmitida entre os meses de março e outubro de 2011, apenas sete meses após a exibição original. Nesse caso, pode haver uma correlação entre a reprise de *Uma Rosa com Amor* e o prolongamento do período de produção de *fanfics* após o encerramento da trama, com a reassistibilidade dos capítulos funcionando como estímulo para a publicação de novas histórias produzidas pelas fãs.

Ainda no sentido de continuidade da história canônica, destaca-se a tetralogia altamente serializada composta pelos textos *Aprendendo a Viver Juntos, Married to the Moon, Nove Meses* e *Aprendendo a Ser Uma Famí-*

---

[158] *Fanfic* de *Ti Ti Ti*. Disponível em: http://entrenovelasenovelos.blogspot.com.br/2011/05/luti-e-valquiria--um-amor-que-tudo-vence.html. Acesso em: 13 maio 2015.

[159] *Fanfic* de *Uma Rosa com Amor* disponível em: http://biscoitocafeenovela.blogspot.com.br/2010/12/uma-rosa-com-amor-especial-de-natal_20.html. Acesso em: 13 maio 2015.

[160] *Fanfic* de *Uma Rosa com Amor* disponível em: http://biscoitocafeenovela.blogspot.com.br/2011/12/especial--de-natal.html. Acesso em: 13 maio 2015.

[161] Elas têm 16 e nove capítulos, respectivamente, com a primeira tendo sido publicada entre 20 de dezembro de 2010 e 3 de fevereiro de 2011, e a segunda entre 15 de dezembro de 2011 e 9 de janeiro de 2012.

lia,¹⁶² em que a autora Walkiria Pompeo retrata a trajetória romântica de Giane e Fabinho após o final de *Sangue Bom*. O casal passa por situações como a decisão de morar juntos, a compra da primeira casa e do primeiro carro, o casamento, a descoberta da gravidez, o nascimento de gêmeos, as descobertas e os desafios da vida de pais e momentos marcantes para a família. Essas *fanfics* totalizam 80 capítulos publicados ao longo de dezoito meses, sendo que a história *Aprendendo a Ser Uma Família* continuava em andamento até a conclusão deste artigo.¹⁶³

Menos marcantes que as modulações anteriores (mas ainda presentes) são os câmbios acentuados na ambientação e nos personagens. No primeiro caso, destacam-se as *fanfics* de *Uma Rosa com Amor*, muitas das quais tornam Rosa uma personagem mais potente do que ela é na telenovela, fazendo-a deixar de ser uma moça inocente e humilde e colocando-a como uma *femme fatale* (*Deu a Louca em Serafina, a Rosa*), uma profissional altamente qualificada (*Uma Rosa Com Amor – Versão Gaúcha*), ou uma mulher rica (*Uma Chance de Amar*).¹⁶⁴ Em outros casos, as mudanças deslocam, de formas ainda menos esperadas, a subjetividade da personagem, como na *fanfic The Power of Love – A História de uma Rosa... E Seus Espinhos*,¹⁶⁵ em que ela é uma cadeirante. Exemplos disso também podem ser encontrados em *fanfics* de outras novelas, como *Sangue Bom*, à qual Walkiria Pompeo dedica uma *fanfic* em que se pergunta como teriam sido as vidas dos personagens caso vários eventos tivessem se dado de forma distinta.

> E se tudo tivesse sido diferente? / E se a mãe de Giane não tivesse morrido? / E se ao invés de Amora, Bárbara tivesse adotado Fabinho, para dar um menino e agradar Plínio? E se o cineasta tivesse descoberto o filho biológico e o criado junto de Malu, longe da influência de Bárbara? / E se Silvério reconhecesse Glória mais cedo, e Wilson descobrisse que Kim está vivo? / E se Wilson tivesse criado Bento dentro de sua casa, com Tito, Mel e Vinny? / E se Amora tivesse

---

¹⁶² *Fanfics de Sangue Bom*, disponíveis em: http://fanficsfabine.tumblr.com/tagged/Aprendendo%20a%20Viver%20Juntos; http://fanfiction.com.br/historia/430429/Married_to_the_moon/; http://fanficsfabine.tumblr.com/tagged/9%20meses; http://fanfiction.com.br/historia/442631/Aprendendo_a_Ser_Uma_Familia/. Acesso em: 30 abr. 2015.

¹⁶³ O texto consta como não terminado na plataforma *Nyah!* (o capítulo mais recente é de janeiro de 2015).

¹⁶⁴ Disponível em: http://biscoitocafeenovela.blogspot.com.br/2012/06/fic-uma-chance-de-amar-capitulo--1-parte.html. Acesso em: 13 maio 2015.

¹⁶⁵ Disponível em: http://biscoitocafeenovela.blogspot.com.br/2010/09/power-of-love-historia-de-uma-rosae-seu.html. Acesso em: 13 maio 2015.

crescido na Casa Verde, com Gilson e Salma? / E se? / Será que existe mesmo essa coisa de destino, a predestinação de um ponto de encontro aonde as vidas colidem e nós encontramos tudo aquilo que procurávamos?[166]

No que concerne a mudanças de ambientação, talvez o caso mais extremo seja aquele que desloca elementos de *Ti Ti Ti* para a mitologia grega. Em *O Olimpo*,[167] as "tias do tricô" tornam-se deusas e conversam com a autora Maria Adelaide Amaral e o "deus grego" Caio Castro — transformado em Edgapolo, inspirado na figura do deus grego Apollo — sobre os rumos da telenovela *Ti Ti Ti* e sobre as ações e as escolhas dos personagens, especialmente do casal Edgar e Marcela, interpretado por Castro e Isis Valverde. Os diálogos transcorrem ao modo de uma grande mesa-redonda de discussões entre as fãs e suas representações criativas do ídolo e da autora da telenovela.

Além disso, é possível verificar outros tipos de relação com o cânone em *fanfics* isoladas. Este é o caso, por exemplo, do texto *O banho de cachoeira*,[168] que desenvolve uma cena em que Vitor e Amélia tomam o referido banho, em uma sequência que era esperada na novela, mas não foi ao ar. Assim, a *fanfic* opera como um interlúdio, desenvolvendo algo que nunca foi mostrado, mas era referido no cânone. Outro exemplo de uma relação específica com a novela é o da *fanfic Diário de Uma Paixão*, escrita por Pompeo, que transpõe Giane e Fabinho para o universo do livro homônimo de Nicholas Sparks.[169] Há trechos inteiros copiados do livro, trocando apenas os personagens, de modo que a *fanfic* é um *crossover* que mescla dois mundos ficcionais e gera um terceiro.

Finalmente, a cabo da análise, é possível afirmar que as principais modulações observadas foram: a) a compressão do mundo ficcional para abrigar apenas o par romântico e mais alguns personagens; b) o retorno a momentos marcantes para casal; c) reescrituras do final e/ou continuações da obra; e d) a operação de mudanças nos personagens, situações e ambientes canônicos.

---

[166] Disponível em: http://fanfiction.com.br/categoria/2887/sangue_bom/offset/20/. Acesso em: 20 maio 2015.
[167] *Fanfiction* de *Ti Ti Ti*. Disponível em: http://entrenovelasenovelos.blogspot.com.br/2011/03/finais-alternativos-no-olimpo.html. Acesso em: 30 abr. 2015.
[168] *Fanfic* de *Araguaia*. Disponível em: http://vitoreamelia.blogspot.com.br/2011/04/fanfiction-o-banho-de--cachoeira.html. Acesso em: 13 maio 2015.
[169] *Fanfic* de *Sangue Bom*. Disponível em: http://fanfiction.com.br/historia/516465/Diario_de_Uma_Paixao/. Acesso em: 13 maio 2015.

CONSIDERAÇÕES FINAIS

Ao término desta pesquisa exploratória do inusitado fenômeno que é o universo de produção de *fanfics* de telenovelas brasileiras, felicita-nos o fato de que nossas descobertas superaram as intuições iniciais, revelando um cenário complexo e rico em experiências. Em parte, essa complexidade e riqueza se devem ao imenso volume de dados encontrados em nossa varredura inicial, feita entre janeiro e fevereiro de 2014, mas também são visíveis na variedade de plataformas de publicação usadas pelas *fic writers*, nas múltiplas maneiras como elas reinterpretam o cânone dos mundos ficcionais das telenovelas que as inspiram e nas comunidades que criam com seus leitores.

Certamente, a riqueza do fenômeno também trouxe algumas dificuldades que não poderiam ser previstas a princípio. A primeira delas se deveu à volatilidade dos dados, de modo que, em agosto e setembro de 2014, diversos dos sites levantados em janeiro e fevereiro daquele ano já estavam fora do ar. Naquele instante, infelizmente, já era tarde demais para que pudéssemos montar um refinado sistema de captura das páginas e acompanhamento das mudanças ocorridas nos endereços web (ou suas eventuais eliminações). Apesar disso, dificuldades como essa foram sendo contornadas ao longo do processo, e optamos por realizar um tratamento estatístico de toda a base de dados inicial, caracterizar de modo mais amplo as plataformas de publicação, observar padrões gerais no que concerne às motivações das fãs-autoras e guardar a análise qualitativa para um corpus tópico composto por casos exemplares. Nesse sentido, a existência de uma equipe de investigadores afinada foi imprescindível para que a pesquisa fosse versátil o suficiente para lidar com a volatilidade do próprio fenômeno, o que acabou por levar a achados inusitados e à descoberta de caminhos promissores para pesquisas futuras, neste primeiro passo dado dentro do Obitel Brasil no que diz respeito a um estudo sistemático das *fanfictions* de telenovelas.

Outro problema que surgiu foi a distribuição desigual de *fanfics* dedicadas a novelas para o público infanto-juvenil, de um lado, e aquelas que almejam o público jovem-adulto ou adulto, do outro, sem que houvesse possibilidades práticas reais de lidar com os dois tipos de material em dois anos. Por essa razão, escolhemos não trabalhar com *Carrossel*. Esse também parece ter sido um caminho acertado, pois, conforme observávamos as *fanfics* dedicadas à novela (bem como as dedicadas a *Rebeldes*), ficava cada vez mais claro para nós que, para investigar os milhares de *fanfics* gerados pelos seus fãs, era imprescindível que houvesse, primeiro, uma cartografia mais panorâmica sobre o tema, justamente aquilo que este estudo tentou realizar.

Ao nosso ver, ter optado por trabalhar com essa perspectiva mais panorâmica trouxe ganhos metodológicos, os quais esperamos que estimulem estudos futuros nessa seara. Nesse sentido, o fato de termos enveredado por esse cipoal de dados, usando como vetores, para cada telenovela individualmente, as categorias "quem escreveu", "onde publicou" e "o que foi publicado" facilitou a elaboração de um sistema de classificação e registro que se tornou eficiente, em especial quando relacionamos essas informações, tentando extrair delas padrões mais gerais no que concerne à faixa de horário e à emissora da telenovela, ou às plataformas de publicação e divulgação utilizadas pelas fãs-escritoras para hospedar e difundir as próprias *fanfics*. Nesse último aspecto, vislumbramos a importância dos repositórios e a diversidade de usos das plataformas, que tanto podem priorizar a vida social e afetiva de pequenos grupos consumidores de telenovelas (o Blog *Entre Novelas e Novelos*, por exemplo) quanto enfatizar a expansão da rede de relações dos fãs (como o Facebook e o *Nyah!*).

Mas a pesquisa não se limitou aos achados em nível macro e se debruçou ainda sobre casos específicos, examinando, em escala restrita, um conjunto de *fanfics*, autoras e experiências de criação, observando, inclusive, as próprias narrativas. Para a escolha do corpus a ser observado mais detidamente, estabelecemos como parâmetros duas tendências que destacavam as relações das motivações das escritoras com o tratamento dado ao mundo ficcional das telenovelas. Uma delas é marcada pela expressão dos afetos e desafetos com a narrativa canônica a partir de textos curtos, metalinguísticos e com menor domínio da norma culta e das estruturas narrativas; a outra é balizada pelo uso das *fanfics* como canal de expressão de reconhecimento autoral a partir de textos maiores, preocupados com a serialidade, com as estratégias dramatúrgicas e com a norma culta.

Estas tendências facilitaram a aproximação com a variedade de situações encontradas, mas tivemos o cuidado de observar elementos que as relativizavam. Nesse sentido, verificamos, por exemplo, que as *fanfics* de *Uma Rosa com Amor* publicadas no *Biscoito, Café e Novela* em geral não indicavam um maior apuro narrativo ou preocupações autorais, ainda que tivessem muitos capítulos. Do mesmo modo, algumas produções esmeradas de Jeane Bordignon sobre *Araguaia* eram menores do que a maioria das *fanfics* de escritoras com maior preocupação narrativa e autoral. Essa atenção cuidadosa a alguns casos nos despertou ainda o interesse em explorar melhor alguns traços que pudemos captar sobre as histórias de vida das escritoras, e uma possível aposta para o desenvolvimento posterior da pesquisa consistiria em um estudo etnográfico das experiências dessas mulheres.

Ainda no que concerne ao exame dos casos específicos, a perspectiva teórico-metodológica que balizou a análise preliminar das narrativas das *fanfics*, inspirada em Doležel, Pavel e Eco, mostrou-se fértil e promissora. No concernente à relação com o cânone das telenovelas, as recorrências encontradas[170] merecem ser comparadas aos resultados de estudos de *fanfics* de outras obras e estudos que permitam expandir a compreensão desse fenômeno. Além disso, a dominância da força motriz das matrizes melodramáticas e amorosas no universo ficcional também se configura como outro instigante objeto de reflexão, sobretudo se associada ao fato de a maioria das escritoras serem mulheres.

Por fim, acordamos que peças valiosas ficaram de fora de uma engrenagem que nos pareceu tão rica e complexa, como o exame das *fanfics* infanto-juvenis, uma abordagem etnográfica das autoras e um olhar mais direcionado às *fanfics* publicadas (por vários anos) após o término das telenovelas. Além desses, certamente os leitores encontrarão outros elementos que poderiam constar em uma lista de itens faltosos. A despeito disso, acreditamos que este representa um importante primeiro passo no estudo de um fenômeno que é tão rico quanto invisível. Nesse sentido, esperamos ter estimulado e, em certa medida, colaborado para que outros fãs do campo científico engajados no tema se aventurem nesse universo.

REFERÊNCIAS

ALMEIDA, A. A. *Quem matou o Barão Henrique Sobral?* A construção da narrativa policial na telenovela de Gilberto Braga. 2012. 180 f. Dissertação (Mestrado em Comunicação e Cultura Contemporâneas) – Faculdade de Comunicação, Universidade Federal da Bahia, Salvador, 2012.

---

[170] Conforme dito no tópico anterior: a compressão do mundo ficcional para abrigar apenas o par romântico e mais alguns personagens; o retorno a momentos marcantes para o casal, reescrituras do final e/ou continuações da obra, e mudanças nos personagens, situações e ambientes canônicos, dentre outros.

ALVES, G. *Fansite*: um instrumento de consolidação dos fandoms. 2014. 77 f. Trabalho de Conclusão de Curso (Graduação em Comunicação Social) – Faculdade de Comunicação, Universidade Federal da Bahia, Salvador, 2014.

ARAÚJO, J. *Além do Mar Estreito*: a construção do universo ficcional no seriado televisivo *Game of Thrones*. 2012. 89 f. Trabalho de Conclusão de Curso (Graduação em Comunicação Social) – Faculdade de Comunicação, Universidade Federal da Bahia, Salvador, 2012.

BAILEY, S. *Media Audiences and Identity*: Self-Construction in the Fan Experience. Hampshire: Palgrave MacMillan, 2005.

BAKHTIN, M. M. Formas de tempo e de cronotopo no romance (ensaios de poética histórica). *In*: Questões *de literatura e de estética*: a teoria do romance. 7. ed. São Paulo: Hucitec, 2014. p. 211-362.

BIANCHINI, M. *"Não é TV"*: estratégias comunicacionais da HBO no contexto das redes digitais. 2011. 151 f. Dissertação (Mestrado em Comunicação Midiática) – Faculdade de Comunicação Social (Universidade Federal de Santa Maria), Santa Maria, RS, 2011.

BOOTH, P. *Digital Fandom*: New Media Studies. New York: Peter Lang Publishing, 2010.

CERQUEIRA, R. B. *Transmidiação na Rede Globo*: análise das estratégias de conteúdo nos sites das telenovelas. 2014. 166 f. Dissertação (Mestrado em Comunicação e Cultura Contemporâneas) – Faculdade de Comunicação, Universidade Federal da Bahia, Salvador, 2014.

COSTA, J. F. *Sem Fraude nem favor. Estudos sobre o amor romântico*. 4. ed. Rio de Janeiro: Rocco, 1999.

DE KOSNIK, A. Should Fan Fiction Be Free? *Cinema Journal*, [s. l.], v. 48, n. 4, p. 118-124, 2009.

DELWICHE, A.; HENDERSON, J. J. Introduction: What is Participatory Culture? *In*: DELWICHE, A.; HENDERSON, J. J. (ed.). *The Participatory Cultures Handbook*. New York: Routledge, 2013.

DOLEŽEL, L. *Heterocosmica*: Fiction and Possible Worlds. Baltimore: The Johns Hopkins University Press, 1998.

ECO, U. *Lector in fabula*: a cooperação interpretativa nos textos narrativos. 2. ed. São Paulo: Perspectiva, 2008.

ESQUENAZI, J. *As séries televisivas*. Porto, Portugal: edições texto&grafia, 2011.

FECHINE, Y. Transmidiação e cultura participativa: pensando as práticas textuais de agenciamento dos fãs de telenovelas brasileira. *Contracampo*, Rio de Janeiro, v. 31, n. 1, p. 6-22, 2014.

FISKE, J. The Cultural Economy of Fandom. *In:* LEWIS, L. A. (ed.). *The Adoring Audience*: Fan Culture and Popular Media. London: Routledge, 1992. p. 30-49.

GRAY, J.; SANDVOSS, C.; HARRINGTON, C. L. (ed.). *Fandom*: Identities and Communities in a Mediated World. New York: NYU Press, 2007.

GÜLDENPFENNIG, P. *Fandom, fan fiction and the creative mind*. 2011. 81 f. Dissertação (Mestrado em Communication and Information Sciences) – Tilburg University, Tilburg (Holanda), 2011. Disponível em: http://arno.uvt.nl/show.cgi?fid=120621. Acesso em: 5 jun. 2015.

HAMBURGUER, E. *O Brasil antenado*: a sociedade da novela. Rio de Janeiro: Zahar, 2005.

HEINTZ, J. Reference and inference in fiction. *Poetics*, Amsterdam, v. 8, n. 1-2, p. 85-99, 1979.

HERMAN, D. Narrative ways of worldmaking. *In*: HEINEN, S.; SOMMER, R. (ed.). *Narratology in the age of cross-disciplinary narrative research*. Berlin: De Gruyter, 2009. p. 71-87.

IBGE. *Pesquisa nacional por amostra de domicílios (PNAD)*: Acesso à internet e a televisão e posse de telefone móvel celular para uso pessoal. Brasil: IBGE, 2013.

JAMISON, A. *Fic*: Why Fanfiction Is Taking Over The World. Dallas: BenBella Books, 2013.

JENKINS, H. 'Strangers No More, We Sing': Filking and the Social Construction of the Science Fiction Fan Community. *In:* LEWIS, L. A. (ed.). *The Adoring Audience*: Fan Culture and Popular Media. London: Routledge, 1992a. p. 208-236.

JENKINS, H. *Textual Poachers*: Television Fans & Participatory Culture. New York: Routledge, 1992b.

JENKINS, H. *Cultura da convergência*. 2. ed. São Paulo: Aleph, 2009.

JENKINS, H.; PURUSHOTMA, R.; WEIGEL, M.; CLINTON, K.; ROBISON, A. J. *Confronting the Challenges of Participatory Culture*: Media Education for the 21st Century. Chicago: John D. and Catherine T. MacArthur Foundation, 2009.

LESSA, R. *Ficção seriada televisiva e narrativa transmídia:* uma análise do mundo ficcional multiplataforma de *True Blood*. 2013. 140 f. Dissertação (Mestrado em Comunicação e Cultura Contemporâneas) – Faculdade de Comunicação, Universidade Federal da Bahia, Salvador, 2013.

LESSA, R.; ARAÚJO, J.; LIMA, M. O. 31 novelas, 1.720 mundos: um estudo exploratório das *fanfictions* de telenovelas brasileiras (2010 a 2013). *In:* CONGRESSO LATINOAMERICANO DE INVESTIGADORES DE LA COMUNICACIÓN, 12, 2014, Lima. *Anais eletrônicos* [...]. Lima: PUC-Peru, 2014. Disponível em: http://congreso.pucp.edu.pe/alaic2014/wp-content/uploads/2014/10/GI3-Lessa-Ara+%C2%A-6jo-Lima.pdf. Acesso em: 5 jun. 2015.

LEWIS, L. A. Introduction. *In:* LEWIS, L. A. (ed.). *The Adoring Audience*: Fan Culture and Popular Media. London: Routledge, 1992. p. 1-6.

LOPES, M. I. V. Telenovela como recurso comunicativo. *Matrizes*, São Paulo, v. 3, n. 1, p. 21-48, 2009.

MARTENS, M. Transmedia Teens: Affect, Immaterial Labor, and User-Generated Content. *Convergence*, Thousand Oaks, v. 17, n. 1, p. 49-68, 2011.

MATTELART, A.; MATTELART, M. *O carnaval das imagens*: a ficção na TV. São Paulo: Brasiliense, 1989.

MITTELL, J. Wikis and Participatory Fandom. *In:* DELWICHE, A.; HENDERSON, J. J. (ed.). *The Participatory Cultures Handbook*. New York: Routledge, 2013. p. 35-42.

PAVEL, T. *Fictional Worlds*. Cambridge: Harvard University Press, 1986.

RYAN, M. *Possible Worlds, Artificial Intelligence, and Narrative Theory*. Indiana: University Bloomington & Indiana Press, 1991.

SANDVOSS, C. Quando estrutura e agência se encontram: os fãs e o poder. *Ciberlegenda*, Rio de Janeiro, v. 1, n. 28, p. 8-41, 2013.

SARLO, B. *El Imperio de los Sentimientos*. Buenos Aires: Catalogo Editora, 1985.

SCOLARI, C. A. Lost in the Borderlines Between User-Generated Content and the Cultural Industry. *Participations*, [s. l.], v. 10, n. 1, p. 414-417, 2013.

SOUZA. M. C. J. *Telenovela e representação social*: Benedito Ruy Barbosa e a representação do popular na telenovela *Renascer*. Rio de Janeiro: E-Papers, 2004a.

SOUZA, M. C. J. (org.). *Analisando telenovelas*. Rio de Janeiro: E-papers, 2004b.

SOUZA, M. C. J. Fãs de ficção seriada de televisão: uma aproximação com os fãs de autores de telenovelas. *E-Compós*, Brasília, v. 8, n. 1, p. 1-19, 2007.

SOUZA, M. C. J.; LESSA, R.; ARAÚJO, J.; CERQUEIRA, R.; ERICK, G.; VALLE, E.; VICENTE, K.; AOUAD, A. Empresas produtoras, projetos transmídia e extensões ficcionais: notas para um panorama brasileiro. *In*: LOPES, M. I. V. (org.). *Estratégias de transmidiação na ficção televisiva brasileira*. São Paulo: Sulina/Globo, 2013. p. 303-344.

SULLIVAN, J. L. *Media Audiences*: Effects, Users, Institutions, and Power. Los Angeles: Sage Publications, 2013.

THORBURN, D. Television Melodrama. *In:* NEWCOMB, H. *Television*: The Critical View. 6. ed. Oxford: Oxford University Press, 2000. p. 595-608.

TORREGLOSSA, S.; JESUS, A. M. V. Estudo sobre fãs na telenovela brasileira e sua representação modelar em 'Cheias de charme'. *In*: CONGRESSO BRASILEIRO DE CIÊNCIAS DA COMUNICAÇÃO, 35, 2012, Fortaleza. *Anais eletrônicos* [...]. Fortaleza: Unifor, 2012. Disponível em: http://www.intercom.org.br/sis/2012/resumos/R7-1435-1.pdf. Acesso em: 5 jun. 2015.

TURK, T. Fan Work: Labor, Worth, and Participation in Fandom's Gift Economy. *Transformative Works and Cultures*, [s. l.], v. 15, n. 1, 2014.

WOLF, M. J. P. *Building Imaginary Worlds*: The Theory and History of Subcreation. New York: Routledge, 2012.

AMADOS AMANTES NARRADOS NOS MUNDOS DAS *FANFICS*

Maria Carmen Jacob de Souza
Maíra Bianchini
Rodrigo Lessa
Daniele Rios
João Araújo
Amanda Aouad
Inara Rosas
Marcelo Lima
Renata Cerqueira
Débora Fernandes
Rodrigo de Souza Bulhões

Feliko, Clarina, Judrigo, Viago, Humbelle, Lucadu: estes termos servem para carinhosamente ilustrar a adoração que os fãs têm por seus casais favoritos ligados ao universo das telenovelas brasileiras, quer esses casais surjam na própria obra ou sejam extra oficialmente pareados pelos fãs. São os chamados *ships*, que, em geral, ganham apelidos originados da junção dos nomes do casal amado: Félix & Niko, Clara & Marina, Juliana & Rodrigo... Essas expressões de afeto, provenientes do ato de *shippar*, e as narrativas de amor escritas por fãs têm se mostrado uma seara rica para os estudos acadêmicos sobre as práticas dos aficionados por produtos midiáticos e pelos casais que emergem deles.

Nesse sentido, vários estudos têm se dedicado às *fanfictions* de casais *shippados* em ficções seriadas televisivas, romances e filmes (Jenkins, 1992a; Bacon-Smith, 1992; Vargas, 2005; Jamison, 2013; Hellekson; Busse, 2014), dentre outros produtos midiáticos. O grupo A-tevê/UFBA segue no mesmo caminho e apresenta, neste capítulo, os resultados da pesquisa sobre as histórias que fãs de telenovelas dedicam aos seus casais adorados; tema que surgiu da investigação do grupo no biênio anterior do Obitel Brasil (Souza *et al.*, 2015) sobre a produção e distribuição on-line de *fanfictions* das telenovelas nacionais. Essa investida no tema possibilitou que percebêssemos a existência de um volume expressivo de *fanfics* que remetem ao fenômeno do *shipping*, ou "shippagem",[171] prática de torcida por um casal que pode levar à criação de produções de fã dedicadas a eles e até disputas com fãs que torcem para outros casais relacionados à mesma obra.

Juntas, nossas pesquisas possibilitaram uma compreensão da expressividade do fenômeno em 48 telenovelas inéditas exibidas ao longo da primeira metade da década de 2010, 37 das quais apresentaram *fanfics* dedicadas a elas.[172] Foi possível perceber, também, uma forte incidência de fãs mulheres vinculadas ao fenômeno das *fanfics* de telenovelas, o que outras análises também mostram ser verdade sobre as séries de TV como um todo, desde pelo menos, a emblemática série *Star Trek* (NBC, 1966-1969), como nota Jenkins (1992b).

Em sua primeira parte, este capítulo apresenta os principais resultados e os recortes metodológicos da observação das *fanfics* dedicadas a telenovelas inéditas que começaram em 2013 e foram finalizadas em 2014, bem como das novelas integralmente exibidas entre 2014 e 2015. A amostra da pesquisa foi formada por 17 obras, 11 delas exibidas pela Rede Globo: em 2013, *Joia Rara, Além do Horizonte, Amor à Vida*; em 2014, *Meu Pedacinho de Chão, Boogie Oogie, Geração Brasil, Alto Astral, Em Família, Império, O Rebu*; em 2015, *Sete Vidas, I Love Paraisópolis, Babilônia, Verdades Secretas*. Exibidas pela Rede Record, tivemos: *Pecado Mortal* (2013), *Vitória* (2014) e *Dez Mandamentos* (2015). O levantamento de dados foi realizado entre os dias 11 e 31 de janeiro de 2016, com a busca e a catalogação em formulário de todas as ficções de fãs. Esta experiência resultou em 1.065 textos cadastrados sobre 15 das telenovelas (entre as pesquisadas, apenas *Joia Rara* e *Pecado Mortal* não receberam *fanfics*). No que concerne à presença de *fanfics* que tratam especificamente do fenômeno da *shippagem*, o levantamento mostrou que 95,3% das 1.065 *fanfictions* identificadas apresentaram pelo menos um casal *shippado*. E mais, 13 das 15 novelas registraram mais de um *ship*, ratificando o fato de que a torcida para a concretização amorosa dos casais é um motor para que os fãs elaborem ficções sobre as novelas brasileiras.

Na segunda parte do capítulo, abordamos as plataformas usadas pelos fãs. Chama a atenção o aparecimento do Instagram como uma

---

[171] O termo é resultante da palavra inglesa *relationship* (relacionamento) e expressa o desejo para que determinado casal — ficcional ou não, canônico ou não, heterossexual ou não — fique junto.

[172] Mais informações sobre a metodologia desenvolvida pelo grupo em Araújo, Bianchini e Bulhões (2017).

importante ferramenta de publicação, divulgação e leitura das *fanfics*, posto que, em levantamento anterior dedicado às novelas exibidas integralmente entre 2010 e 2013, ele não se fez presente. O Tumblr também obteve uma grande presença e, neste caso, desafiadora;[173] os blogs tornaram-se ultrapassados em relação ao levantamento anterior; o Facebook perdeu força; e os repositórios on-line específicos para a publicação de *fanfics* (como o *Nyah!*[174] e o *Spirit*[175]) se consolidaram. Notou-se, ainda, a prática de se valer de mais de um site para publicação/divulgação e que o comportamento interacional em torno dos textos varia dependendo da plataforma usada e do número de capítulos apresentados por eles.

Na terceira parte do capítulo, esmiuçamos os procedimentos empregados para o tratamento qualitativo dos dados e as descobertas realizadas. Após análise do conjunto global das telenovelas, escolhemos sete delas, todas exibidas pela Rede Globo, a saber: *Meu Pedacinho de Chão* (2014), veiculada às 18h; *Além do Horizonte* (2013), *Geração Brasil* (2014) e *I Love Paraisópolis* (2015), das 19h; *Amor à Vida* (2013), *Em Família* (2014) e *Império* (2014), da faixa das 21h. Após elencarmos os *ships* mais presentes a partir da quantidade de *fanfictions* e de capítulos, passamos a uma exploração dos padrões encontrados e observamos as interações que esses casais agregam nas plataformas em que estão alocados, como o número de comentários, curtidas e favoritismos.

Os resultados da análise mostram três tendências na atuação dos fãs criadores e leitores das *fanfictions* de *ships*, que são apresentados a partir do exame de uma novela para cada tendência. A análise das *fanfics* de *Em Família* revela como são construídas as histórias que se vinculam a um fandom permeado por um ativismo LGBT, suscitando engajamento de fãs e se alinhando a práticas internacionais. O escrutínio das *fanfics* de *Geração Brasil* ilustra como os fandoms *shippam* não apenas os personagens ficcionais, mas também os atores e atrizes que os interpretam. Por último, a observação das práticas dos grupos de fãs de *Meu Pedacinho de Chão* indica a existência de fãs que privilegiam a troca de experiências em uma fruição compartilhada das obras.

---

[173] Por conta da configuração dos recursos do Tumblr, que possibilita uma infinidade de conexões entre postagens sem hierarquiza-las, foi inviável catalogar com precisão as *fanfics* presentes nela. Assim, mantivemos no escopo desta pesquisa as referências qualitativas a esta plataforma, nos casos das novelas em que ela foi relevante, mas sem inclui-la na contagem final de *fanfics*.

[174] *Nyah! Fanfiction*. Disponível em: https://fanfiction.com.br/. Acesso em: 3 ago. 2017.

[175] *Spirit Fanfics e Histórias*, anteriormente conhecido como *Social Spirit*. Disponível em: https://spiritfanfics.com/. Acesso em: 3 ago. 2017.

Nas conclusões, avaliamos a metodologia trabalhada ao longo dos últimos quatro anos para ponderar sobre os ganhos obtidos e os desdobramentos possíveis. Notamos ser comum à maior parte das *fanfics* a centralidade dada ao amor e aos casais objeto dos *shippers* em suas histórias; assim como a maciça presença feminina envolvida com a tessitura de narrativas que exploram a sexualidade e o erotismo. Fica patente, ainda, a necessidade de contínuo estudo das plataformas on-line enquanto ambiências tanto de difusão de textos quanto de configuração de fandoms e suas práticas. Por fim, notamos, ainda, que o fã de telenovelas parece não se diferenciar dos fãs de outros produtos midiáticos, chamando, assim, a atenção para as nuances desse fenômeno mundial, que parece estar marcado mais pelas semelhanças entre fandoms do que pelas dissonâncias.

FANFICS/SHIPS DAS TELENOVELAS BRASILEIRAS

A definição de "fã" tem como base, sobretudo: 1) a regularidade no consumo de determinado produto ou gênero midiático (Sandvoss, 2005) e 2) o possível relacionamento com outros fãs, que, por vezes, leva à criação de fortes vínculos (Hills, 2005). Assim, pode haver fãs que são apenas consumidores de uma obra (e dos textos criados por seus pares), mas, dado que este trabalho se debruça sobre a criação de *fanfics*, interessam-nos, sobretudo, aqueles com atuação mais participativa em comunidades on-line e que "são consumidores que também produzem, leitores que também escrevem, espectadores que também participam" (Jenkins, 1992b, p. 208, tradução nossa). É entendendo a dinâmica das redes entre os membros da comunidade que podemos examinar melhor a dimensão sociocultural e simbólica da experiência de consumo dos que participam ativamente em seus fandoms e da prática daqueles que produzem *fanfics*, dentre outros tipos de criações.

No levantamento dos dados, foram identificadas 1.065 *fanfictions* produzidas sobre 15 das 17 telenovelas pesquisadas. O número atesta um crescimento de 30% do fenômeno, mas guarda uma mesma característica evidenciada na pesquisa anterior: a desigualdade na distribuição de *fanfics* entre as telenovelas. Basta observar que, enquanto produções como *Joia Rara* e *Pecado Mortal* não apresentam textos, *Em Família*, sozinha, recebeu 326 *fanfics*, o que corresponde a pouco mais de 30% da base de dados. Juntas, as cinco tramas mais homenageadas pelos fãs (*Em Família*,

Império, *I Love Paraisópolis*, *Amor à Vida* e *Geração Brasil*, nessa ordem) contabilizaram 911 histórias, o equivalente a aproximadamente 85,5% do total de *fanfics* computadas na pesquisa.

A desigualdade também é notada quando se observa a distribuição das histórias por emissoras. Líder em audiência e número de produções, a Rede Globo foi também hegemônica no número de *fanfics* recebidas: 96,7% das narrativas, contra 3,3% registrados pelas tramas da Rede Record. Apresentando uma única novela inédita finalizada entre 2014 e 2015, a obra *Chiquititas*, o SBT ficou de fora do levantamento por conta da opção metodológica de excluir da amostragem as telenovelas estritamente infanto-juvenis, universo que, como explicitado na pesquisa anterior (Souza *et al.*, 2015), é dotado de particularidades que merecem um estudo à parte. Certamente, porém, ainda que tais telenovelas tenham sido excluídas do levantamento, é inegável as repercussões desse público nos resultados da pesquisa. Para que melhor se compreenda essa afirmação, basta refletir sobre a disposição das *fanfics* por horário de exibição das telenovelas.

A faixa das 18h, tradicionalmente dedicada às donas de casa, rendeu 71 *fanfictions*, das quais 59 foram destinadas a *Meu Pedacinho de Chão*, de claro apelo infantojuvenil, repleta de ludicidade e ares de faz-de-conta. Já o horário das 23h, detentor da maior classificação indicativa de idade em virtude das cenas de maior nudez, sexo e violência, foi o que menos gerou ficções de fãs, compreendendo uma contagem inferior a 1% da base de dados. Por sua vez, tramas das 19h, que geralmente acumulam muitos textos e interações por visarem o público jovem e serem mais afeitas aos usos de estratégias de transmidiação, resultaram em 278 *fanfictions* (número que, cabe salientar, teria sido ainda mais expressivo se fossem contabilizadas as postagens da plataforma Tumblr, onde os textos sobre a novela *Além do Horizonte* eram predominantes).

O horário das 21h, campeão em textos registrados no levantamento, reuniu três das telenovelas mais populares entre os fãs escritores e dois fenômenos dignos de nota: o casal Du e João Lucas, cujo perfil ligado ao público adolescente e jovem adulto resultou na criação da maioria (113 das 199) das *fanfictions* dedicadas à novela *Império*; e, principalmente, os carismáticos casais homoafetivos das tramas de *Em Família* e *Amor à Vida*, que serviram como base para a elaboração de 421 textos criados sobre as duas novelas (sem mencionar as 15 *fanfics* que transformam as atrizes Giovanna Antonelli e Tainá Müller em um casal e as outras oito narrativas sobre *ships* homoafetivos formados por pares não canônicos ou canônicos menos expressivos das duas tramas). Dessa forma, não é exagero afirmar que, não fosse a força demonstrada pelos fandoms LGBT, cuja atuação resultou na elaboração de 444 *fanfics* ligadas às duas tramas, o grupo formado pelas obras das 21h não somaria números tão altos, e a faixa de horário das sete seria a detentora da maioria das *fanfictions*, repetindo os indicativos da pesquisa anterior.

É evidente, também, a predileção dos fãs por produtos cuja narrativa oferece pares românticos carismáticos e que conquistam o público. Essa tendência já era notável nas novelas exibidas integralmente entre 2010 e 2013, mas o instrumento de coleta de dados usado na ocasião não nos permitiu quantificar esse fenômeno. Com o aprimoramento do formulário na pesquisa atual, porém, foi possível verificar que as *fanfics* de casais *shippados* representam um universo de 95,3% do total de histórias de fãs identificadas na pesquisa. Esse dado nos permite inferir que o aspecto mais importante para motivar os escritores e leitores de *fanfics* a partilhar suas histórias relacionadas às telenovelas brasileiras diz respeito ao carisma e ao encantamento suscitado pelo casal de personagens e/ou atores que os interpretam, bem como à identificação dos fãs com as narrativas de amor protagonizadas por esses pares. Reforçamos esse argumento com a constatação de que os dez casais que tiveram maior expressão na pesquisa respondem por 899 histórias de fãs, uma proporção de 84,4% de todas as *fanfics* coletadas.

A porcentagem é ainda mais expressiva quando levamos em consideração o número de capítulos publicados pelos autores de *fanfics*: dos 10.218 capítulos identificados, 91,2% estão concentrados nos dez primeiros casais deste ranking, e mais da metade dos capítulos coletados na pesquisa inteira (55,2%) foram dedicados apenas aos casais Clara e Marina e Du e João Lucas. Somando-se ao impressionante número de *fanfics* e de capítulos registrados, o sucesso dos fandoms LGBT, sobretudo do *ship* Clara e Marina, foi patente ainda no número de interações dos leitores com os textos. Durante a coleta de dados, tivemos o cuidado de diferenciar as interações entre aquelas com a presença ou a ausência da *necessidade* da escrita, de forma que uma atividade como a marcação de um *like* em uma postagem no Facebook ou no Instagram, por exemplo, não fosse considerada equivalente à elaboração de um comentário ou de uma recomendação em repositórios de *fanfictions*, já que as duas práticas engajam os leitores em níveis cognitivos e até mesmo físicos diferentes (Araújo; Bianchini; Bulhões, 2017). Notamos que, mesmo entre os autores de *fanfics*, os comentários escritos são mais valorizados (principalmente os mais longos e com argumentos e observações mais elaborados), pois representam o reconhecimento do trabalho dedicado ao fandom e oferecem insights sobre os aspectos da *fanfic* que tiveram maior repercussão (positiva ou negativa) entre os leitores.

Os dados mostram que as *fanfics* dedicadas ao par Clara e Marina, de *Em Família*, obtiveram 45.467 interações com necessidade de escrita, liderando o ranking com 50,3% das 90.261 interações desse tipo registradas na base de dados. O número representa pouco mais que o dobro de comentários e recomendações recebidos pelo casal que ocupa o segundo lugar (Du e João Lucas, de *Império*[176]) e, quando se juntam os casais, a concentração dos dados sobe para 75,5%. Na categoria das interações sem obrigatoriedade de escrita, Clara e Marina passam para a vice-liderança, com 15.123 (14,1% do número total) — enquanto o primeiro lugar é ocupado por Du e João Lucas, com 70.023 interações do tipo (65,1%). O *ship* Clara e Marina contabilizou ainda um montante de 233 autores de *fanfics* (dos quais 51 escreveram mais de uma história e apenas 16 elaboraram mais de duas), o que mostra que a trama do casal suscitou o engajamento de uma grande quantidade de fãs a se aventurarem em uma primeira experiência de escrita, perceptível nas interações estabelecidas nas plataformas.

Tais números são importantes para demonstrar que o comportamento interacional em torno dos textos/*ships* varia conforme fatores como as plataformas usadas por eles. Concentrando a maior parte das suas postagens em repositórios como o *Nyah!* e o *Spirit*, que possibilitam que os leitores curtam cada história uma única vez, o casal Clara e Marina recebeu menos interações sem escrita que a dupla Du e João Lucas, *ship* que, por conta do volume considerável de publicações no Instagram (onde cada postagem é passível de receber novas curtidas, podendo gerar várias interações sem escrita de um mesmo leitor para uma mesma *fanfiction*), arrebanhou 71.110 curtidas. Apenas a *fanfic Simplesmente Acontece*, assinada pela autora Steh, alcançou 52.740 *likes* em postagens no Instagram. O uso recorrente dessa plataforma para a distribuição das histórias é, em parte, o que explica o sucesso das *fanfictions* de *Império* e *I Love Paraisópolis*

---

[176] A defesa por esse casal e de outros de *Império* foi observada na análise dos fãs no Twitter em publicação de Jacks *et al.* (2015).

no que tange ao número de interações sem escrita — 17 das 20 histórias que mais despertaram esse tipo de comportamento interacional foram inspiradas nessas duas tramas.

Vale reforçar uma característica marcante do universo estudado: as interações dos leitores funcionam como moeda de troca pelo trabalho de escrita, de maneira que, quanto mais o público-leitor se manifesta (com comentários, elogios, sugestões), maior é o estímulo para que os autores se dediquem a elaborar novos capítulos para as histórias. As três novelas dos fandoms mais participativos em totais de interações escritas (a saber, as obras *Em Família*, *Império* e *Geração Brasil*, nessa ordem) apresentaram, por exemplo, as *fanfics* com maior número de capítulos publicados (levando-se em conta tanto as *fanfics* finalizadas quanto aquelas que foram consideradas abandonadas).

Bastante presente na pesquisa anterior, a quantidade de *fanfics* abandonadas permaneceu alta no biênio atual, o que mostra que, apesar de o fenômeno ter-se ampliado entre os fãs de telenovelas, o impulso por compartilhar impressões rápidas ainda é maior que o compromisso com o fandom ou o ímpeto em concluir as histórias. De acordo com os dados levantados, 44,9% dos textos foram abandonados por seus autores, 39,2% foram concluídos (incluindo as *one-shots*, *fanfics* planejadas para não ter mais de um capítulo) e 15,9% ainda mantinham postagens regulares.

Ao se mencionar o panorama das *fanfictions* de *ships* das telenovelas brasileiras, não se pode deixar de assinalar a ocorrência dos *crossovers*, fenômeno que, embora já identificado na primeira edição da pesquisa, se mostrou mais representativo no levantamento atual (tanto em termos numéricos quanto no delineamento dos enredos). Isso porque, embora registrado em um número relativamente pequeno de *fanfictions* (65, o equivalente a 6,1% do total de textos), os casos assinalados foram mais expressivos no sentido de realmente mesclarem os mundos narrativos de obras distintas (em lugar de simplesmente citar vários produtos sem de fato "mergulhar" em nenhum deles, como foi a praxe no período anteriormente examinado). Nesse caso, são exemplares narrativas como a *fanfic* em que Naruto salva Niko e Félix de zumbis, as histórias que buscam colocar Clara e Marina em contato com outros *shippings* de casais lésbicos[177] de repercussão mundial e a sucessão de *fanfictions* que transformam o vilão Iago, da trama *Vitória*, em par romântico de Violetta, protagonista da

---

[177] A exemplo de Arizona Robbins e Callie Torres, de *Grey's Anatomy* (ABC, 2005-presente) e Emma Swan e Regina Mills, de *Once Upon a Time* (ABC, 2011-2018).

telenovela argentina homônima, produzida pela Disney Channel entre 2012 e 2015. As *fanfics* deste último caso, inclusive, são as responsáveis pela expressividade da telenovela *Vitória* na pesquisa e representam um caso interessante de um pequeno número de usuários investidos no par "Viago", que incentivavam uns aos outros em uma rede mais restrita de autores, leitores e comentadores mútuos.

Após definidas as linhas gerais do fenômeno, estabelecemos critérios para selecionar, dentre as 17 telenovelas, as que melhor permitiriam examinar, nas práticas dos criadores e leitores das *fanfics,* as plataformas empregadas, as redes de interação estabelecidas entre os fãs e os tipos e temas de *fanfics* produzidas. Nesse sentido, atentamos: ao volume total de produções; à diversidade de forças motivadoras dos criadores e leitores (nostalgia após o fim da novela, ativismo LGBT, fandom dos atores etc.); à variedade nas plataformas (repositórios on-line especializados, Instagram, Tumblr, Facebook, blogs) e nos usos/interações realizados nelas; à expressividade dos *ships*; à heterogeneidade temática (destaque a casais canônicos ou não canônicos, homo ou heteroafetivos etc.); aos distintos modos de serialização; e aos fãs escritores mais destacados, conforme a frequência de publicação e comunicação com os leitores. Com base nisso, escolhemos observar com mais profundidade as *fanfics* dedicadas à *Além do Horizonte, Amor à Vida, Em Família, Geração Brasil, I Love Paraisópolis, Império* e *Meu Pedacinho de Chão*. Tal observação fez com que identificássemos três tendências ligadas a diferentes modos de atuação entre os fãs criadores e leitores das *fanfictions*, tendências que, sem apagar as lógicas mais gerais que gerem o fandom, sublinham maneiras diversas de os fãs se relacionarem e se envolverem com essas obras.

A primeira, presente em *Amor à Vida* e *Em Família*, mostra fãs associados ao ativismo e à causa LGBT, alinhados às ações dos fandoms internacionais. Tanto que há um esforço de tradução dos textos para várias línguas e um empenho em fazer publicações no Fanfiction.net, maior repositório on-line de *fanfics* do mundo, cuja interface se encontra em inglês. O fato de serem identificados sites que disponibilizavam legendas de cenas dos casais homoafetivos (a saber, Félix e Niko ou Clara e Marina) para que o público estrangeiro pudesse conhecer a história e consumir as cenas protagonizadas por esses pares é bastante representativo do grau de complexidade e organização atingido por esses fãs, que frequentemente fizeram uso de várias plataformas para difundir seus textos e ampliar a rede de interações em torno do fandom.

A segunda tendência, representada em *Geração Brasil* e *Além do Horizonte*, revela criadores e leitores de *fanfics* associadas aos fandoms de casais de atores, e não apenas aos seus personagens nas novelas. Isso acontece quando os mesmos artistas repetem pares românticos por um longo período, como é o caso de Humberto Carrão e Isabelle Drummond, pares em *Cheias de Charme* (2012), *Sangue Bom* (2013) e *Geração Brasil* (2014), sendo carinhosamente chamados de "Humbelle" pelos fãs, e de Juliana Paiva e Rodrigo Simas, que formaram casal em *Malhação* e *Além do Horizonte*, compondo o *ship* "Judrigo".

Duradouros, visto que atravessam várias telenovelas, esses fandoms colaboram para que um elevado número de *fanfics* seja criado enquanto elas estão no ar, já que a convivência entre os ídolos alimenta a imaginação dos fãs do casal. Nessas experiências, as mobilizações dos fãs em prol da união dos personagens vividos pelos seus ídolos se exacerbam: em *Além do Horizonte*, a personagem Lili (Juliana Paiva) inicialmente fazia par romântico com William (Thiago Rodrigues). Muitos apelos apaixonados dos fãs parecem ter culminado no seu final feliz ao lado de Marlon (Rodrigo Simas), irmão do antigo protagonista. Em *Geração Brasil*, apesar de ter chegado a nutrir um namoro com Megan (Isabelle Drummond), o grande amor de Davi (Humberto Carrão) sempre foi Manuela (interpretada por Chandelly Braz, a namorada do ator na vida real), o que gerou grande insatisfação entre as fãs, que viram na elaboração de *fanfics* o melhor jeito de promover a concretização amorosa do seu casal adorado, negada na trama da novela.

A terceira tendência expressa os casos onde as situações anteriores não foram observadas. O que de fato chamou a atenção foi que os grupos de fãs interagiam preferencialmente em torno da experiência de fruição compartilhada das obras, sem mostrarem uma vinculação com fandoms já estabelecidos. Os *shippers* criadores e leitores de *fanfics* pareciam mais absorvidos no deleite de acompanhar o desenrolar da vida amorosa dos casais adorados e do mundo ficcional que os encantou.

Uma vez identificadas as três tendências, optamos por selecionar uma novela de cada uma delas para uma maior aproximação a essas experiências. Da primeira tendência, *Em Família* foi escolhida por ter mostrado ações mais vigorosas enquanto fandom do que *Amor à Vida* (tanto em número de histórias e tamanho dos textos quanto em interações suscitadas); na segunda, *Geração Brasil* foi a mais adequada, pois não era viável lidar com o desafiante volume de dados da complexa plataforma Tumblr, que concentrava a maior parte das *fanfics* publicadas sobre *Além do Horizonte*; da terceira tendência, a escolhida foi *Meu Pedacinho de Chão*, cujo volume menor de dados favoreceu a execução da análise. Antes de partirmos para estes casos específicos, porém, cabe explorar um pouco as plataformas escolhidas pelos fandoms para publicar suas produções.

PLATAFORMAS

O exame das plataformas em que as *fanfics* foram encontradas e das interações nelas ocorridas é necessário por ser fundamental ressaltar a importância das comunidades dos fãs no engajamento com a criação de produtos, dado que muitas vezes é a experiência vivida nestas comunidades que aflora uma aproximação mais intensa com o texto midiático (Lewis, 1992). Esta perspectiva nos fez observar como os escritores de *fics* efetivamente utilizam suas habilidades tecnológicas, sua predisposição à interação social e sua criatividade para a criação de histórias e interação com outros — práticas contempladas pela noção de cultura participativa (Jenkins *et al.*, 2009).

Examinar fãs, pois, implica pensar suas comunidades e as ações que realizam nelas. Tais ações, por sua vez, são geradoras de ambiências digitais próprias para a interação entre pares, o incentivo a novas produções e o consumo de conteúdos relacionados à obra cultural adorada, que acabam por ser moduladas pelos recursos existentes das plataformas e tecnologias usadas. Nesse sentido, o conceito de figuração social proposta por Couldry e Hepp (2017) ilumina a reflexão sobre esses processos comunicativos quando salienta que:

> [...] as figurações sociais enquanto padrões de comunicação [...] emergem das interrelações entre três dimensões: enquadramentos de relevância, constelações de atores e práticas comunicativas, que possuem, em suas bases, um conjunto particular de objetos e tecnologias midiáticas. Estas dimensões são relativamente autônomas, mas por estarem envolvidas na situação na qual a ação ocorre, processos de atuação conjunta geralmente tendem a reforçá-los e a estabilizar os padrões de associações entre eles. Todas essas dimensões são baseadas em relações de sentido (Couldry; Hepp, 2017, p. 82, tradução nossa).

Pensar os sentidos das práticas comunicativas que envolvem as redes de interações de fãs, os fandoms on-line que gravitam em torno das *fanfictions* dos produtos midiáticos adorados como figurações sociais, impõe, assim, uma preocupação com as propriedades que demarcam padrões que auxiliam na compreensão, em uma perspectiva relacional, da convergência de interesses dos agentes envolvidos, das particularidades desses agentes e das tecnologias midiáticas que empregam. De tal modo, a própria rede de interações nos fandoms on-line, mediada por tecnologias midiáticas, também exige um exame das plataformas empregadas pelos criadores e leitores de *fanfics*.

Dentre as *fanfics* catalogadas na base de dados, 659 (57,10%) estavam no *Nyah!*, 283 (24,52%) no *Spirit* e 148 (12,82%) no Instagram, tornando notável a predominância dessas plataformas como as preferidas pelos escritores para a publicação e circulação de suas histórias: 1.090 *fanfics* (94,44%) estão nesses sites. O total extrapola a soma de *fanfics* individuais da base de dados, pois dos 1.065 textos únicos, foram identificados 220 (20,7%) publicados em mais de um site pelos autores de cada obra. Isso indica que há um número relevante de autores que distribuem suas histórias em mais de um local, visando alcançar cada vez mais leitores. Ademais, analisando os três sites mais expressivos, chama atenção a diferença entre os repositórios especializados em *fanfics Nyah!* e *Spirit* (plataformas criadas para a finalidade específica de produção, distribuição e consumo de histórias criadas por fãs de produtos culturais diversos) e o aplicativo de rede social Instagram (mídia social de compartilhamento de fotos que, à revelia do seu propósito explícito, é utilizado por fãs para distribuição e circulação de *fanfics*). Esta diferenciação reforça a tendência encontrada na pesquisa do biênio anterior: os escritores de *fanfics* preferem plataformas especializadas (83,96% das publicações, incluindo as duplicadas propositalmente em outros ambientes, se localizam nelas), mas também utilizam sites de rede sociais e blogs (onde 15,42% do total das *fanfics* foram distribuídas).

Os dados indicam, ainda, uma crescente especialização nos modos de criação das histórias (com apoio de membros mais antigos do fandom), nas práticas de distribuição (uso de múltiplas plataformas, por exemplo) e de leitura (com um aparente ganho de expressividade nas interações), o que significa um maior letramento nas ferramentas digitais e nas lógicas de funcionamento internas à comunidade de fãs, além de apontar certo alinhamento com as práticas internacionais em torno das *fanfics*. Se, no biênio anterior, acreditava-se que tal letramento parecia reservado a adolescentes,[178] hoje o conhecimento e o uso das ferramentas apropriadas para as *fanfics* parece ter aumentado.

As *fanfics* mapeadas destacam, ainda, uma relação entre as plataformas em que foram publicadas, as possibilidades ofertadas aos criadores e os modos como as produções foram apresentadas ao público. A depender da ambiência on-line escolhida, os distintos recursos técnicos, os termos de usos e os modos espontâneos de apropriação desses espaços, dentre outros, tornam possível a conformação de experiências também distintas nas formas de disponibilizar, circular e consumir as histórias criadas pelos fãs de telenovelas, como explicitamos nos itens seguintes.

REPOSITÓRIOS ESPECIALIZADOS EM *FANFICS*

Chamamos de repositórios especializados em *fanfics* as plataformas digitais criadas para agregar *fanfictions* sobre produtos distintos, geralmente baseadas na web, mas que, às vezes, possuem aplicativos para smartphones e tablets. Neste momento, consideramos apenas o *Nyah!* e o *Spirit* para tecermos a análise, visto que essas plataformas dominaram nossa base de dados, mas muitas das lógicas de funcionamento são comuns a outros repositórios similares.

Diante de um grande número de *fanfics* postadas nesses repositórios, é possível perceber a preocupação dos sites em criar diferentes mecanismos para a identificação e o acompanhamento das histórias. Essas ações são encabeçadas pelos administradores e gestores dos repositórios, que assumem funções tão diversas quanto as de web designers, ilustradores e redatores. São esses indivíduos, eles próprios adoradores de *fanfics*, que cuidam da manutenção diária dos ambientes on-line que apoiam a produção e publicação de histórias escritas por fãs.

Há também aspectos em comum na dinâmica de funcionamento desses sites. Nas páginas principais, os usuários dispõem de campos de busca, listas de criações recentemente publicadas e/ou atualizadas e indicações de *fanfics* — cujos critérios de seleção não estão evidentes naquele

---

[178] A ausência na nossa pesquisa de dados acerca de *Malhação* e outras telenovelas infanto-juvenis não nos permite avançar mais em comparações nessa linha, mas a partir da exploração qualitativa dos pesquisadores envolvidos temos a impressão de que há um uso similar de plataformas em *fanfics* associadas a obras para este público.

espaço. Os usuários dos sites também encontram a opção de pesquisar *fanfics* relacionadas a um produto cultural específico. Em meio a esses recursos, as plataformas apresentam diferentes filtros para o refinamento das pesquisas. A existência de ferramentas que possibilitem ao leitor encontrar facilmente as histórias que se deseja ler mostra-se essencial para o estímulo à leitura — e, por consequência, ao facilitar o acesso aos leitores, também incentiva que os escritores escolham esses sites para a publicação de suas *fanfics*; de forma que é difícil imaginar a consolidação atual do fenômeno das *fanfics* sem esses repositórios complexos que agregam, de maneira descomplicada, escritores e leitores, colocando-os em contato direto.

Enquanto ambientes de sociabilidade e de reconhecimento do trabalho de autores, há também a possibilidade de fazer pesquisas pelos membros das plataformas, o que confere acesso às páginas de cada um deles. Nelas, é possível conferir informações como o perfil dos usuários, as *fanfics* por eles publicadas e indicações sobre as *fanfics* que estão acompanhando, recomendando ou marcando como favoritas. Responsáveis por preencher esses espaços, os autores têm a chance de selecionar e dispor as informações que desejam associar ao seu próprio nome — e, pelo que se pode observar, costumam adotar *nicknames* para o posicionamento nos sites.

As plataformas também se mostram atentas ao fornecimento de informações sobre as *fanfics* específicas, atuando, assim, como um suporte para a seleção dos conteúdos. Ao acessar a página de cada produção, os usuários têm acesso a itens como número de palavras e capítulos publicados, número de recomendações e favoritos, indicações de pessoas que estão acompanhando as *fanfics*, datas da primeira e última publicação e lista de capítulos publicados. Caso a *fanfic* ainda não esteja completa, as plataformas oferecem ao leitor ferramentas para manter-se informado por meio de notificações ou criação de listas de leituras que dão acesso rápido às *fanfics* que acompanha. De maneira similar, é possível acompanhar também os escritores preferidos, recebendo notificações quando postam novas histórias.

Há também um apoio gratuito para a própria produção e publicação das histórias, envolvendo conteúdos e orientações personalizadas sobre dicas de português e construção de textos ficcionais, a exemplo do grupo *Liga dos Betas* (*Nyah!*) e *Beta Readers* (*Spirit*). A presença da figura do beta fornece aos escritores uma rede de apoio e incentivo para continuar escrevendo, dando uma oportunidade para que eles aprendam sobre o feitio de *fanfics* e desenvolvam seu potencial criativo. Trata-se de uma rede colaborativa voltada para a capacitação e melhoria contínua de escritores, sobretudo os iniciantes.

Nas páginas de apresentação das *fanfics*, a presença do autor é reforçada também pela possibilidade de o escritor deixar mensagens em caixas de notas ao longo dos capítulos, nas quais pode partilhar informações sobre o processo criativo, justificativas sobre atrasos nas postagens, agradecimentos, indicações de conteúdos extras, aperitivos do que virá nos próximos capítulos e pedidos diversos, como sugestões, críticas, opiniões e comentários em geral.

Notamos aí uma semelhança com o modo como o mercado midiático enfatiza os autores e criadores de obras culturais, representando um critério-chave para a escolha de consumir determinados produtos — autores de telenovelas ou romances, por exemplo, têm seus nomes fortemente vinculados às suas obras. O escritor de *fanfic*, nesses ambientes on-line, tem sua presença também sempre associada às histórias que escreve, havendo ainda a possibilidade de estabelecer vínculos com seus leitores, que podem acompanhar de perto seus escritores preferidos e seus processos criativos.

Os autores também são estimulados a continuarem produzindo e a aderir a atividades propostas pelas plataformas, como participar de desafios e eventos. Em troca das ações realizadas, eles recebem insígnias, que ficam dispostas em suas páginas. Para os usuários que ainda não obtiveram essas recompensas, os perfis exibem a mensagem de que "este usuário ainda não conquistou nenhuma insígnia", demonstrando um claro recurso usado como recompensa e forma de distinção social.

Como incentivo à interação entre leitores e escritores, o *Nyah!* Mantém, em sua página inicial, um ranking dos "melhores leitores da semana", no qual lista aqueles que tiveram o maior número de "comentários marcados como o melhor do capítulo". Essa é uma forma de estimular os leitores a produzirem comentários elaborados, que fogem dos elogios comuns, e de gerar conversas mais significativas acerca das estórias. Com frequência, os autores respondem aos comentários deixados pelos leitores e se apropriam das sugestões, inserindo-as nos capítulos seguintes — alguns, inclusive, deixam inteiramente na mão dos leitores as decisões sobre os rumos da narrativa, tendo sido observados casos em que capítulos são publicados em homenagem ao leitor que ofereceu a ideia. Ações como essas correspondem a um interesse central nos fandoms, que é de promover, consolidar e expandir vínculos entre fãs, sejam eles escritores ou leitores, que obtêm uma experiência afetiva de pertencimento.

As diretrizes também são fornecidas para que os espaços dos sites sejam preenchidos conforme orientado pelas plataformas, contribuindo para que haja uma padronização nos modos como as *fanfics* são apresentadas. Os criadores são orientados a postar apenas textos ficcionais de sua autoria e em português, reservando avisos e explicações para a área de notas das histórias. Além de orientações sobre a escrita, as plataformas não aceitam imagens que contenham teor erótico, violento, discriminatório ou que incentivem o uso de drogas ou "ofendam a moral de alguma forma". Cada repositório apresenta particularidades nesses quesitos, embora as instruções básicas sejam semelhantes.

Há, contudo, uma diferença significativa entre os dois repositórios no que diz respeito ao tipo de histórias postadas, e que acreditamos ter contribuído para que o *Spirit* tenha aparecido com mais destaque no nosso banco de dados do que no levantamento anterior, a despeito do *Nyah!* ainda ser o líder. No *Nyah!*, só é permitido *fanfics* com pessoas reais se forem integrantes de bandas ou cantores, sendo vetadas demais histórias sobre pessoas reais, incluindo atores e atrizes. No *Spirit*, não há essa proibição. Considerando a segunda tendência apresentada neste trabalho, aquela que relaciona os fandoms de casais de artistas com *fanfics* sobre eles, é digno de nota que nenhuma dessas *fanfics* se encontrou no *Nyah!*, dada a regra proibitiva da plataforma. Esse fato exemplifica como a gestão operada nos repositórios modula as dinâmicas de interação e vinculação entre os fãs leitores e criadores de *fanfics*, assim como parecem mobilizar os afetos em torno da validação de certas práticas dos fãs, mostrando os critérios de reconhecimento e de valorização usados diante dos diferentes modos de os fãs produzirem conteúdos sobre seus objetos adorados.

Nesse sentido, além da proibição mencionada, um conjunto de regras, normas e códigos de conduta são apresentados nos termos de uso tanto do *Nyah!* quanto do *Spirit*, reunindo as condições em que os textos devem estar enquadrados. Tal posição evidencia a atuação da coordenação dos sites em todos os campos abertos à produção de conteúdo e interação entre os usuários: há moderadores e administradores que guiam e gerenciam os modos como os criadores e leitores usam a plataforma.

Trata-se, portanto, de ambientes em que a produção e o consumo de *fanfics* são regulados, conciliando práticas de liberdade e controle aos usuários, o que geralmente resultam em *fanfictions* melhor estruturadas e em uma leitura organizada, em detrimento, porém, da livre interação entre escritores e leitores.

Os gestores parecem privilegiar a promoção da "boa" escrita, que valoriza mais o texto em si, construindo uma posição supostamente almejada de consagração para os autores. Com esse aspecto sendo determinante para os modos de criação de histórias e com a existência de regras rígidas para uma convivência regulada, faz sentido que aqueles fãs que não partilham desses critérios valorativos busquem outras plataformas on-line, onde terão mais liberdade para circular suas *fanfics* e interagir com seus pares em torno delas. E, se na pesquisa anterior os blogs e as páginas de Facebook se mostraram ambiências relevantes para a interação e para a criação de histórias sem o caráter regulatório imposto pelos repositórios especializados (Souza *et al.*, 2015), na pesquisa atual esse espaço foi ocupado pelos perfis do Instagram.

O Instagram é, à primeira vista, um ambiente não favorável à disseminação de *fanfics*: a rede é voltada à fotografia, há limite de apenas 2 mil caracteres na legenda de uma foto, as legendas não suportam links, e não há qualquer funcionalidade à semelhança daquelas encontradas em repositórios especializados, além da possibilidade de denunciar conteúdo impróprio. Os usos do Instagram enquanto repositório não especializado em *fanfictions* parecem, pois, salientar que as *fanfics*, antes de serem narrativas ficcionais cuidadosamente escritas para uma fruição que priorize histórias mais longas, serializadas e, em muitos casos, associadas a autores específicos ou a adoração de atores/atrizes, são ferramentas que possibilitam interações e partilhas entre fãs de telenovelas e de *ships*.

A INTEGRAÇÃO SOCIAL EM TORNO DA *FANFIC*: OBSERVANDO O INSTAGRAM

Considerando o panorama atual, é importante apontar o surgimento do Instagram como único site de rede social com quantidades relevantes de *fanfictions*, quando, no período de pesquisa anterior (2011 e 2012), ele sequer havia constado. Acreditamos que isso se deve ao crescimento que a própria rede social tem tido nos últimos anos: em 2013, havia 100 milhões de usuários conectados mensalmente no Instagram no mundo, enquanto, em 2017, esse número pulou para 700 milhões, sendo o Brasil o segundo maior mercado para a plataforma, com 45 milhões de usuários. Associado ao crescimento da abrangência de redes de internet móveis e do acesso a smartphones com preços mais populares (apesar de o Instagram poder ser utilizado na web por meio de computadores e laptops desde 2013, é majoritariamente acessado por celulares), explica-se o fato de essa rede ter surgido com certa relevância na nossa base de dados.

O uso que os fãs fazem do Instagram para a circulação e leitura de *fanfics* chamou a atenção, sobretudo em um cenário em que os repositórios especializados dominam, com mais de 84% das *fanfics*. Ao investigarmos o Instagram, pudemos observar as práticas cotidianas dos fãs que seguem perfis destinados à partilha de *fanfics*, o que tornou mais clara a terceira tendência apresentada neste capítulo, que se refere às *fanfics* elaboradas pelos grupos de fãs que se organizam, majoritariamente, em torno do deleite da fruição compartilhada das telenovelas.

A lógica de funcionamento do Instagram, nesse momento, é bem simples: as postagens reúnem uma ou mais fotos, podendo ser adicionadas legendas. Cada usuário tem um *feed* de fotos, por meio do qual visualiza as postagens de todos os perfis que segue; é possível também acessar um perfil específico e ver suas postagens. As interações ocorridas nesses ambientes se dão por meio de comentários, curtidas em fotos, ao seguir e/ou ser seguido, além de troca de mensagens privadas.

O que percebemos ao analisar as *fanfics* do Instagram foi a presença de histórias curtas, em sua maioria *one-shots*: do total de 148 *fanfics*, 116 eram textos unitários. Enquanto a história é postada na legenda, a foto que a acompanha geralmente é uma fotomontagem com o casal que protagoniza a *fanfic*, podendo ser acompanhada de título, frases românticas e similares. Trata-se de um formato que propicia o consumo rápido e confortável em telas de smartphones. Foi comum, também, que perfis e posts no Instagram servissem como ferramenta de divulgação de *fanfics* publicadas em outros sites, como o *Nyah!*, ampliando o âmbito de circulação das produções.

O Instagram não se mostra favorável à circulação e consumo de *fanfictions*, visto que o sistema de busca dessa mídia social é genérica e só localiza nomes e *nicknames* de perfis e hashtags, tornando mais difícil que o usuário encontre exatamente aquilo que busca. Estimamos que os fãs localizam primeiramente os perfis com base nas novelas ou *ships* preferidos e, posteriormente, têm acesso às *fanfictions* que circulam nesses ambientes. Além disso, é provável que os fãs tomem conhecimento desses perfis no Instagram por meio de outros sites, comunidades e fóruns, o que reforça a ideia de que, nessa mídia social, a experiência de fazer parte de um fandom e socializar com outros fãs é tão importante quanto o propósito de ler *fanfics*, e, por vezes, até mais.

De fato, a leitura de *fanfics* é uma das práticas observadas nesse ambiente e se associa a outras, como o consumo de notícias sobre a as tramas ficcionais e os atores, revelações sobre o enredo, o ato de rever cenas da telenovela e a fruição de *fanarts* (obras imagéticas feitas por fãs acerca de produtos ou *ships*). As *fanfics one-shot*, destinadas a uma leitura *en passant*, descompromissada, parecem se consolidar no cenário brasileiro como um dos elementos-chave para a forma como os fãs consomem conteúdos relacionados ao seu objeto de adoração e a partir das quais interagem com seus pares.

Um dado relevante para entendermos o uso desses perfis de Instagram e de *fanfics* enquanto ferramentas que propiciam interações sociais e fruição compartilhada pode ser obtido por meio das histórias ficcionais relacionadas à *I Love Paraisópolis*. Essa telenovela teve grande parcela de *fanfics* publicadas enquanto a telenovela ainda estava no ar: foram 136 textos antes da exibição do capítulo final, contra apenas 14 publicados após o final da narrativa. Com grande impacto no Instagram enquanto plataforma escolhida para a produção e distribuição de *fanfics*, esse dado aponta para o interesse dos escritores de partilhar seus textos paralelamente à fruição da novela, muitas vezes usando passagens vistas na TV como motivos desencadeadoras de suas histórias.

Podemos supor que o uso de perfis de Instagram, nesse caso, era voltado principalmente para a partilha social em torno do consumo da novela, situação em que as *fanfictions* se mostraram importantes para pautar as conversações nesses ambientes on-line. Também contribuiu para isso a frequência de postagens observada, com periodicidade regular, que promovia, a cada nova postagem, novas possibilidades de interação e diálogos.

Como se vê, o exame dos modos de uso das plataformas on-line pelos fãs criadores e leitores de *fanfics* mostrou que a abordagem dos fandoms como figurações sociais, em uma perspectiva relacional, permite compreender mais amplamente as qualidades diferentes de interações ocorridas a partir das ações dos fãs, nesse caso, *fanfics*, segundo os interesses que os movem e as plataformas on-line empregadas.

TELENOVELAS QUE INSPIRAM *FICS* DE CASAIS ADORADOS

As *fanfictions* dos casais das telenovelas nos remetem aos seus mundos ficcionais, ofertados em um processo comunicativo gerador de cumplicidade com o apreciador. Tal processo é orquestrado tanto pelos criadores (roteiristas, diretores etc.) quanto pela empresa produtora, que busca gerar uma concentração dos afetos e interesses do público. E, se essa circunstância não supõe uma fidelidade cega dos fãs ao encanto das telenovelas, ela sem dúvida compõe o enquadramento da experiência de apreciação da audiência e ajuda a compreender a adesão emocional e cognitiva dos fãs às obras, aos personagens e às histórias de amor mais adoradas.

Esquenazi (2011) nos lembra que a adesão afetiva da audiência estimula a assiduidade na fruição dos capítulos e o prazer de assisti-los. Nesse compasso, um dos recursos constantemente usados para esse fim é a narração dos conflitos amorosos das personagens, construídas como "pessoas verdadeiras", para mobilizar na audiência a crença de que as intempéries amorosas vividas pelas personagens são semelhantes às dos apreciadores.

Falar de amor é falar de tensões, medos, decepções e esperanças que compõem um dos polos mobilizadores da necessária atualização do *ethos* contemporâneo (Simões; França, 2007). As telenovelas criadas com a pretensão de cultivar cada vez mais espectadores tendem a participar ativamente da atualização subjetiva que demarca nossa experiência. Ao fazê-lo, narram a diversidade dos amores possíveis que fazem partes dos desejos e das experiências cotidianas de sua audiência, recorrendo a matrizes culturais e ficcionais populares, como é o caso da abordagem melodramática e romântica. Pode-se afirmar, inclusive, que predomina em sua dramaturgia a preocupação com a vida amorosa, erótica e conjugal das personagens, que se transformam em um foco privilegiado das atenções dos criadores e do público.

O destaque dado às narrativas amorosas dos casais nas telenovelas tende a estar associado à crença nos poderes do amor, capaz de subtrair os traços da infelicidade, recurso que remete a esquemas estilísticos observados desde os romances burgueses do século 19, como demonstra Sarlo (1985). A análise da autora mostra que estariam em jogo, nessas narrativas amorosas, representações legitimadas de felicidade e de desdita, que tensionam as narrativas, pois representam os conflitos entre o que deve ser almejado e o que é da ordem do proibido, do rechaçado. A autora mostra que, nas séries de ficção que primam pela duração alargada das histórias, como as telenovelas, o desenvolvimento das tramas tende a tratar do que se proíbe, enquanto, nos desenlaces, a tendência inversa é de reforçar os ideais legítimos de amor e felicidade (Sarlo, 1985).

A telenovela que se converte em matéria-prima do fã oferta, portanto, um tratamento dessas tensões que circunscrevem um leque de pontos de vista distinto sobre os ideais de amor e felicidade, que, em linhas gerais, precisam privilegiar as premissas narrativas e morais mais convencionais. Essas premissas convivem com representações mais libertadoras do imaginário amoroso, conduzidas pela mão de roteiristas autores que, não perdem a oportunidade de "matreiramente" defender esses pontos de vista assim que a situação permite.

Os resultados do nosso levantamento anterior (Souza *et al.*, 2015) mostram que, indo na mesma direção, os fãs que se dedicam a criar *fanfics* preocupam-se, mormente, com os enlaces afetivos e amorosos. Eles dedicam-se ao *shipping* por meio da redução dos mundos ficcionais das obras, para abrigar apenas os casais que interessam ao *ship* e mais alguns personagens que auxiliam a construção dos seus dramas sentimentais; reescrevendo os fins das novelas para dar um desfecho mais satisfatório para o casal ou prolongar seu amor para além do que mostrou a obra; e se dedicando não necessariamente ao par central da novela, mas sim aos casais que têm mais "química", algo cuja percepção é impulsionada pelas escolhas de elenco.

Os resultados da pesquisa atual mostram semelhante tratamento melodramático do credo amoroso e salientam a forte presença das mulheres. O que o material coletado corrobora, quando associado com as indicações de outras pesquisas sobre o tema, é um volume expressivo de fãs adolescentes e jovens imersas na experiência da alta modernidade que por meio da relação com os *media* compõem as representações do amor, de si e do mundo social (Jenkins, 1992a; Giddens, 2002; Vargas, 2005; Couldry; Hepp, 2017).

A observação mais aprofundada das *fanfics* sobre as sete novelas do corpus restrito, como já mencionado, fez com que identificássemos três tendências ligadas a diferentes modos de atuação dos fãs criadores e leitores das *fanfictions*. Em todas elas, a ênfase no enlace amoroso parece patente. A análise a seguir mostra os diferentes modos de apreciação que sublinham as maneiras diversas de os fãs se relacionarem e se envolverem com essas ficções seriadas.

EM FAMÍLIA

Em Família (03/02 a 18/07/2014) contabilizou 326 *fanfictions* e nove *ships*. O casal preferido entre os fãs da novela foi formado pelas personagens Clara e Marina,[179] homenageado em 313 histórias. Canônico, o enlace amoroso das personagens foi construído gradualmente desde o início da novela, apresentando cenas que exploraram a aproximação entre elas, o desenvolvimento dos sentimentos que uma nutria pela outra, as tensões e os empecilhos para que a relação se concretizasse, além do desejado final feliz. Amplo e participativo, o fandom formado em torno do casal procurou explorar (e ampliar) as cenas em que a relação amorosa se concretiza.

Nota-se, na maior parte das histórias, o desejo de reconstruir diferentes aspectos do cânone da telenovela, mantendo certas características das personagens e de seus círculos sociais próximos — como as amigas Vanessa, Flavinha e Giselle, no caso de Marina; e a irmã Helena, a mãe Chica, o marido Cadu e o filho Ivan, no que diz respeito a Clara. Na *fanfic Se Non Te*, da autora Isis_M, por exemplo, Marina é uma fotógrafa de renome internacional que retorna para o Brasil acompanhada da amiga e ex-namorada Vanessa, assim como na telenovela. Clara, por sua vez, é uma jovem de 19 anos, que mora com os pais, Heloísa e Cadu e com o irmão mais novo, Ivan, e trabalha com a tia Helena em uma loja de antiguidades.

Outro aspecto marcante é o fato de, mesmo quando as *fanfics* se afastam da história de *Em Família*, as narrativas mantêm a essência das personagens e a paixão que surge entre elas. Em *Sempre Soube*, assinada por expresscoffe, por exemplo, as duas se conhecem na infância, quando Marina, que mora na Inglaterra, vai passar férias na casa do primo Ricardo. Diferente do que acontece na obra de Manoel Carlos, em que Chica conhece o namorado depois de mais velha, na *fanfic*, a mãe de Clara inicia uma relação com Ricardo logo após ficar viúva, de maneira que ele passa a desempenhar uma figura paterna nas vidas de Helena, Clara e Felipe. Convertidas em melhores amigas, as meninas passam todas as férias escolares juntas e acabam se apaixonando secretamente na adolescência. Elas começam a namorar aos 18 anos, mas se distanciam quando Marina inicia a faculdade em Londres. Clara se aproxima de Cadu, com quem acaba se casando. As duas só voltam a se unir anos mais tarde, quando Marina, já fotógrafa profissional, vai morar no Brasil.

---

[179] O *ship* Clarina também foi objeto de estudo de Ronsini *et al.* (2015).

Uma observação mais detida das tramas mostra que as *fanfics* relacionadas ao fandom Clarina estão bastante ligadas à promoção de poder, autoridade, afirmação e experimentação sexual entre mulheres, uma prática que está de acordo com a tradição de escrita de *fanfics* do gênero *slash*,[180] em que as criadoras abordam exclusivamente relações entre pessoas do mesmo sexo. Há, ainda, um predomínio de histórias destinadas aos maiores de 18 anos, o que representa uma predileção por temáticas e abordagens adultas e, notadamente, de cunho sexual explícito: os capítulos nos quais as personagens cedem à atração que sentem, se entregando aos beijos, carícias e à satisfação sexual mútua estão entre os mais apreciados pelos fãs.

Fanfics como *Can't let you go* e *Intimacy* (ambas de Mrs. Silva) e *Velvet Touch* (de NanyMarto) exploram a relação amorosa e erótica entre as personagens, fortalecendo a tendência de histórias de fãs retratarem a atração imediata entre Clara e Marina, bem como a construção da entrega sexual entre elas. Na *fanfic Unchained Melody*, assinada por Clara Meirelles Fernandes, Clara e Marina se conhecem da mesma forma que na novela, em uma exposição da fotógrafa, mas logo mergulham em um caso marcado por intensas relações sexuais relatadas em diversos capítulos de alto teor erótico. Em *Cosmic Love*, de gatm2015, *fanfic* que trata do envolvimento das atrizes Giovanna Antonelli e Tainá Müller em função dos papéis interpretados por elas na novela, o forte teor sexual também é realçado na narrativa.

Constatamos que muitos dos textos escritos pelos fãs foram elaborados de forma a contestar a indecisão e a falta de atitude de Clara em relação aos seus sentimentos por Marina, elemento ressaltado na narrativa canônica da novela. Em *Codinome Beija-Flor* (assinada por CrazyLeone), por exemplo, enquanto Marina preserva seu status como fotógrafa consagrada, atuando no Brasil com o auxílio das amigas em um estúdio bancado pelo pai, Clara é retratada como uma modelo internacional de sucesso, abertamente lésbica, sedutora e "pegadora". Mesmo em um relacionamento com outra modelo, Clara se interessa por Marina assim que a conhece e não hesita em flertar abertamente. O jogo de sedução entre as personagens logo culmina em um caso tórrido, com diversas cenas de sexo descritas de forma detalhada. Nos comentários, nota-se que as leitoras vibram com a versão mais "ativa" e decidida de Clara, usando termos como "sedutora" e "atacante" para descrevê-la.

---

[180] O termo tem origem na palavra de língua inglesa para o sinal gráfico de barra diagonal à direita (/), utilizado desde as primeiras *fanfics* de séries televisivas que uniam os personagens Kirk e Spock, de *Star Trek*, representados pelas iniciais K/S (Vargas, 2005).

Outra questão suscitada pelas *fanfictions* dedicadas ao casal Clara e Marina diz respeito às práticas do fandom e ao seu grau de engajamento e aprimoramento. Nota-se que as comunidades de escritoras e de leitoras brasileiras, de diversas idades, estão em sintonia com as práticas de produção de histórias de fãs dos fandoms internacionais ao se apoderam desses espaços para, por meio da escrita e da leitura, expressar seus desejos e fantasias (Russ, 2014). O caso do *ship* "Clarina" talvez represente a primeira narrativa seriada nacional, de ampla distribuição, que abriu espaço para as explorações da identidade sexual e do exercício da sexualidade feminina para o público brasileiro, que tem se inserido, ao longo dos últimos anos, nas dinâmicas mais estabelecidas das culturas de fãs.

GERAÇÃO BRASIL

Geração Brasil (05/05 a 31/05/2014) apresentou 101 *fanfics* e oito *ships*, tendo o casal Davi e Megan como o preferido do público, homenageado em 67,3% delas. Exemplar de uma experiência de apreciação onde é comum a presença de fandoms que acompanham casais de atores que eventualmente se repetem como pares românticos, o par formado por Davi e Megan está diretamente relacionado ao *ship* "Humbelle", que une os artistas Humberto Carrão e Isabelle Drummond. Bastante queridos pelo público jovem, os dois já atuaram como casal em três telenovelas da Rede Globo do horário das 19h: *Cheias de Charme, Sangue Bom e Geração Brasil*.[181] Nesta última, apesar de Megan e Davi se envolverem amorosamente na narrativa, a ideia não era tê-los como um par que terminasse junto, posto que o par romântico pretendido para ele desde o início era a personagem Manuela, garota pela qual se apaixonou no primeiro capítulo da história e a quem jamais esqueceu. Mesmo passando boa parte da trama junto a Megan, era com a mocinha vivida por Chandelly Braz que Davi tinha as maiores afinidades, e foi com ela que ele teve o seu final feliz. Por isso, há a suposição de que o sucesso do *shipping* do casal se justifique mais pelo fenômeno "Humbelle" do que pelos rumos tomados por eles no decorrer da trama.

Demonstrando a força apresentada pelo fandom dos atores, o casal "Megavi" recebeu 68 *fanfics*, enquanto o par romântico canônico formado com Manuela teve uma única narrativa. Além disso, nos comentários dos

---

[181] As duas primeiras novelas constaram na pesquisa anterior (2011-2012), o que possibilitou acompanharmos a evolução do fandom.

textos em homenagem ao *ship* constituído por Davi e Megan (em que o termo "Humbelle" aparece com grande frequência), muitos leitores citam o fato de eles não ficarem juntos como um dos possíveis motivos para a baixa audiência da novela. Outro ponto que avigora essa hipótese é o fato de que *Geração Brasil* já trazia *fanfics* sobre o casal mesmo antes da trama estrear. Ademais, identificamos uma ficção de fã dedicada aos intérpretes e não às personagens: a *fanfic Lágrimas*,[182] que se passava nos bastidores de *Geração Brasil* e contava a história de amor nutrida pelos dois atores desde *Cheias de Charme*. O texto citava, inclusive, o namoro de Humberto Carrão com Chandelly Braz como uma artimanha para despistar as fãs, já que o romance com Isabelle Drummond era secreto.

Tanta paixão dos fãs, no entanto, não convenceu os autores de *Geração Brasil*: Davi teve, de fato, o seu final feliz ao lado de Manuela, enquanto Megan encontrou um novo amor. A insatisfação dos fãs se refletiu nas *fanfics*, com diversas histórias de amor elaboradas durante e após a exibição da telenovela. Ainda assim, é importante ressaltar a abordagem canônica do universo ficcional, pois havia a manutenção dos locais onde se passavam as tramas e da caracterização física, psicológica e familiar das personagens.

A leitura das narrativas evidencia que, por parte das criadoras de *fanfics*, há uma constante negociação de equilíbrio entre a verossimilhança com as características originais da obra e a expectativa criada pelas fãs sobre o modo como o romance entre Davi e Megan deveria se desenrolar na narrativa televisiva. Nota-se que os elementos canônicos da novela servem como "ingredientes" dos quais as autoras podem optar para desenvolver suas *fanfics* que, por sua vez, têm como centro a concretização do romance entre as duas personagens, única regra ficcional que não é quebrada nas histórias desenvolvidas pelo fandom "Humbelle".

Isso se torna mais evidente à medida que a narrativa avança e, contrariando o desejo das fãs, o casal Davi e Megan não ganha fôlego na história. A decepção é visível tanto na fala das autoras quanto na das leitoras das *fanfics,* servindo como estímulo para a realização de novas postagens. O resumo da *fanfic Love Me Harder*, por exemplo, afirma que a história da autora Lab Girl gira em torno de "Davi valorizando Megan, Davi correndo atrás. Como isso não rola na novela, dá-lhe fanfic para

---

[182] Embora o texto tenha sido retirado da base de dados por ter sido publicado na plataforma Tumblr, achamos importante mencioná-lo na análise qualitativa sobre as *fanfics* da trama *Geração Brasil*.

confortar nossos pobres corações Megavi". A autora Nymeria, por sua vez, inicia o seu texto *Monomania* com o relato: "minha história começa no exato momento em que a Megan vai pra Califórnia. A partir daí ela vai seguir rumos diferentes dos da novela, até porque tô odiando bastante o que tão fazendo com a personagem da Isa. [...]". Na seção de comentários da *fanfic Confiance*, de ColorwoodGirl, uma leitora desabafa: "Completamente incrível...Nossa se a novela tivesse seguido esse viés com certeza os autores tinham emplacado a novela...a audiência estaria super alta!!! [...]".

Outro ponto de destaque sobre a trama e o fandom de atores com o qual ela se relaciona diz respeito às fãs-autoras das *fanfictions*: foi possível notar a atuação contínua de escritoras que publicavam sobre o casal desde o levantamento anterior, quando foram catalogadas as *fanfics* produzidas sobre os personagens Giane e Fabinho, interpretados por Drummond e Carrão na novela *Sangue Bom*. São elas, Waalpomps (que aqui também aparece com o nome de usuária ColorwoodGirl), Lizzy Darcy, Lab Girl, Alexia Lacerda, Daiana Caster, Thaís R. Souza, garotadeontem, Kayle e givemelovehumbelle21. Tais autoras acabam sendo reconhecidas pelo grupo que se autointitula as "humbelles", um fandom que, ainda em atividade em diferentes plataformas e redes sociais, parece se fortalecer com o tempo, mesmo sem perspectivas de novas telenovelas com o casal que as uniu.

MEU PEDACINHO DE CHÃO

Meu Pedacinho de Chão (07/04 a 01/08/2014) apresentou um total de 59 *fanfictions* e dois *ships*, formados pelos casais Ferdinando e Gina (Johnny Massaro e Paula Barbosa) e Juliana e Zelão (Bruna Linzmeyer e Irandhir Santos). Nota-se que, motivadas pela necessidade de exprimir sensações e afetos despertados pela narrativa acompanhada na telinha, as postagens associadas às tramas tinham grande preocupação em ser fiéis ao cânone, buscando reconstruir o universo de cores, trejeitos e muito "caipirês". Embora tivessem total liberdade para se apropriar e recriar a história, é bastante perceptível, por parte dos fãs-escritores, a preocupação (e o carinho) para com o estilo do autor roteirista da novela. "Os personagens não são meus, nem suas personalidades, muitíssimo menos a história que os envolve. Mas peço a permissão ao grandioso Benedito Ruy Barbosa para que os use um pouquinho para nosso *ship*, que, na telinha, infelizmente terminou" (nota da *fanfiction Um meio de compreender*, assinada por Poney).

As produções associadas a *Meu Pedacinho de Chão* apresentaram um caráter sentimental. O próprio início das publicações ocorreu em um momento em que os dois casais estavam em vias de aproximação, denotando a propensão romântica das postagens. A doce professora Juliana, com os seus cabelos cor de rosa e feições de boneca, chegou à vila de Santa Fé despertando paixões. Foi cortejada por Ferdinando, namorou o médico Renato, mas se apaixonou mesmo pelo capataz Zelão, homem analfabeto e ignorante, que camuflava, num jeito rude, sua sensibilidade e coração bondoso. Gina, por sua vez, era uma jovem de modos arredios, tanto na aparência quanto no jeito de ser. Por não se identificar com os afazeres domésticos, ajudava o pai na lida no campo. Passou a conviver com Ferdinando após ele, expulso de casa pelo coronel Êpa, ser acolhido por Pedro Falcão. Até conseguirem se acertar, viveram uma intensa história de amor e ódio, marcada por brigas, birras e muitos beijos roubados pelo persistente primogênito da família Napoleão.

Como uma forma de preservar a essência dos dois casais, tais características foram mantidas pelos autores das *fanfics*: enquanto Juliana e Zelão formavam um casal mais amoroso e sentimental, Gina e Ferdinando eram explosivos e arrebatadores. Fornecendo um provável indício de que a maior parte do público que escreve e comenta as *fanfictions* apresenta perfil mais jovem (e, portanto, mais afeito a histórias do tipo "gato e rato"), o casal "Ginando" relevou-se mais popular. Segundo o levantamento realizado, das 57 *fanfics* caracterizadas como de teor romântico, 27 foram dedicadas a Ferdinando e Gina; 17 homenageavam Zelão e Juliana; e 13 abordavam os dois casais ao mesmo tempo. Somando-se ao fato de ter recebido um volume superior de *fanfics*, o *ship* "Ginando" também registrou um maior número de interações por parte dos leitores e obteve maior destaque nas histórias onde os dois casais aparecem.

No que tange ao conteúdo das *fanfics* propriamente ditas, os textos podem ser divididos em três tipos principais. O primeiro, e mais volumoso, compreende as histórias que se destinam a dar uma continuidade à vida amorosa dos casais após a exibição do casamento duplo no último capítulo. A segunda subdivisão é formada pelos textos que buscam trazer a narrativa de *Meu Pedacinho de Chão* para os dias atuais. O terceiro grupo envolve as narrativas que elaboram uma nova versão para o surgimento do amor entre os casais, abarcando tanto os textos que se passam na mesma época retratada pela novela quanto os que objetivam um retorno ao passado para abordar possíveis desilusões que expliquem o comportamento bravio da personagem Gina.

Um aspecto marcante foi o volume considerável de narrativas dotadas de um teor sexual que, em virtude do horário de exibição da novela, era inapropriado para a história exibida na telinha. Isso pode ser constatado a partir de avisos e alertas deixados por diferentes autores: "este capítulo contém cenas de amor e SEXO EXPLICITO, sim porque acredito que o amor se completa com a união física e emocional daqueles que já não conseguem conter o desejo de se entregar a paixão!" (nota inicial do capítulo 5, *Desejo, paixão e entrega*, da *fanfic Zelão e Juliana – A descoberta do amor*, de FafaRose).

A saudade e o desejo de manter vínculos, tanto com o universo criado em torno da "Vila de Santa Fé" quanto com os seus casais de maior destaque, é o que parece mover os escritores. Esse fato pode ser constatado a partir de dados, como o número de publicações (que se intensificou após o encerramento da novela) e, principalmente, por meio dos comentários deixados pelos autores dos textos.

Segundo o levantamento, 15 *fanfics* foram criadas enquanto a novela estava no ar. Como uma tentativa de suprir o "vazio" deixado pelo término da obra, agosto foi o mês que mais rendeu produções, registrando o lançamento de 14 novas *fanfics*. As outras 30 narrativas tiveram a sua primeira publicação entre setembro de 2014 e novembro de 2015, quando a novela já estava há mais de um ano fora do ar, apresentando notas com declarações nostálgicas de seus autores.

A saudade também foi identificada em muitos dos comentários deixados pelos leitores. Constatou-se a criação de uma rede de interações, com escritores que leem e comentam as histórias uns dos outros na tentativa de se manterem em contato com o universo da trama. "Nosssaaa!! Vou logo confessar que chorei! Chorei com o enredo, chorei de saudade, chorei lendo as notas finais e iniciais...to com a cara inchada aqui! Que coisa perfa!! Consegui entrar novamente nesse mundo de mágia q foi MPDC e voc foi super fiel em td! Adorei!! E gostaria mtu de ler mais sobre esse futuro deles!! Parabéns!!" (comentário deixado por Maddiemst na *fanfic Meu Pedacinho de Saudade*, de autoria de Mardybum). Os interesses movidos pela fruição compartilhada e o retorno à trama televisiva se mostraram fortes em *Meu Pedacinho de Chão*.

CONSIDERAÇÕES FINAIS

O trabalho aqui apresentado comporta a segunda fase de uma pesquisa exploratória realizada ao longo dos últimos quatro anos, em dois levantamentos de dados diferentes, sendo o mais recente o ponto de destaque deste artigo. Nesse sentido, talvez o que se evidencia entre um levantamento e outro é um maior letramento dos fãs de telenovelas brasileiras nas práticas e apropriações de fandoms internacionais mais estabelecidos.

Essa consciência sobre a progressão do fenômeno nos últimos anos é importante por nos prevenir de elaborar pressupostos equivocados sobre a criação, a distribuição e o consumo de *fanfics* de telenovelas. Se tivéssemos realizado apenas a coleta mais recente, talvez chegássemos à conclusão (errônea) de que os fandoms de novelas brasileiras têm práticas naturalmente semelhantes àquelas de fandoms mais internacionalizados, quando, na realidade, a comparação com pesquisa anterior evidencia o processo de aprimoramento e de letramento recente do público.

Aperfeiçoar e colocar em prática o mesmo conjunto de ferramentas e abordagens metodológicas em dois momentos permitiu sublinhar a importância dos usos articulados das plataformas que tendem a gerar circuitos comunicativos (Facebook, blogs e Instagram) com as principais ambiências em que, usualmente, se encontram as *fanfics* (em repositórios especializados como *Nyah!* e *Spirit*). Isso promoveu a descoberta de desdobramentos do fenômeno — como a publicação expressiva de *fanfics* em perfis do site de rede social Instagram, um espaço, a princípio, improvável para elas. Tais mudanças condizem com as transformações na forma como os usuários se apropriam e se utilizam das possibilidades ofertadas pela ambiência digital ao longo desses anos.

Atentamos, porém, para lacunas e limitações do tipo de pesquisa implementada. As múltiplas e variadas experiências que os fãs operam em sua relação com os produtos de mídia adorados dificultam a realização de um estudo que seja abrangente e compreensivo do fenômeno. Continuamos com dificuldades para lidar com a coleta e o tratamento de dados de *fanfics* de telenovelas infanto-juvenis, motivo pelo qual argumentamos que essa seara merece um estudo específico, tanto pelas particularidades que ela suscita quanto pelo volume de *fanfics* que existem. A plataforma Tumblr, sem dúvida, revelou outra modalidade comunicativa que merece atenção especial. Reafirmamos, pois, a necessidade constante de se adequar o método de entrada nesse universo de informações e os instrumentos de coleta e interpretação dos dados.

Uma das práticas mais usuais dos criadores de *fanfics* na ambiência digital tem sido aquela que lança mão de diferentes formas de contar histórias, segundo as especificidades das plataformas, tendo destaque a experiência com os repositórios especializados. Essas ambiências on-line apresentam avançadas estruturas organizacionais e sistemas de fomento à criação e ao apoio a escritores, atraindo aqueles que desejam contar suas histórias para um público já familiarizado com seu consumo. É interessante notar a crescente profissionalização desses portais, que passaram de sites organizados por amigos a modelos de negócios com atraente fluxo diário de acessos. Compreender com precisão esses sistemas mostra-se cada vez mais urgente e necessário para que possamos estudar as *fanfictions* que neles se encontram.

Já o uso do site de rede social Instagram para a publicação e distribuição de *fanfics* reafirma que o consumo dessas histórias não se realiza apenas no ato da leitura, mas também em redes de interação on-line. Essa característica se mostra em consonância com o uso de sites de redes sociais, locais em que o excesso de informações compete pela atenção do usuário, e nos indica que, para compreender as *fanfics*, deve-se compreender os ambientes on-line em que elas são encontradas. Nesse sentido, é curioso reparar que as duas tendências levantadas na pesquisa anterior, de certa forma, ainda prevalecem, com uma associação forte com distintos sistemas de publicação. Uma delas é balizada pela expressão de afetos e desafetos em relação ao cânone, por meio de textos curtos, recheados de metalinguagem e sem preocupação com a norma culta. A outra é caracterizada pelo uso das *fanfics* para a expressão de traços autorais, a partir de textos maiores, preocupados com a serialidade, a dramaturgia e a norma culta. O próprio Jenkins (1992a) já apontara as duas tendências exploradas no primeiro biênio, cujos escritos alargamos para refletir melhor o fenômeno nesse contexto. Os resultados de nossa investigação reafirmam essas duas perspectivas, apontando o desdobramento do primeiro caso, no qual outros propósitos surgiram associados à ênfase na escrita, como o envolvimento com o ativismo político e com o ativismo cultural em prol das celebridades adoradas, nesse caso, atores e atrizes.

As *fanfics* sobre os casais amados também são as mais volumosas no cenário internacional. Impressiona a valorização dos elementos romanescos das histórias, associadas com a idealização do amor romântico e da família composta por um casal, seja ele hétero ou homoafetivo. A personalização nas histórias, fenômeno chamado de Mary Sue, mostrou-se importante: consiste na inserção de personagens fortemente idealizados que refletem tanto a pessoa que escreve as histórias quanto quem as lê, representando o próprio fã dentro da narrativa ficcional. Outra característica, em consonância com os estudos de Jenkins, é a intensificação emocional nas histórias que privilegiam os grandes e dramáticos acontecimentos, as catarses que dão vazão aos desejos dos escritores e agradam seus leitores. Essa característica é explorada a partir dos aspectos psicológicos dos personagens, cujas angústias, anseios e emoções estão à flor da pele. Por fim, a erotização revela-se uma característica global, já apontada pelo autor e confirmada em nossa pesquisa.

Em termos de possíveis desenvolvimentos posteriores, a comparação futura dos casos estudados com as experiências internacionais merece ser pensada, bem como as visíveis zonas de disputa entre fandoms de casais distintos de uma mesma novela, algo que identificamos, mas não exploramos neste trabalho. Nesse sentido, também merece mais destaque uma característica das *fanfics* de telenovelas brasileiras que parece diferenciá-las tanto das tendências internacionais quanto dos escritos de Jenkins. Ao passo em que as histórias de *shippagem* de casais não canônicos existem em abundância dentro dos fandoms de variados produtos culturais, incluindo aí o forte movimento de unir em relações homoafetivas personagens que são heterossexuais nas tramas televisivas (*fanfic slash*), nas telenovelas brasileiras observamos um grande apelo ao *shipping* de casais canônicos e poucas *fanfics* destinadas ao pareamento não canônico. Fica-se com a impressão de que há certo "respeito" ao cânone, ao menos no que concerne à caracterização de personagens e ambientes, bem como a configuração das relações sociais, familiares e amorosas. Este é um fato digno de nota e de investigações futuras, para explorar as motivações de criadores e leitores de *fanfics*, que reverberam em suas práticas de fãs a adoração pelo casal que já acompanham diariamente na telenovela e a falta de interesse por pareamentos novos entre personagens que não se relacionam na obra matriz.

Encerramos o capítulo salientando o ensejo de aprofundar um outro aspecto deste cenário: os padrões e as peculiaridades da presença feminina, especialmente nos modos como adolescentes e jovens adultas narram os amores e reinventam histórias para, assim, reinventar a vida.

REFERÊNCIAS

ARAÚJO, J.; BIANCHINI, M.; BULHÕES, R. S. *Fanfictions* de telenovelas brasileiras: proposta metodológica e o panorama 2010-2015. *In:* ENCONTRO ANUAL DA ASSOCIAÇÃO NACIONAL DOS PROGRAMAS DE PÓS-GRADUAÇÃO EM COMUNICAÇÃO, 26, 2017, São Paulo. *Anais* [...]. São Paulo: Faculdade Cásper Líbero, 2017. Disponível em: https://proceedings.science/compos/compos-2017/trabalhos/fanfictions-de-telenovelas-brasileiras-proposta-metodologica-e-o-panorama-2010-2?lang=pt-br. Acesso em: 12 dez. 2024.

BACON-SMITH, C. *Enterprising women*: television fandom and the creation of popular myth. Philadelphia: University of Pennsylvania Press, 1992.

COULDRY, N.; HEPP, A. *The mediated construction of reality*. Cambridge: Polity Press, 2017.

ESQUENAZI, J. *As séries televisivas*. Porto, Portugal: edições texto&grafia, 2011.

GIDDENS, A. *Modernidade e identidade*. Rio de Janeiro: Jorge Zahar, 2002.

HELLEKSON, K.; BUSSE; K. (ed.). *The fanfiction studies reader*. Iowa City: University of Iowa Press, 2014.

HILLS, M. *Fan cultures*. London: Routledge, 2005.

JACKS, N.; PIENIZ, M.; SCHMITZ, D.; MAZER, D.; OIKAWA, E.; SGORLA, F.; SIFUENTES, L.; SILVA, L. A. P.; FEITOSA, S. A.; JOHN, V. M.; GRIJÓ, W. P. Telenovelas em redes sociais: enfoque longitudinal na recepção de três narrativas. *In:* LOPES, M. I. V. (org.). *Por uma teoria de fãs da ficção televisiva brasileira*. Porto Alegre: Sulina, 2015. p. 281-317.

JAMISON, A. *Fic*: why fanfiction is taking over the world. Dallas: BenBella Books, 2013.

JENKINS, H. *Textual poachers*: television fans & participatory culture. New York: Routledge, 1992a.

JENKINS, H. 'Strangers No More, We Sing': filking and the social construction of the science fiction fan community. *In:* LEWIS, L. A. (ed.). *The adoring audience*: fan culture and popular media. London: Routledge, 1992b. p. 208-236.

JENKINS, H.; PURUSHOTMA, R.; WEIGEL, M.; CLINTON, K.; ROBISON, A. J. *Confronting the challenges of participatory culture*: media education for the 21st century. Chicago: John D. and Catherine T. MacArthur Foundation, 2009.

LEWIS, L. A. Introduction. *In:* LEWIS, L. A. (ed.). *The adoring audience*: fan culture and popular media. London: Routledge, 1992. p. 1-6.

RONSINI, V.; BRIGNOL, L.; STORCH, L.; MARQUES, C.; FOLETTO, L. R.; CORRÊA, L. B. Ativismo de fãs e disputa de sentidos de gênero nas interações da audiência de Em Família nas redes sociais. *In:* LOPES, M. I. V. (org.). *Por uma teoria de fãs da ficção televisiva brasileira*. Porto Alegre: Sulina, 2015. p. 197-238.

RUSS, J. Pornography by women, for women, with love. *In:* HELLEKSON, K.; BUSSE, K. (ed.). *The fan fiction studies reader*. Iowa City: University of Iowa Press, 2014.

SANDVOSS, C. *Fans*: the mirror of consumption. Cambridge: Polity Press, 2005.

SARLO, B. *El imperio de los sentimientos*. Buenos Aires: Catalogo Editora, 1985.

SIMÕES, P. G.; FRANÇA, V. Telenovelas, telespectadores e representações do amor. *ECO-PÓS*, Rio de Janeiro, v. 10, n. 2, p. 48-69, jul./dez. 2007.

SOUZA, M. C. J.; ARAÚJO, J.; CERQUEIRA, R.; LESSA, R.; BIANCHINI, M.; AOUAD, A.; LIMA, M.; BULHÕES, R. S. Entre novelas e novelos: um estudo das *fanfictions* de telenovelas brasileiras (2010-2013). *In:* LOPES, M. I. V. (org.). *Por uma teoria de fãs da ficção televisiva brasileira*. Porto Alegre: Sulina, 2015. p. 107-151.

VARGAS, M. L. *O fenômeno fanfiction*: novas leituras e escrituras em meio eletrônico. Passo Fundo: UPF Editora, 2005.

CRIADORAS DOS CASAIS ADORADOS: PRAZER DE AMAR E NARRAR

Maria Carmen Jacob de Souza
Rodrigo Lessa
Maíra Bianchini
Hanna Nolasco
Bárbara Vieira
Genilson Alves
João Araújo

Na esteira dos estudos do núcleo baiano do Obitel/Brasil ao longo dos últimos seis anos (Souza *et al.*, 2015; 2017), este artigo segue se debruçando sobre o estudo das *fanfictions* de telenovelas brasileiras, aqui entendidas, na perspectiva de nossas pesquisas anteriores, como produções autônomas de fãs em geral escritas e associadas a um ou mais textos da cultura midiática. Como já viemos estabelecendo em nossas investigações, nota-se, ainda, que, via de regra, as histórias narradas nas chamadas *fanfictions*, *fanfics* ou *fics* ultrapassam os limites do texto original ao continuá-lo, expandi-lo, interrompê-lo, modificá-lo, recriá-lo ou ao inserir nele novos elementos oriundos de outros produtos culturais. Nesse sentido, cabe pontuar também que é característico dessas produções o fato de enfatizarem os casais adorados pelos fãs (casais *shippados*) e serem quase sempre sem fins lucrativos (Jamison, 2013).

Nas nossas últimas duas pesquisas para o Obitel Brasil, o foco foi a construção de bases de dados que mapeassem as *fanfics* dedicadas a quase todas as telenovelas brasileiras exibidas originalmente entre 2010 e 2015, excetuando-se apenas algumas produções infanto-juvenis. Nesse sentido, as bases produzidas totalizaram 1.764 *fics*, que foram extensivamente tratadas do ponto de vista qualitativo e quantitativo nos capítulos dos livros produzidos pelo Obitel/Brasil nos últimos dois biênios (Souza *et al.*, 2015; 2017), agora revisados e publicados nesta coletânea. Nessa terceira aproximação com o fenômeno, elencamos as *fanfics* mapeadas que tiveram o maior número de publicação de capítulos e de interações suscitadas entre suas leitoras e comentadoras, realizando um mergulho maior: 1) nas dinâmicas de partilha afetiva entre as autoras das *fanfics* e tais leitoras; e 2) de recriação dos mundos ficcionais de telenovelas operadas nos próprios textos das *fanfics*. Privilegiamos a reflexão sobre o prazer que das escritoras de *fanfics* narrarem histórias de amor inspiradas pelas personagens eleitas dos mundos das telenovelas mais assistidas.

Face a isso, inicialmente recuperamos as informações sobre as *fanfics* e interações geradas por 12 escritoras que se destacaram, sobretudo, na base de dados produzida em 2016 e 2017: Isis M, Clara Meirelles Fernandes e Mrs. Silva (dedicadas à novela *Em Família*); Steh (*Império*); Manuella Rosie (*Amor à Vida*); garotadeontem (*Amor à Vida, Império*); WaalPomps (*Sangue Bom*); Davily, Lizzy Darcy e Lab Girl (*Geração Brasil*); maluquinha_das_fanfics (*I Love Paraisópolis*); e Gaúcha (*A Regra do Jogo*).

A clareza da fugacidade da presença das escritoras e das *fanfics* nas redes on-line de publicação imprimiu o cuidado de atualizar os dados dessas escritoras que se destacaram, para assim identificar as que resistiram e se mantiveram autoras de *fanfics* nesses últimos anos. Para tanto, buscamos essas autoras nos sites que servem de repositórios de *fanfics*, chamados Nyah! e Spirit, com o intuito de desvendar quais delas ainda escreviam *fanfics* de telenovelas. Neste momento, verificou-se que quatro criadoras se mantiveram nessa função. As *fanfics* produzidas por elas foram escrutinadas com o intuito de observar as interações e partilhas geradas por esses textos, bem como os modos como eles se aproximaram dos mundos ficcionais das telenovelas. Como abordagem metodológica, utilizamos a entrevista semiestruturada em questionário aberto, enviada por e-mail, e a análise interna das *fanfics* publicadas por elas. As quatro autoras que selecionamos para a análise estão na faixa etária entre 20 e 30 anos e, com exceção de uma, revelaram, em entrevista, que possuíam a ambição de se tornarem escritoras, sendo que uma delas, chamada WaalPomps, já havia chegado a esse patamar.

Já outra autora, que atende on-line por Lab Girl, se descreve como uma "*ficwriter* compulsiva" e "que ama seriados e novelas".[183] Em entrevista concedida para nossa pesquisa, a autora afirmou que sempre gostou de escrever histórias e que se inseriu no mundo das *fanfics* a partir de seu interesse no seriado *Arquivo X*. Na plataforma Nyah!, onde está cadastrada desde 2013, Lab Girl possui dezesseis *fanfics* escritas, sendo doze de telenovelas. Ressaltamos aqui a relevância do *ship* Humbelle — composto pelos atores Isabelle Drummond e Humberto Carrão — para essa

---

[183] Descrições presentes em sua fanpage do Facebook e em seu perfil no Nyah! Fanfiction.

autora, que não só os identifica dentre seus interesses em redes sociais, como também produz *fanfics* sobre casais ficcionais interpretados por esses atores. Selecionamos, para o nosso corpus de análise, cinco *fanfics* dessa autora sobre a telenovela *Geração Brasil*, que trazem o *ship* Megavi, composto pelos atores supracitados. As *fanfics* são intituladas: *Unfolding like a flower*, *Versos de orgulho*, *Love me harder*, *Interlúdio* e *Final Feliz*.

Já Manuella Rosie, outra das quatro autoras com as quais trabalhamos mais detidamente, apesar de escrever histórias desde muito jovem, conheceu o universo das *fanfics* apenas aos 24 anos, quando passou a fazer parte de um grupo de fãs do casal formado pelos personagens Félix e Niko (ou Feliko), da telenovela *Amor à Vida*. No total, ela escreveu sete *fanfics* sobre a telenovela (uma delas em coautoria), sendo seis durante os anos de 2014 e 2015, após o final da obra televisiva, e a última publicada entre dezembro de 2016 e dezembro 2017, cerca de três anos depois do final da história canônica. Segundo a autora, a abordagem de um casal formado por dois homens, retratados de forma carismática e envolvente na telenovela, foi um fator importante para a sua investida na criação de *fanfics*, em conjunto da sua vontade de construir mundos de possibilidades por meio da ficção. Formada em Letras, Manuella Rosie deseja ser reconhecida como escritora e já investiu em histórias originais publicadas em sites brasileiros que servem como repositórios de publicação e distribuição de *fanfics*, como o Nyah!.

Nesse sentido, nota-se que WaalPomps também começou a escrever histórias ainda criança, retratando aventuras do *Ursinho Pooh* e das princesas da Disney. Sua primeira *fanfic* foi escrita na adolescência, quando se encantou pela série de livros de *Harry Potter*. A autora tem na escrita uma ambição profissional: formada em Jornalismo, tem dois livros publicados (*Amor aos 16* e *Natal Para Sempre*) e participação em um terceiro, além de publicar suas histórias originais no Wattpad.[184] Nunca havia escrito *fanfics* de telenovelas até se interessar pelo casal Fabine (Isabelle Drummond e Humberto Carrão), da telenovela *Sangue Bom*. A química entre os personagens, que achou interessante, porém mal aproveitada, motivou a autora a escrever diversas histórias sobre o casal, que agradaram bastante o público e a levaram a se estimular, desde então, na escrita de *fanfics* de outras telenovelas brasileiras.

---

[184] O Wattpad é uma plataforma digital que se autointitula como um espaço onde as histórias ganham vida, por possibilitar que os usuários publiquem e consumam gratuitamente histórias de autores conhecidos e desconhecidos. Escritores e escritoras inexperientes — inclusive as autoras de *fanfics* — têm no Wattpad uma ferramenta para publicação dos seus trabalhos e transição para o mercado editorial.

Dentre as quatro escritoras analisadas neste estudo, Gaúcha é a única que não demonstrou interesse em seguir, de alguma forma, uma carreira profissional na literatura. Enquanto as demais autoras já escreviam *fanfics* sobre séries de TV ou produtos midiáticos, Gaúcha teve sua primeira experiência com a escrita aos 25 anos, ao criar *Lave, Leve, Love*, uma *fanfic* sobre a telenovela *Império*. Embora tenha produzido outras três *fanfics* sobre *A Regra do Jogo*, é a *fanfic* intitulada *Na luta do bem contra o mal, quem vence o amor?* que entra para nosso corpus, em função da *shippagem* dos personagens interpretados pelos atores Alexandre Nero e Giovanna Antonelli, de quem a autora é fã. Convém destacar, ainda, que *Na luta do bem contra o mal, quem vence o amor?* surge como uma *fanfic* autocontida, de um único capítulo, e se ramifica em outras duas histórias, a saber: *Desventuras em série* e *Destinados*.

Vale ressaltar que a análise das *fanfics* criadas pelas quatro autoras revela um esforço para a manutenção de laços afetivos das escritoras com suas leitoras, mediado por estratégias como a emulação, nas narrativas da *fanfics*, de estratégias melodramáticas centradas na experiência amorosa dos personagens e sentimental das espectadoras, acionados nas obras derivadas das matrizes novelescas. Identificamos, também, um ímpeto de conservação de muitos dos elementos narrativos das telenovelas que inspiraram as *fanfics*, como padrões de caracterização dos personagens ou mesmo eventos do enredo.

AFETOS E PARTILHAS

As *fanfictions* ocupam um lugar privilegiado no ambiente de relacionamentos afetivos e trocas simbólicas que definem as comunidades de fãs, que se conectam pelo consumo partilhado de um ou mais produtos da cultura midiática. Os resultados de nossas pesquisas seguem nessa direção e confirmam o quanto a escrita e leitura dessas histórias permitem que se prolongue e renove a apreciação das obras culturais adoradas, e se cultive o engajamento afetivo entre fãs ativos em comunidades e grupos de partilha dedicados a um produto midiático. Nesta abordagem, se por um lado há diversas autoras de *fanfics* preocupadas com o apuro textual, em outros casos a falta de esmero na construção das histórias é muitas vezes compensada pela sociabilidade gerada nos espaços em que se publicam e leem as *fanfics*, algo que já demonstramos marcar significativamente a ecologia de produção de *fanfics* de telenovelas brasileiras

(Souza *et al.*, 2015). Isso, por sua vez, deixa claro que as produções dos fãs necessitam de um olhar preocupado tanto com os modos como a criação textual reconstrói os mundos narrativos de obras matrizes quanto com as dinâmicas de distribuição e recepção dessas criações.

No caso específico da recepção das *fics*, as experiências dos fãs, pensadas como modos subjetivos da construção de identidades e da criação de laços afetivos (Sullivan, 2013), enfatizam o exame das redes de relações e sentidos dentro de comunidades que compartilham o consumo de certas obras culturais. Esta perspectiva direciona a análise para as relações entre as práticas e regularidades no consumo midiático e nas partilhas de afetos em torno das obras midiáticas e *fics* delas derivadas, bem como para as partilhas entre os fãs que tendem à criação e a vínculos mais fortes (Hills, 2005).

Nesse sentido, nossas pesquisas anteriores (2013 a 2017) mostram que as ambiências de recepção de fãs de telenovelas dedicadas à escrita, publicação, distribuição, leitura e compartilhamento de *fanfictions* se constituem como um *locus* de intensa partilha sensível, envolvendo interpretações e reinterpretações criativas das tramas das telenovelas, conexões afetivas e autorreflexividade dos fãs. No que concerne às escritoras das *fanfics* que se reconhecem como autoras, destacamos, ainda, o contínuo esforço textual de reescrita de segmentos das histórias, que se concentram em torno da vida amorosa e familiar dos casais, sintonizado com as imaginações e afetos de suas autoras, bem como com a busca em atender às demandas das leitoras, que, em diversas ocasiões, são solicitadas a expressar seus anseios quanto à expansão das histórias e suas preferências de leitura.

Nesse quesito, a preocupação das autoras de *fanfics* em compor histórias que possam promover o engajamento contínuo das leitoras revelou, ao longo de nossas pesquisas, a importância de elas manejarem, por meio das estratégias textuais, o atendimento das expectativas compartilhadas entre elas e seu público. Como os desejos das leitoras deviam ser atendidos, o ato da escrita estava constantemente associado às respostas do público por meio de comentários, o que afetava até mesmo a regularidade das postagens. Esse movimento reforçava e ampliava os vínculos entre as fãs durante a exibição das telenovelas e podia se expandir por muitos meses após o seu encerramento, por vezes mostrando até mesmo um engajamento preferencial com figuras que não eram centrais no texto matriz.

O caso de uma das nossas informantes, Lab Girl, torna isso patente. Em suas interações com o público, ela demonstra especial preocupação com as possibilidades de desdobramentos relativos à vida amorosa de personagens pouco exploradas nas novelas. Em entrevista concedida a nós, indicou seu maior interesse em construir alguns personagens na novela envolvidos em enlaces românticos, de modo a trazer a evolução de cada um deles e do par como uma unidade afetiva. Além disso, busca explorar aspectos psicológicos das figuras dramáticas capazes de cativar as leitoras, reconhecendo, a partir de sua própria posição como consumidora, a eficácia desse recurso narrativo.

Em uma direção semelhante, nossas entrevistas com Lab Girl também ajudam a demonstrar a perspectiva das próprias fãs sobre o fato de que esses laços afetivos e partilhas midiáticas perduram mesmo muito após o fim das novelas. Conforme ela, que continuou a escrever capítulos de sua *fanfic* sobre *Geração Brasil* quatro anos após o término da telenovela, a motivação para esse retorno à obra vem de um carinho pelos personagens e um desejo de desenvolver outras possibilidades concernentes às suas vidas. Em uma direção semelhante, a autora chamada Gaúcha destacou a escrita como estratégia para anular a frustração de um encerramento insatisfatório da trama, imaginando outros futuros possíveis para esses personagens.

No mesmo sentido, notamos que um caso especial para nossa pesquisa vem de Manuella Rosie, que escreveu sua primeira *fanfic* sobre Félix e Niko em *Amor à Vida* após o encerramento da telenovela. Nos comentários de uma de suas *fanfictions*, chamada *Make a Memory*, escrita quase três anos após o término da obra, Manuella Rosie declara a sua saudade do casal formado pelos personagens Félix e Niko como motivação para retornar à escrita de *fanfics*. De modo similar, na seção de comentários da *fanfic*, postada no repositório Nyah! Fanfiction, Rosie escrevia:

> *Dá pra imaginar o que houve com o Félix né? Qual será a reação dele quando ver o seu amado carneirinho?* [em resposta à usuária CarolBHMG, no Capítulo VI];
>
> *Mas, essa curiosidade do agora "Cristiano" sobre o Niko, querendo saber quem ele é, sei não hein? Será que o ♥ vai falar mais alto?* [em resposta à usuária Natymsvc, no Capítulo X].[185]

---

[185] *Make a Memory*. Seção de comentários. Disponível em: https://fanfiction.com.br/reviews/historia/718798/. Acesso em: 10 jul. 2019.

Em entrevista, ela confirmou que o engajamento afetivo com a narrativa da telenovela e com os personagens foi o motor principal para sua dedicação à escrita de *fanfics* que promovem a continuidade da relação entre as espectadoras e a obra: "Minha motivação foi a vontade de continuar uma história que foi muito bem contada na TV e que eu não queria que acabasse". Chama atenção também a dedicação dela às histórias: na *fanfic Make a Memory,* a autora escreveu 37 capítulos e um prólogo, publicados ao longo de exatamente um ano e um dia (de 17 de dezembro de 2016 a 18 de dezembro de 2017).

Por fim, as publicações de WaalPomps, que também destaca a nostalgia como um motivo para retorno à obra mesmo muito após seu término, são outro caso exemplar. WaalPomps publicou uma extensa produção sobre o casal Fabine, da telenovela *Sangue Bom*, totalizando 14 *fanfics*, algumas com mais de 40 capítulos. Via de regra, as histórias contadas pela autora trazem uma expansão do universo da obra, explorando o que ela gostaria de ter visto acontecer com o casal na telenovela, mas que não foi possível devido aos rumos tomados pela narrativa original. A autora também enfatiza em suas histórias uma preocupação com um final feliz dos personagens e com o desenvolvimento da vida em casal com filhos. Em 8 das 14 *fanfics* de WaalPomps analisadas, Giane acaba contemplando a ideia de uma gravidez, se vendo grávida ou já com filhos. Essa escolha é coerente com a preferência da autora por acompanhar os finais de telenovelas, que nos foi sinalizada em entrevista, e sua insatisfação, de forma geral, com encerramentos. WaalPomps sinaliza que gosta de dar finais felizes aos personagens que ama, independentemente de seus desfechos na obra.

> Eu nunca me contentei com o final das coisas, sempre acho que fica aberto, dando margem para novas ideias. Mas também sou muito crítica, e nunca encontro *fanfics* que me agradam. Então escrevo minhas próprias versões. Pego os personagens que amo e dou finais felizes, seja de acordo com a obra original ou não. Eu sempre me interesso por um casal, mais especificamente, e desenvolvo as histórias nesse gosto (Pompeo, 2019, on-line).

Longe de parecer um caso isolado, estudos hoje já clássicos, como os de Ang (1985) e de Livingstone (1991), mostram que a preocupação com os aspectos psicológicos dos personagens, os enlaces amorosos e a partilha social de afetos do público decorrem fortemente das estratégias dos gêneros que operam em ficções populares seriadas diárias, como as *soap operas* e as telenovelas. Esses elementos são centrais para garantir vitalidade a essas obras e capturar a atenção dos apreciadores, a partir de um conjunto de prazeres próprios a esses gêneros de teledramaturgia.

A vitalidade da matriz melodramática na base das telenovelas (Martín-Barbero, 1987; Lopes; Borelli; Resende, 2002) há muito é vista como afeita à construção de narrativas amorosas e sentimentais, que tendem a mediar as relações dos telespectadores com esses produtos, entre eles mesmos e, até mesmo, entre tais telespectadores e os autores de telenovelas. Em nosso entendimento, se repete em algum nível nas dinâmicas entre as escritoras de *fanfics* dedicadas a essas obras e suas leitoras. Nesse sentido, acreditamos que a *fanfic* tende a ser lida de modo similar àquele como a telenovela é assistida — ou seja, com forte ênfase nos enlaces amorosos, nos aspectos psicológicos e nas partilhas sociais —, ao menos para as fãs que se dedicam a construir um vínculo afetivo tanto com a obra original quanto com as histórias autônomas escritas por outras fãs.

Cientes dessas relações, pois são simultaneamente telespectadoras de novelas e criadoras de textos midiáticos, as escritoras de *fanfics* buscam tramar as histórias que almejam engajar afetivamente suas leitoras, justamente em torno da construção de afetos e nostalgias compartilhados, bem como de narrativas amorosas que exploram as desventuras dos casais, de forma semelhante àquelas presentes nas telenovelas. Essas estratégias afetam também o grau de adesão do público aos próprios casais que acabam por protagonizar as *fanfics*. Nessa perspectiva, por exemplo, WaalPomps identificou prontamente a simpatia pelo casal Fabinho e Giane como motivador para a escrita de narrativas inspiradas em obras seriadas nacionais. Ela afirma: "Eu sempre escrevi [*fanfics*] de obras internacionais, até me interessar pelo casal Giane e Fabinho. Achei a química interessante, o casal com potencial e muito mal aproveitado. Resolvi dar meu toque especial e o pessoal gostou".

Ademais, além de sua extensa produção, WaalPomps interage bastante com os leitores e faz comentários antes e depois dos capítulos, justificando a demora de postar alguma *fanfic*, comentando sobre o capítulo da telenovela e pedindo a participação e a opinião do público, que interage ativamente. Notavelmente, a autora também se mostra aberta à contribuição de suas leitoras. A título de ilustração, a *fanfic Aprendendo a Viver Juntos*, que conta com 13 capítulos, antecede — em termos de cronologia narrativa, e não de publicação — as *fanfics 9 meses* e *Aprendendo a Ser Uma*

Família. Essa obra foi publicada a pedido das leitoras, que gostariam de ler uma história sobre Giane e Fabinho escrita por ela, em que não estivessem cuidando dos filhos do casal.

Na mesma perspectiva de recurso à matriz melodramática para mobilizar as leitoras, cabe evocar outra vez o exemplo de Lab Girl. Para garantir que o apreciador se engajasse com sua história de amor, a autora buscou demonstrar narrativamente, em suas *fanfics* de *Geração Brasil*, como os personagens eram feitos um para o outro. Megan e Davi foram apresentados com suas características-base — Davi, como um batalhador que nasceu pobre, e Megan, uma garota rica e mimada. Contudo, desde o início, Lab Girl utiliza a estratégia de explorar a ideia de que a pose de patricinha de Megan é somente uma fachada de autoproteção, suavizando características que normalmente seriam lidas como negativas. Esse recurso busca oferecer ao público, já disposto a torcer pelo casal, motivos para crer, dentro de uma moralidade melodramática, que Megan é de fato uma pretendente melhor para o rapaz do que Manuela — uma personagem que se aproxima de Davi em profissão, personalidade e moral, e com quem termina efetivamente na telenovela. Consideramos essa estratégia importante para uma maior interação e engajamento do público com as *fanfics* criadas pela autora.

Já no que concerne especificamente aos ambientes midiáticos onde se dão estas interações, nossas pesquisas vêm indicando que as plataformas on-line de publicação e distribuição especializadas em *fanfics* têm se mostrado uma ambiência privilegiada, ainda que haja *fics* publicadas em diversas outras plataformas de mídia, como blogs e sites de redes sociais (Souza *et al.*, 2015, 2017). Ao nosso ver, isso se dá ao menos em parte porque as ferramentas disponíveis nessas plataformas especializadas permitem que as autoras observem como sua criação está sendo recebida pelo público e, caso desejem, estabeleçam conversações com as leitoras. Em tais conversações, é bastante comum, inclusive, que as autoras perguntem às suas leitoras se estão gostando da história ou o que gostariam de ver nos próximos capítulos, atendendo a alguns dos desejos de seu público — como fez a própria WaalPomps.

Outro exemplo é o da autora Gaúcha. Ela revelou, em entrevista à nossa equipe, que sua motivação para escrita de *fanfics*, de modo geral, foi a frustração com o desfecho dado em *Império* ao comendador José Alfredo, morto no fim da telenovela. Marcadamente, as interações de Gaúcha com as leitoras da *fanfic* chamada *Na luta do bem contra o mal, quem vence o amor?* evidenciam que a aprovação das leitoras e as suas demandas configuram um grande motivador para sua escrita. Isso reforça o papel das dinâmicas interacionais na ecologia midiática que se conforma em torno das *fanfics*.

Em tal ecologia, outro fator notável é que as próprias escritoras definem qual a periodicidade de publicação que desejam: podem passar meses ou anos publicando capítulos, fazendo com que as sessões de comentários ou notas de abertura e fechamento dos capítulos se tornem espaço de compartilhamento de ideias e de desejos. Assim como nas telenovelas, aqui as narrativas amorosas mobilizam os afetos das leitoras, em especial aquelas sobre a jornada de um casal que deveria ficar junto ao final. Os conflitos amorosos vividos pelos casais repercutem, pois, nas *fanfictions*, principalmente quando são escritas e lidas durante a exibição das telenovelas.

Não é coincidência, portanto, a presença, nas *fanfics* de telenovelas, de sagas de casais apaixonados adorados pela audiência, fenômeno chamado de shippagem (ou *shipping*, em inglês). Souza e coautores (2017) constataram que 95,3% das *fanfics* de telenovelas publicadas entre 2013 e 2015 eram justamente baseadas nos chamados *ships*. Fica evidente, assim, que as *fanfics* são escritas e lidas com o intuito de ampliar a experiência de recepção iniciada na telenovela. Essas histórias focam o casal adorado, os relacionamentos basilares de suas composições sociais e familiares, e os ambientes em que eles circulam.

Os elementos apresentados no mundo ficcional das telenovelas, com exceção dos ambientes, encontram-se presentes, até em raras situações, quando as mais imaginativas histórias de fãs levam o casal amado para viver aventuras em outras circunstâncias e locais, como invasões de zumbis ou viagens no tempo. Em geral, porém, essas grandes mudanças não ocorrem. Há um grande esforço de adesão ao chamado "cânone" da obra matriz, como vemos a seguir.

CANONICIDADES E TRANSDUÇÕES

As *fanfics* são um fenômeno complexo que pede que se atente não apenas para as dinâmicas de distribuição, recepção e partilha impulsionadas por estas obras, mas também aos modos como a sua criação textual reconstrói os elementos narrativos dos produtos matrizes. Nesse sentido, com o intuito de entender os recursos narrativos das *fanfics*, recorremos à noção de mundos ficcionais, aqui compreendidos na esteira de autores como Doležel (1998), como constructos midiáticos que têm as suas propriedades internas nascidas das próprias texturas formais da linguagem de uma mídia, sendo macroestruturas narrativas compostas por personagens, ambientes e eventos/enredos de uma obra.

É importante lembrar que, no caso das *fanfics*, estamos falando de mundos narrativos que recriam aqueles projetados em obras anteriores — como as telenovelas que inspiram as escritoras de *fanfics* a produzir os seus próprios materiais midiáticos. Neste momento, cabe evocar aqui não apenas a noção de mundo, mas também a de universo ficcional. Como nota Pavel (1986), tais universos podem ser compreendidos como conjuntos de mundos agrupados conforme um critério lógico estabelecido. No caso das *fanfics*, esse critério é o mundo base, composto pelos enredos, personagens e ambientes de uma telenovela, e os vários outros produzidos em reapropriações narrativas feitas em *fanfics*.

No intuito de examinar os modos de reescritura narrativa dos mundos projetados nas telenovelas pelas fãs autoras de *fanfics*, nos apropriamos do conceito de transdução. Conforme Doležel (1998), todo modo de reescrita de uma obra pode ser pensada como uma transdução, desde as traduções interlinguais até as livres adaptações e reescrituras modernistas de textos clássicos. Essa abordagem permite aludir que as reescrituras de mundos narrativos feitas pelas produtoras de *fanfics* também configuram formas de transdução (Souza *et al.*, 2015; Lessa; Araújo; Lima, 2014). O exame de tais transduções pressupõem, assim, atenção àquilo que Goodman (1995) chama de dinâmicas de decomposição, recomposição, supressão, completação, deformação e ênfase nos elementos de um mundo pré-existente, quando se cria outro a partir dele. Isto é, no exame textual de *fanfics*, além de dar peso a elementos como os personagens, ambientes e enredos das histórias, também é preciso pôr em relevo o modo como esses elementos, conforme aparecem em uma obra matriz, como uma telenovela, são decompostos, recompostos, suprimidos, completados, deformados e enfatizados de forma a organizar um universo narrativo no qual alguns elementos dos mundos variam mais e outros menos.

Neste contexto, um último conceito que merece relevo é o de cânone do mundo ficcional, entendido por Wolf (2012) como um conjunto de elementos considerados verdadeiros sobre o mundo imaginário. Conforme o autor, é tida como canônica a existência de um certo grupo de personagens, ambientes e eventos. Tendo essa premissa em mente, observamos que há *fanfics* que lidam apenas com personagens "canônicos", enquanto outras criam as suas próprias figuras dramáticas. É preciso atentar, porém, para o fato de que Wolf repara que um exame da canonicidade de certos elementos precisa ser graduado, e não absoluto, além de levar em conta as dinâmicas específicas de recepção. Isto é, mais do que trabalhar com absolutos, o exame dos níveis de canonicidade abraçados em produções alternativas, como aquelas produzidas por fãs, precisa considerar os graus de rigidez com que são tratados certos elementos do mundo ficcional e os graus de lassidão com que se interpreta outros. Nos casos das *fanfics* de telenovelas que analisamos, por exemplo, na maioria das vezes os casais que protagonizam as histórias, assim como vários de seus eventos, tendem a ser canônicos. Todavia, no nível de contato físico e sexual entre eles, no grau de detalhamento dos seus estados internos e em certos cursos de ação há maior flexibilidade quanto ao cânone, sobretudo quando ele é considerado insatisfatório.

Em muitas de suas *fanfics*, a escritora Lab Girl parte de cenas canônicas da telenovela para desenvolver alternativas de ação dos personagens ou explorar seus pensamentos e sentimentos. Por exemplo, em *Unfolding like a flower*, uma *fanfic* de *Geração Brasil* com um único segmento textual, ou seja, um capítulo, Lab Girl parte de uma breve cena da telenovela em que o personagem Davi vê um documentário sobre a vida de Megan. A partir disso, a autora desenvolve um texto sobre como o rapaz se sente na ocasião e como ele teria começado a enxergar um lado íntimo da moça, que se escondia por trás da fachada de garota festeira e mimada. Já em *Versos de Orgulho*, a autora traz uma reinterpretação de uma cena canônica de briga do casal, que na telenovela é um dos elementos que os distancia, trazendo para seus leitores uma alternativa em que, ao contrário da versão televisiva, há um fortalecimento do casal conhecido como "Megavi".

Conforme Lab Girl atesta em entrevistas a nós, essas escolhas se devem a uma preocupação com a consumação dos afetos do casal, contrariamente ao que ocorreu na telenovela, com o objetivo de satisfazer frustrações pessoais que foram compartilhadas por outros fãs leitores. Segundo a autora, "as *fanfics* se tornaram minha forma de compensar a frustração com a novela e brindar os fãs que, assim como eu, ficaram a ver navios". Para ela, contudo, a despeito desse esforço de consumar as relações afetivas com mais força do que o faz a obra matriz, é crucial compreender a construção que a telenovela faz dos personagens para que possa recriá-los de forma consistente com o cânone, ainda que se distancie das premissas da obra de referência. Ela afirma se preocupar em manter as características essenciais dos personagens, como maneirismos e gostos, preocupação perceptível quando, em suas *fanfics*, ela traz na escrita a mistura do sotaque inglês e português que marca a personagem Megan na versão televisiva.

Algo semelhante se dá nas *fanfics* da WaalPomps escritas a partir da telenovela *Sangue Bom*. Nelas, o casal Giane e Fabinho, sobre quem as histórias se debruçam, vem da própria novela, do mesmo modo que alguns aspectos vistos como centrais na criação dos personagens. Ali, assim como na telenovela, Giane é apaixonada por futebol e fotografia, é fanática pelo Corinthians e tem um jeito durão, sem muita vaidade. Já Fabinho se interessa por publicidade, é torcedor do São Paulo e tem uma personalidade rebelde. Na mesma direção, é frequente ainda o uso dos apelidos utilizados por eles na novela: por exemplo, no prólogo da *fanfic Aprendendo a Viver Juntos*, ele a chama de "tranqueira", e ela responde chamando-o de "fraldinha", apelidos recorrentes na trama, algo consistente com outras *fanfics*. Câmbios, porém, não deixam de ser vistos. É notável, por exemplo, que nem sempre o casal vive no bairro da Casa Verde, como na novela, ainda que outros ambientes sejam menos variáveis.

A *fanfic Make a Memory*, escrita pela autora Manuella Rosie a partir da telenovela *Amor à Vida*, funciona como uma "cena deletada" da obra televisiva. Na *fanfic*, a escritora realiza uma expansão da narrativa, buscando posicionar temporalmente tal expansão de maneira fiel à cronologia do final da telenovela, quando Félix e Niko já formam um casal, mas ainda não moram juntos. Na história de Rosie, após uma briga em que Félix acusa o pai de desejar que ele tivesse morrido no lugar de um irmão que morreu afogado quando criança, conforme a própria obra matriz, Félix acaba sofrendo um acidente de carro. A partir daí, ele perde as memórias e passa a acreditar que é Cristiano, o irmão que morrera segundo a própria narrativa da novela. O evento que motiva a *fanfic*, nasce da imaginação de sua criadora. No entanto, o posicionamento desse acontecimento em relação à obra que inspira Manuella segue uma cronologia rigidamente canônica. Não só isso, mas o esquecimento de Félix é usado como pretexto narrativo na *fanfic* para revisitar acontecimentos importantes do casal na obra matriz, como o primeiro encontro, a redescoberta do amor entre eles, a decisão de se tornarem uma família e assim por diante.

Além disso, o processo de recuperação das memórias de Félix também remete a acontecimentos canônicos. Após uma briga com César, por exemplo, Félix sai de casa a pé e tenta chegar ao restaurante de Niko, mas se perde no caminho. Ele passa a noite na rua, é assaltado, agredido e deixado dentro de uma caçamba de lixo. Nesse momento ele recupera a lembrança de ter abandonado a bebê de sua irmã no lixo, como é retratado na novela. Enfim, a *fanfic* também se utiliza amplamente de expressões ditas canonicamente por Félix. Ele chama Niko de "carneirinho "e usa termos como "criatura", "lacraia", "pelas contas do rosário", "devo ter salgado a santa ceia", "devo ter colado chiclete na cruz", "devo ter feito permanente na peruca de Sansão" e afins.

A *fanfic Na luta do bem contra o mal, quem vence o amor?*, dedicada pela Gaúcha à telenovela *A Regra do Jogo*, por seu turno, apresenta o casal Atena e Rômulo como tendo uma relação amorosa conturbada e conflituosa, que envolve chantagens, mentiras e ameaças — assim como na telenovela. Tanto na obra matriz quanto na *fanfic* que ela inspira, os problemas do casal decorrem dos modos de vida dos personagens: ambos são trambiqueiros que costumam se passar por outras pessoas para aplicar golpes, em curto prazo (caso de Atena) e longo prazo (caso de Romero Rômulo). O modo como os personagens são apresentados na *fanfic* pressupõe, portanto, um conhecimento prévio do mundo ficcional de *A Regra do Jogo*. A autora cita personagens, instituições e acontecimentos que demandam informações fornecidas no texto original da trama.

Tudo isso posto, fica claro como, nos textos das distintas autoras, o cânone é evocado a partir de perspectivas que se tocam em alguns pontos e se distanciam em outros, mas invariavelmente buscam marcar um alto grau de adesão a despeito dos eventuais câmbios realizados em relação aos elementos que balizam a telenovela. Assim, busca-se marcar uma consistência com os elementos que caracterizam as personagens, mesmo quando elas agem de maneiras distintas ou mais detalhadas que na obra matriz — como ocorre nas *fanfics* mencionadas de Lab Girl e WaalPomps, dedicadas, respectivamente, a *Geração Brasil* e *Sangue Bom*. Por outro lado, *fanfics* que criam eventos mais claramente próprios ou reinterpretam de modo significativo os que marcam a telenovela, como as citadas criações de Manuella Rosie sobre *Amor à Vida* e Gaúcha sobre *A Regra do Jogo*, tendem a reforçar que, a despeito dos seus desvios, ainda se balizam densamente pelas histórias das telenovelas. Esses textos recuperam eventos, modos de falar dos personagens e até mesmo a cronologia das tramas. O grau de adesão ao cânone, assim, busca se marcar como amplo nessas produções, mesmo quando elas realizam desvios. Atesta-se, porém, que nesse universo das *fanfics* examinadas é uma regra quase inquebrável que a despeito desses desvios, o casal deve sempre terminar junto, permitindo que o enlace amoroso prospere.

CONSIDERAÇÕES FINAIS

As reflexões delineadas neste capítulo representam o resultado de seis anos de pesquisa contínua empreendida pelo grupo A-tevê/UFBA no âmbito do Obitel Brasil, contemplando três biênios consecutivos de dedicação ao fenômeno de criação, publicação, distribuição e consumo de *fanfictions* de telenovelas brasileiras exibidas integralmente entre os anos de 2010 e 2015. Ao longo do caminho, como pode ser notado nos capítulos anteriores, abordamos os modos como as escritoras de *fanfics* se apropriam de múltiplas plataformas de publicação de conteúdo nas redes digitais — desde aquelas especialmente desenhadas para o compartilhamento e a interação em torno das histórias de fãs, quanto redes sociais de uso amplo e diversificada do público, como blogs, Facebook e Instagram. Também exploramos a formação de comunidades de interesse e de consumo em torno das reapropriações agenciadas pelas autoras de *fanfics* em relação aos mundos ficcionais construídos pelas telenovelas, particularmente em torno de pares românticos admirados pelos grupos de fãs. Por fim, abordamos as negociações com as obras matriz televisivas que inspiraram as investidas das autoras de *fanfics* em suas narrativas.

Este capítulo tratou da análise interna das *fanfics* elaboradas por algumas das muitas escritoras identificadas em nossa base de dados. Selecionamos as autoras que se destacaram na intersecção entre volume de produção (quantidade de capítulos postados) e repercussão positiva com suas leitoras, medida pelo total de interações nas plataformas digitais.

No desfecho desta jornada de pesquisa, demonstramos analiticamente como as escolhas das autoras Lab Girl, Manuella Rosie, WaalPomps e Gaúcha negociam com os cânones estabelecidos nos mundos ficcionais das telenovelas *Geração Brasil*, *Amor à Vida*, *Sangue Bom* e *A Regra do Jogo*. As análises evidenciam a apropriação de situações e eventos relativos aos casais adorados pelas fãs, bem como a reconstrução das narrativas românticas e sentimentais do amor entre esses personagens. É interessante destacar como as transduções efetuadas pelas escritoras em suas *fanfics* são moduladas a partir do engajamento efetivo e da experiência compartilhada entre os grupos de fãs interessados na apreciação do envolvimento romântico de determinados casais. Essas narrativas chegam a emular programas de efeitos internos das obras, calcados em matrizes melodramáticas e românticas tradicionais do gênero novelesco.

A investigação mais aproximada dessas autoras e de suas criações possibilitou preencher uma lacuna sentida ao longo dos anos de pesquisa sobre o fenômeno das *fanfictions* de telenovelas brasileiras. Essa lacuna envolve as partilhas afetivas entre autoras e leitoras de *fanfics*, bem como as histórias que recriam os mundos das telenovelas. Essas aproximações, ainda que embrionárias, mostram-se úteis para o subcampo de investigação de transduções de mundos ficcionais operado por fãs e suas *fanfictions*, mesmo em contextos muito distintos do das telenovelas. Acreditamos que, embora haja muito de específico no contexto apresentado por nossas pesquisas nos últimos seis anos, há também muito de universal na forma como as escritoras de *fanfics* se veem e veem seu ofício e, por consequência, nos modos como elas recriam os mundos e personagens adorados.

REFERÊNCIAS

ANG, I. *Watching* Dallas: soap opera and the melodramatic imagination. Londres: Methuen, 1985.

DOLEŽEL, L. *Heterocosmica*: fiction and possible worlds. Baltimore: The Johns Hopkins University Press, 1998.

GOODMAN, N. *Modos de fazer mundos*. Porto: Asa, 1995.

HILLS, M. *Fan cultures*. London: Routledge, 2005.

JAMISON, A. *Fic*: why fanfiction is taking over the world. Dallas: BenBella Books, 2013.

LESSA, R.; ARAÚJO, J.; LIMA, M. O. 31 novelas, 1.720 mundos: um estudo exploratório das *fanfictions* de telenovelas brasileiras (2010 a 2013). *In:* CONGRESSO LATINOAMERICANO DE INVESTIGADORES DE LA COMUNICACIÓN, 12, 2014, Lima. *Anais eletrônicos* [...]. Lima: PUC-Peru, 2014. Disponível em: http://congreso.

pucp.edu.pe/alaic2014/wp-content/uploads/2014/10/GI3-Lessa-Ara+%C2%A-6jo-Lima.pdf. Acesso em: 5 jun. 2015.

LIVINGSTONE, S. Audience reception: the role of the viewer in retelling romantic drama. *In:* CURRAN, J.; GUREVITCH, M. (org.). *Mass media and society.* New York: Routledge, 1991.

LOPES, M. I. V.; BORELLI, S. H. S.; RESENDE, V. R. *Vivendo com a telenovela*: mediações, recepção, teleficcionalidade. São Paulo: Summus, 2002.

MARTÍN-BARBERO, J. *De los medios a las mediaciones.* Barcelona: Gustavo Gili, 1987.

PAVEL, T. *Fictional worlds.* Cambridge: Harvard University Press, 1986.

POMPEO, W. *Pesquisa sobre* fanfics. Destinatário: Bárbara Vieira. [*S. l.*], 3 jul. 2019. 1 mensagem eletrônica.

SOUZA, M. C. J.; ARAÚJO, J.; CERQUEIRA, R.; LESSA, R.; BIANCHINI, M.; AOUAD, A.; LIMA, M.; BULHÕES, R. S. Entre novelas e novelos: um estudo das *fanfictions* de telenovelas brasileiras (2010-2013). *In:* LOPES, M. I. V. (org.). *Por uma teoria de fãs da ficção televisiva brasileira.* Porto Alegre: Sulina, 2015. p.107-151.

SOUZA, M. C. J.; BIANCHINI, M.; LESSA, R.; VALOIS, D.; ARAÚJO, J.; AOUAD, A.; ROSAS, I.; LIMA, M.; CERQUEIRA, R.; FERNANDES, D.; BULHÕES, R. S. Amados amantes narrados nas *fanfictions* de telenovelas brasileiras. *In:* LOPES, M. I. V. (org.). *Por uma teoria de fãs da ficção televisiva brasileira.* Práticas de fãs no ambiente da cultura participativa. Porto Alegre: Sulina, 2017. v. 2. p. 57-92.

SULLIVAN, J. L. *Media audiences*: effects, users, institutions, and power. Los Angeles: Sage Publications, 2013.

WOLF, M. J. P. *Building imaginary worlds:* the theory and history of subcreation. New York: Routledge, 2012.

SOBRE OS AUTORES

Amanda Aouad
Doutora em Comunicação e Cultura Contemporâneas, pesquisadora, roteirista e consultora de roteiro. É roteirista de séries como *Turma da Harmonia* (Disney Junior), *Fábulas de Bulccan* (Play Kids) e *Tori, a detetive* (ZooMoo), além de roteirista colaboradora da série *Comer, beber e aprender*, exibida pelo Canal Futura, e coautora do projeto de animação *A Guardiã*. Participou do Núcleo *TV Show* (2017), coordenado por Doc Comparato. Crítica de cinema afiliada a Abraccine, é sócia fundadora do site *CinePipocaCult*, coordenadora de curadoria da Mostra *Lugar de Mulher é No Cinema*, tutora de roteiro da *Usina do Drama* e professora da Unifacs nos cursos de Comunicação e Artes.
Orcid: 0000-0002-6396-7193

Bárbara Fernandes Vieira de Souza
Doutoranda do Programa de Pós-Graduação em Comunicação e Cultura Contemporâneas da Universidade Federal da Bahia (UFBA), e mestre pela mesma instituição. É pesquisadora do A-tevê (Laboratório de Análise de Teleficção), sob orientação da professora doutora Maria Carmen Jacob de Souza, investigando temas como ficções seriadas televisivas, autoria e estilo. Especialização Avançada em Neuropsicologia pela Universidade Federal da Bahia (UFBA). Graduada em Psicologia pela Universidade Salvador (Unifacs).
Orcid: 0000-0002-0397-3014

Carolina Fagundes
Publicitária formada pela Universidade Federal de Sergipe (UFS) (2017) e mestre em Comunicação pelo Programa de Pós-Graduação da UFS (2021). Minha pesquisa de mestrado, intitulada *A TV em Plataforma: Um Estudo Sobre a Trajetória do Globoplay e a Atuação de Emissoras Brasileiras de Televisão Aberta no Campo do Streaming de Vídeo*, explorou as transformações no mercado audiovisual frente às plataformas digitais, bem como o impacto desse fenômeno para as emissoras de televisão no Brasil.
Orcid: 0009-0004-4778-2836

Daniele Moutinho Dourado Valois Rios

Doutora em Comunicação e Cultura Contemporâneas pela Universidade Federal da Bahia (UFBA). Mestre em Comunicação pela Universidade Federal de Pernambuco (UFPE) e graduada em Jornalismo em Multimeios pela Universidade do Estado da Bahia (UNEB). Suas pesquisas são voltadas para a análise de telenovelas brasileiras, com ênfase nas decisões estilísticas presentes nas tramas, especialmente aquelas relacionadas à figura do autor-roteirista.

Orcid: 0000-0002-1297-9290

Débora Fernandes

Jornalista e comunicóloga, formada em Comunicação Social pela Universidade Federal da Bahia (UFBA), especialista em Jornalismo e Convergência Multimidiática pela Faculdade Social da Bahia (FSBA) e mestre em Comunicação e Cultura Contemporâneas também pela UFBA. Possui experiência em comunicação corporativa e gestão de conteúdo na Secretaria da Administração do Estado da Bahia (Saeb). Durante o mestrado, desenvolveu pesquisa sobre gênero policial na série *The Killing.*, resultando na dissertação, defendida em 2017. Nesse período, integrou o grupo A-tevê – Laboratório de Análise de Teleficção, onde estudou o universo das *fanfics*. Seu trabalho reflete o interesse por cinema, literatura e cultura pop.

Orcid: 0009-0006-2145-365X

Elva Valle

Doutora em Comunicação e Cultura Contemporâneas pela Universidade Federal da Bahia (UFBA). Bacharel em Comunicação Social com habilitação em Publicidade e Propaganda pela Universidade Católica do Salvador (UCSal) e Bacharel Interdisciplinar em Artes – Cinema pela UFBA. Atuou como pesquisadora nos grupos de pesquisa Recepção e Crítica da Imagem (GRIM), Análise de Crítica de Cinema (GRACC) e Laboratório de Análise de Teleficção (A-tevê). Atualmente, cursa a Licenciatura Interdisciplinar em Artes pela Universidade Federal do Recôncavo da Bahia (UFRB) e integra o Projeto Panorama Publicidade e Propaganda.

Orcid: 0000-0003-0809-5350

Genilson Alves

Mestre e doutorando em Comunicação e Cultura Contemporâneas pela Universidade Federal da Bahia (UFBA). Suas áreas de interesse incluem narrativas ficcionais seriadas televisas, os contextos em que estão inseridas, marcas de autoria e estilo, branding, o campo das empresas e a trajetória social. Atualmente, desenvolve pesquisa sobre a relação entre a abordagem de questões sociais nas telenovelas e as estratégias comunicacionais da Globo, analisando o reposicionamento da emissora como *mediatech* no contexto da digitalização do ecossistema midiático.

Orcid: 0000-0002-9991-6187

Gustavo Erick

Roteirista, produtor e educador, com mestrado em Educação, cujas pesquisas abrangem dramaturgia, narrativas e jogos digitais. Atua como roteirista tutor do projeto de formação de roteirista Usina do Drama (UFBA), onde ministra cursos de dramaturgia e escrita de roteiro para séries de ficção. Autor de dois ebooks: *Webséries de ficção – da ideia ao roteiro* e *Séries documentais – da ideia ao roteiro* (Benditas, 2020). Desenvolveu projetos e roteiros de séries de ficção live action, docu-reality e documentais para diversas produtoras e canais brasileiros. É um dos roteiristas fundadores da Autorais, Associação de Roteiristas Independentes da Bahia.

Orcid: 0009-0009-2380-6377

Hanna Nolasco Farias Lima

Doutoranda e mestre pelo Programa de Pós-Graduação em Comunicação e Cultura Contemporâneas da Universidade Federal da Bahia (PósCom/UFBA). Graduada em Comunicação Social – Jornalismo pela mesma Universidade. Investiga telenovelas musicais brasileiras. Atualmente, é bolsista de Extensão no País (EXP-B) pelo CNPq, no projeto *A ficção televisiva brasileira como recurso de promoção da cidadania*, desenvolvido pela Rede Brasileira de Pesquisadores da Ficção Televisiva (Obitel Brasil), braço brasileiro do Observatório Ibero-Americano de Ficção Televisiva (Obitel).

Orcid: 0000-0003-1269-8031

Inara Rosas

Doutora em Comunicação e Cultura Contemporâneas pelo Programa de Pós-Graduação em Comunicação e Cultura Contemporâneas (Póscom), da Universidade Federal da Bahia (UFBA), título obtido em 2019. Mestra em Comunicação e Cultura Contemporâneas pela mesma instituição (2014) e graduada em Comunicação Social com habilitação em Jornalismo pela Universidade Federal da Paraíba (UFPB) (2009). Seus interesses de pesquisa incluem narrativas audiovisuais contemporâneas, cinema latino-americano, ficção televisiva brasileira, estilo e autoria no cinema e na televisão. Atualmente, atua como assessora técnica da Gerência de Formação e Desenvolvimento de Profissionais da Educação da Secretaria de Educação do Estado da Paraíba.
Orcid: 0000-0003-1629-4130

João Araújo

Doutor em Comunicação pela Universidade Federal da Bahia (UFBA), onde atuou como professor substituto e atualmente integra o grupo de pesquisa Análise de Teleficção (A-tevê). Com mais de 30 trabalhos publicados, desenvolve atividades como produtor, coordenador, professor e pesquisador em diversos empreendimento culturais. Atualmente, coordena o projeto de pesquisa *Lentes Coloridas: profissionais LGBTQIAPN+ no audiovisual baiano* e colabora continuamente com o programa de formação de roteiristas Usina do Drama, vinculado ao Programa de Pós-Graduação em Comunicação e Cultura Contemporâneas (PósCom/UFBA), reconhecido por premiações em editais diversos.
Orcid: 0000-0003-3880-105X

Kyldes Batista Vicente

Doutora em Comunicação e Cultura Contemporâneas pela Universidade Federal da Bahia (UFBA), mestre em Letras e Linguística e graduada em Letras pela Universidade Federal de Goiás (UFG), onde também realizou pós-doutorado em Letras e Linguística. Atualmente, é professora da Universidade Estadual do Tocantins (Unitins). É editora das revistas *Humanidades e Inovação*, *Revista Extensão* e *Revista Multidebates*. Integra a Câmara de Extensão da Associação Brasileira dos Reitores das Universidades Estaduais e Municipais (Abruem), a Rede Internacional de Extensão

Universitária (Rieu) e o projeto *Figuras da Ficção*, vinculado ao Centro de Literatura Portuguesa da Universidade de Coimbra.

Seus interesses de pesquisa incluem: (1) o estudo da personagem ficcional, com foco em aspectos figuracionais e refiguracionais; (2) a ambiência narrativa das adaptações da escrita para a televisão; e (3) a ficção seriada televisiva, como séries, minisséries, microsséries e telenovelas.

Orcid: 0000-0002-8473-2828

Maíra Bianchini

Doutora em Comunicação e Cultura Contemporâneas pela Universidade Federal da Bahia (UFBA). Cofundadora do Estude Séries e integrante do grupo de pesquisa A-tevê/UFBA. Atua nos programas de formação Estação do Drama e Usina do Drama, além de participar dos projetos de pesquisa *Lentes Coloridas: Profissionais LGBTQIAPN+ no Audiovisual Baiano* e do projeto de formação *Áudio Visões: Oficina de Letramento em Séries de TV* (Lei Paulo Gustavo Bahia, 2023). Possui ampla experiência em projetos culturais, nos quais atuou como professora, coordenadora pedagógica e consultora no mercado audiovisual. É autora dos e-books *Mercado audiovisual global em tempos de streaming: produção e distribuição de séries televisivas* I e II, publicados pela Benditas (2020 e 2021).

Orcid: 0000-0003-4485-3155

Marcelo Oliveira Lima

Doutor em Comunicação, com pesquisa voltada para dramaturgia seriada. É autor premiado pela Prefeitura de Salvador com o Prêmio João Ubaldo Ribeiro pela HQ *O Bicho que Chegou à Feira*, adaptada da obra de Muniz Sodré, e recebeu o Troféu Angelo Agostini pela HQ *Lucas da Vila de Sant'Anna da Feira*. Atua como roteirista das séries animadas *Auts* e *Mundo Ripilica*, da série live-action *Passinho* e da série documental *Formula Dreams*. É cocriador das séries animadas *Pequenos Narradores* e *Galera da Praia*. Também é autor da HQ infantojuvenil *Os Afrofuturistas*. Em 2024, dirigirá o longa documental *Histórias de Roteiristas Negros* e assina o roteiro de uma série, ainda não anunciada, para o Globoplay.

Orcid: 0009-0008-5586-2544

Maria Carmen Jacob de Souza

Doutora em Ciências Sociais pela Pontifícia Universidade Católica de São Paulo (PUC-SP). É docente da Faculdade de Comunicação e do Programa de Pós-Graduação em Comunicação e Cultura Contemporâneas (PósCom) da Universidade Federal da Bahia (UFBA). É criadora e líder do grupo de pesquisa A-tevê – Laboratório de Análise de Teleficção (PósCom/UFBA) e pesquisadora associada à Rede Brasileira de Pesquisadores da Ficção Televisiva (Obitel Brasil). Suas pesquisas concentram-se em questões relacionadas à autoria e ao estilo audiovisual na ficção seriada televisiva, com ênfase nas telenovelas brasileiras.
Orcid: 0000-0001-5519-8040

Natacha Canesso

Doutora pelo Programa de Pós-Graduação em Comunicação e Cultura Contemporâneas da Universidade Federal da Bahia (UFBA). Graduada em Publicidade e Propaganda pela Pontifícia Universidade Católica do Paraná (PUC-PR). Atualmente, é professora da Faculdade de Comunicação da UFBA, onde atua nas áreas de comunicação estratégica, publicidade, propaganda, planejamento e gestão da comunicação, gestão de marcas, produção cultural, audiovisual e animação. Integra o Grupo de Pesquisa em Comunicação, Política e Redes Midiáticas da UFBA, no qual desenvolve pesquisas sobre fomento e políticas públicas para o audiovisual independente. Também investiga processos criativos nas artes e nas indústrias de mídia.
Orcid: 0000-0003-0997-0014

Renata Cerqueira

Doutora em Comunicação e Cultura Contemporâneas, pós-graduada em Gestão da Comunicação Organizacional Integrada pela Escola de Administração e graduada em Jornalismo pela Faculdade de Comunicação, todas na Universidade Federal da Bahia (UFBA). Entre abril e julho de 2017, participou do Programa de Doutorado Sanduíche no Exterior (PDSE/Capes) na Tulane University (Estados Unidos), sob supervisão da Prof.ª Dr.ª Vicki Mayer. No Brasil, foi pesquisadora dos grupos CP-Redes (Grupo de pesquisa em Comunicação, Política e Rede Digitais) e A-tevê (Laboratório de Análise de Teleficção), ambos vinculados ao Póscom/

UFBA, e professora da pós-graduação em Gestão da Comunicação Digital em Mídias Sociais na UNIFACS/LAUREATE.
Orcid: 0009-0001-1370-714X

Rodrigo de Souza Bulhões

Docente do Departamento de Estatística da Universidade Federal da Bahia (UFBA) desde 2015, ocupando atualmente o cargo de Professor Adjunto II. Possui graduação em Estatística pela UFBA (2009), mestrado em Estatística pela Universidade de São Paulo (USP, 2013) e está concluindo o doutorado em Estatística pela Universidade Federal do Rio de Janeiro (UFRJ, 2024). É coordenador da área de modelagem espaço-temporal do Statistical Learning Laboratory (SaLLy) e membro do grupo de pesquisa Métodos Estatísticos Aplicados e Computacionais, vinculado ao CNPq. Suas áreas de interesse incluem inferência bayesiana, geoestatística, modelagem espaço-temporal, análise de variáveis latentes e ciência de dados. Além disso, atua como revisor de periódicos e participa de comissões científicas e organizadoras de eventos locais e nacionais.
Orcid: 0000-0003-3668-6860

Rodrigo Lessa

Doutor e mestre em Comunicação e Cultura Contemporâneas pela Universidade Federal da Bahia (UFBA). Realizou estágio doutoral na University of Hertfordshire (Reino Unido), onde atuou como pesquisador e professor visitante. É cofundador do Estude Séries, consultor de marketing transmídia e membro do A-tevê – Laboratório de Análise de Teleficção. Atua como professor nos programas de formação Estação do Drama e Usina do Drama. Possui experiência como docente em faculdades e projetos culturais diversos. É autor dos livros *Seriados de TV e narrativa transmídia* (Edufba, 2020), *Estratégias de marketing para audiovisual: Além do básico* (Benditas, 2020) e *Criação e desenvolvimento de narrativas transmídias* (Benditas, 2020), este último em coautoria com Marcelo Lima.
Orcid: 0000-0002-8619-5894

Sofia Federico

Diretora e roteirista de filmes curtos, programas e séries televisivas. Mestre em Comunicação e Cultura Contemporâneas pela Universidade Federal da Bahia (UFBA), é membro do grupo de pesquisa A-tevê – Laboratório de Análise de Teleficção. Entre suas obras mais recentes, destacam-se: a série de ficção *Tabuh!* (Globoplay/Futura), finalista do Prix Jeunesse Iberoamericano 2019; a série documental *Todos os Sonhos* (TVE Bahia); e o longa-metragem de ficção *Tempo Meio Azul Piscina* (em pré-produção), cujo roteiro foi contemplado com o Prêmio Cabíria 2019 e vencedor do Frapa 2020. Integra a Rede Paradiso de Talentos e é sócia da Benditas Projetos Criativos.

Orcid: 0009-0004-5540-3015

Tatiana Aneas

Professora do Departamento de Comunicação Social e do Programa de Pós-Graduação em Comunicação da Universidade Federal de Sergipe (UFS). Doutora em Comunicação e Cultura Contemporâneas pela Universidade Federal da Bahia (UFBA), com pós-doutorado no Instituto Nacional de Ciência e Tecnologia em Democracia Digital (INCTDD). É membro do Grupo de Pesquisa Laboratório de Análise em Visualidades, Narrativas e Tecnologias (Lavint) e coordenadora da Liga Acadêmica de Representação e Participação Políticas (LARPP/UFS).

Orcid: 0000-0002-5681-6215

Tcharly Briglia

Doutorando em Comunicação e Cultura Contemporâneas pela Universidade Federal da Bahia (UFBA). Bacharel em Comunicação Social – Rádio e TV (2016) e licenciado em Letras – Língua Portuguesa e Língua Inglesa (2011) pela Universidade Estadual de Santa Cruz (UESC). É membro do Grupo de Pesquisa em Ficção Televisiva Seriada da Intercom (Sociedade Brasileira de Estudos Interdisciplinares da Comunicação), do Laboratório de Análise de Teleficção (A-tevê/UFBA) e do núcleo baiano do Obitel Brasil (Observatório Ibero-americano da Ficção Televisiva).É autor dos livros *Programe-se: uma proposta de experimentação transmídia* (Editus, 2018) e *O autor-roteirista de telenovelas no cenário midiático digital* (Insular, 2022).

Orcid: 0000-0002-0339-1145

Thaiane Machado

Doutoranda e mestre em Comunicação e Cultura Contemporâneas pela Universidade Federal da Bahia (UFBA). Especialista em Previsão de Tendências e Comportamento do Consumidor pelo Instituto de Educação Superior de Brasília (IESB). Atua como professora em cursos de Graduação e Pós-Graduação/MBA. Integra o A-tevê – Laboratório de Análise de Teleficção do Programa de Pós-Graduação em Comunicação e Cultura Contemporâneas (PósCom/UFBA). É membro da Intercom – Sociedade Brasileira de Estudos Interdisciplinares da Comunicação e do Obitel – Observatório Ibero-Americano da Ficção Televisiva. Sua pesquisa atual investiga os modos e comportamentos de consumo de ficção seriada na contemporaneidade.

Orcid: 0000-0001-7103-5997

APÊNDICE 1

Ficção seriada inédita
Telenovelas, minisséries, seriados e a *soap opera* Malhação
Rede Globo, Record, SBT, Band
2010 a 2012

Quadro III – Ficção seriada inédita produzida pelas Redes de Televisão com estreia em 2010

Emissora	Telenovela	Minissérie	*Soap opera*	Seriado
Rede Globo	Araguaia	A cura	Malhação 2010	A grande família
Rede Globo	Escrito nas Estrelas	Dalva e Herivelto	**	A Vida Alheia
Rede Globo	Passione	**	**	As cariocas
Rede Globo	Tempos Modernos	**	**	Afinal, o que querem as mulheres?
Rede Globo	Ti Ti Ti	**	**	Clandestinos
Rede Globo	**	**	**	Força Tarefa
Rede Globo	**	**	**	Ger@l.com
Rede Globo	**	**	**	Na forma da Lei
Rede Globo	**	**	**	O relógio da aventura
Rede Globo	**	**	**	SOS Emergência
Rede Globo	**	**	**	Separação
Record	Ribeirão do Tempo	A história de Ester	*	*
SBT	Uma Rosa com amor	*	*	*
Band	*	*	*	Tô frito

*Não há produções do gênero no ano citado.
**Sem produções do gênero do ano citado.
Fonte: dados do Obitel 2011 (Brasil, p. 146 e 147) e sítio Teledramaturgia[186]

[186] Disponível em: http://www.teledramaturgia.com.br/tele/home.asp, Acesso em: 22 mar. 2012.

Quadro IV – Ficção seriada inédita produzida pelas Redes de Televisão com estreia em 2011

Emissora	Telenovela	Minissérie	*Soap opera*	Seriado
Rede Globo	A Vida da Gente	Chico Xavier	Malhação Conectados	A grande família
Rede Globo	Aquele Beijo	O Bem Amado	**	Acampamento de férias 2
Rede Globo	Cordel Encantado	**	**	Batendo Ponto
Rede Globo	Fina Estampa	**	**	Divã
Rede Globo	Insensato Coração	**	**	Lara com Z
Rede Globo	Morde e Assopra	**	**	Mulher invisível
Rede Globo	O Astro	**	**	Macho Man
Rede Globo	**	**	**	Tapas e Beijos
Record	Rebeldes	Sansão e Dalila	*	*
Record	Vidas em Jogo	**		
SBT	Amor e Revolução	*	*	*
Band	*	*	*	Julie e os Fantasmas
Band	*	*	*	Os Anjos do Sexo

*Não há produções do gênero no ano citado.
** Sem mais produções do gênero no ano citado.
Fonte: sitio Teledramaturgia[187]

---

[187] Disponível em: http://www.teledramaturgia.com.br/tele/home.asp, Acesso em: 22 mar. 2012.

Quadro V – Ficção seriada inédita produzida pelas Redes de Televisão com estreia em 2012

Emissora	Telenovela	Minissérie	Soap opera	Seriado
Rede Globo	Amor eterno Amor	Dercy de verdade	Malhação 2012	A grande família
Rede Globo	Avenida Brasil	**	**	As Brasileiras
Rede Globo	Cheias de Charme	**	**	Acampamento de Férias 3
Rede Globo	Gabriela	O Brado Retumbante	**	Aventuras do Didi
Rede Globo	Guerra dos Sexos	**	**	Como aproveitar o fim do mundo
Rede Globo	Lado a Lado	**	**	Louco por elas
Rede Globo	Salve Jorge	Xingu	**	Tapas e beijos
Rede Globo	**	**	**	Os caras de Pau
Rede Globo	**	**	**	Subúrbia
Record	Balacobaco	Rei Davi	*	Fora de controle
Record	Máscaras	**	*	
SBT	Corações feridos	*	*	*
Band	Carrossel	*	*	*

*Não há produções do gênero no ano citado.
** Sem produções do gênero no ano citado.
Fonte: sítio Teledramaturgia[188]

---

[188] Disponível em: http://www.teledramaturgia.com.br/tele/home.asp. Acesso em: 31 jan. 2013.

APÊNDICE 2

Quadro VII – Telenovelas e Criadores roteiristas TV Globo 2018 a 2020

Ano	Horário	Telenovela	Capítulo	Autoria	Colaboração	Fonte
2017-2018	17h45	Malhação: viva a diferença	213	Cao Hamburger	Escrito com: Luciana Pessanha, Vítor Brandt, Jaqueline Vargas, Carolina Ziskind e Mario Viana / Colaboração: Renata Martins / Supervisão de texto: Charles Peixoto	Memória Globo
2017-2018	18h	Tempo de amar	148	novela de Alcides Nogueira / escrita por Alcides Nogueira e Bia Corrêa do Lago / baseada no argumento de Rubem Fonseca	Tarcísio Lara Puiati e Bibi Da Pieve	Teledramaturgia
2017-2018	19h	Pega Pega	184	Cláudia Souto	Daniel Berlinsky, Isadora Wilkinson, Wendell Bendelack e Júlia Lacks	Memória Globo
2017-2018	21h	O outro lado do paraíso	172	Walcyr Carrasco	Nelson Nadotti, Márcio Haiduck e Vinícius Vianna	Memória Globo
2018-2019	17h30	Malhação: vidas brasileiras	288	Adaptada por: Patrícia Moretzsohn / baseada na série canadense 30 Vies, de Fabienne Larouche	Escrita com: Chico Soares, Laura Rissin, Renata Dias Gomes e Ricardo Tiezzi / Supervisão de texto: Daniel Ortiz	Memória Globo

Ano	Horário	Telenovela	Capítulo	Autoria	Colaboração	Fonte
2018	18h	Orgulho e paixão	162	novela de Marcos Bernstein / baseada em tramas e personagens de Jane Austen / escrita por Marcos Bernstein e Victor Atherino	Juliana Perez, Flávia Bessone e Giovana Moraes	*Teledramaturgia*
2018	19h	Deus salve o rei	174	novela de Daniel Adjafre / escrita por Daniel Adjafre, Cláudia Gomes e Sérgio Marques	Péricles Barros, Angélica Lopes, Dino Cantelli e Cristina Biscaia / supervisão de texto de Ricardo Linhares	*Teledramaturgia*
2018	21h	Segundo sol	155	novela de João Emanuel Carneiro / autores: João Emanuel Carneiro e Márcia Prates	Fábio Mendes, Eliane Garcia e Lilian Garcia	*Memória Globo*
2018-2019	18h	Espelho da vida	160	Elizabeth Jhin	escrita com Duba Elia, Renata Jhin, Wagner de Assis e Maria Clara Mattos	*Teledramaturgia*
2018-2019	19h	O tempo não para	156	Mário Teixeira	Marcos Lazarini, Bibi Da Pieve e Tarcísio Lara Puiati	*Teledramaturgia*

Ano	Horário	Telenovela	Capítulo	Autoria	Colaboração	Fonte
2018-2019	21h	O sétimo guardião	161	novela de Aguinaldo Silva / escrita por Aguinaldo Silva e Joana Jorge / colaboração de Maurício Gyboski e Zé Dassilva	sinopse colaboração alunos curso Master Class: Adalberto de Almeida Monteiro Neto, Adriano Rafael Vaz, André Wacemberg, André Luís Cia, Ariela Monique Massotti, Bolívar Soares, Cláudio Felício Pifano Silva, Daniel Henrique de Castro, Jorge Francisco Rossi Pinto, Julia Marinho Laks, Julielson José Moura de Lima, Julio Kadetti, Karin Verzbickas, Lucas Martins Néia, Luiz Felipe Petruccelli, Maria Inez Chrispim Guaraná, Peterson Klug, Regiana Antonini, Ryllberth Ribeiro, Silvio Cerceau, Sylvia Tereza da Palma de Mello, Tiago Ferreira da Fonseca, Valtair Barbosa da Silva, Victor Antônio Pires dos Santos, Washington Luís Oliveira Duque e Weber Lasaro Oliveira	Teledramaturgia
2019-2020	17h30	Malhação: toda forma de amar	253	Emanuel Jacobina	Marcio Wilson e Cláudio Lisboa	Memória Globo
2019	18h	Órfãos da terra	154	Duca Rachid e Thelma Guedes	escrita com Dora Castellar, Aimar Labaki, Carolina Ziskind e Cristina Biscaia / Colaboração: Cristina Biscaia	Memória Globo
2019	19h	Verão 90	154	Izabel de Oliveira e Paula Amaral	escrita com Daisy Chaves, Isabel Muniz e João Brandão	Teledramaturgia

Ano	Horário	Telenovela	Capítulo	Autoria	Colaboração	Fonte
2019	*21h*	*A dona do pedaço*	*161*	*Walcyr Carrasco*	*escrita com Nelson Nadotti, Márcio Haiduck e Vinicius Vianna*	*Teledramaturgia*
2019-2020	*18h*	*Éramos seis*	*154*	*novela de Ângela Chaves / escrita a partir da novela de Silvio de Abreu e Rubens Ewald Filho / baseada no romance homônimo de Maria José Dupré*	*Bernardo Guilherme, Juliana Peres e Daisy Chaves*	*Teledramaturgia*
2019-2020	*19h*	*Bom sucesso*	*155*	*Rosane Svartman e Paulo Halm*	*escrita com Charles Peixoto, Cláudia Sardinha, Fabrício Santiago, Isabela Aquino e Felipe Cabral*	*Teledramaturgia*
2019-2021 (interrompida pela pandemia)	*21h*	*Amor de mãe*	*125*	*Manuela Dias*	*escrita com Mariana Mesquita, Roberto Vitorino e Walter Daguerre / supervisão de texto de Ricardo Linhares*	*Teledramaturgia*
2020-2021 (interrompida pela pandemia)	*19h*	*Salve-se quem puder*	*107*	*Daniel Ortiz*	*escrita com Flávia Bessone, Nilton Braga, Victor Atherino e Pedro Henrique Neschling*	*Teledramaturgia*

Fonte: elaborado a partir de Teledramaturgia e Memoria Globo[189]

---

[189] Disponível em: telematurgia.com.br; memoriaglobo.globo.com. Acesso em: 27 jun. 2021.

APÊNDICE 3

NOTAS METODOLÓGICAS DO EXAME DOS DISCURSOS SOBRE INOVAÇÃO DAS TELENOVELAS

Genilson Alves
Hanna Nolasco
Carolina Fagundes
Tatiana Aneas

Apresenta-se, aqui, uma síntese dos procedimentos metodológicos utilizados pela equipe do Obitel Bahia que se dedicou à coleta e análise de dados relativos aos discursos sobre inovação nas telenovelas. Foram examinados artigos e matérias jornalísticas;[190] entrevistas, declarações e notas institucionais das empresas produtoras ou profissionais direta ou indiretamente responsáveis pelas obras ou pela gestão do processo criativo;[191] produções científicas de natureza diversa (artigos, monografias, dissertações e teses); e repositórios onl-ine. Foram elencadas, também, as telenovelas vencedoras de premiações e festivais. O objetivo foi identificar quais obras e roteiristas-autores são reconhecidas como inovadoras no campo da telenovela, abrangendo, inicialmente, o período de 1995 a 2020.

Tendo em vista a necessidade de tornar o levantamento exequível, foi criada uma metodologia de extração e tratamento de dados, que consistiu em circunscrever as buscas ao ambiente on-line. As consultas foram realizadas em sites de crítica e imprensa especializada, bem como nas plataformas Google e Google Acadêmico, principais buscadores em operação, utilizados, respectivamente, para pesquisas genéricas e produções acadêmicas. Como estratégia de operacionalização, de partida foram estabelecidas, regras sobre como realizar as buscas. Foram elencados mais de 20 motores de busca, formados com variações das palavras *novela* e

---

[190] Em relação à crítica especializada, foram analisadas notícias publicadas até o dia 6 de maio de 2021 nos seguintes portais: Telepadi (Folha de São Paulo, Cristina Padiglione); Coluna Revista da TV (O Globo, Patrícia Kogut); Blog do Nilson Xavier (UOL); Portal Teledramaturgia (Nilson Xavier); Coluna Maurício Stycer (Folha de São Paulo); Na Telinha (UOL); Notícias da TV (UOL, Daniel Castro). Foram também incluídos os portais Zapping Folha e Zapping Agora SP, porém não houve resultados pertinentes ao teor da pesquisa.

[191] A partir de buscas realizadas nos portais R7 (https://www.r7.com/), SBT (https://www.sbt.com.br/), Band (https://www.band.uol.com.br/) e Globo (https://www.globo.com/).

inovação, como, por exemplo: *"inovação + telenovela", "telenovela inovadora", "novela revolucionou", "primeira novela a", "mudou as novelas"* etc. Durante o percurso do levantamento, percebeu-se que muitos dos sites da crítica e da imprensa especializada não disponibilizavam buscadores internos. Portanto, foi necessário adicionar os nomes desses sites e colunistas aos motores de buscas existentes e executá-las no Google. Ainda no que diz respeito às regras de coleta dos dados, convém ressaltar que foram coletados apenas materiais textuais e que apontavam claramente ao menos uma telenovela do recorte temporal inicial (1995-2020) como inovadora. Essa foi uma diretriz primordial para o trabalho, uma vez que interessava saber especificamente quais produtos foram considerados inovadores por esses agentes e instituições, bem como os critérios adotados para apontar ou reconhecer a inovação.

Concluída a etapa de coleta, os materiais foram analisados e categorizados. Para isso, foram utilizadas duas categorias centrais: parâmetro de inovação e tipo de inovação. A primeira refere-se aos critérios apontados, direta ou indiretamente, pelas fontes para determinar a inovação da obra. Já a segunda diz respeito à natureza da inovação, isto é, ao aspecto específico da obra no qual a inovação ocorreu.

No caso do *tipo de inovação*, foram preestabelecidos quatro aspectos cruciais e intrínsecos às telenovelas: criação, produção, distribuição e consumo. Por exemplo, se uma matéria da imprensa especializada afirmasse que *Avenida Brasil* (TV Globo, 2012) inovou ao apresentar personagens incomuns ou com comportamentos diferenciados, o parâmetro de inovação seria identificado como *construção de personagens*, enquanto o tipo de inovação seria categorizado como *criação*.

Cientes de que, durante a análise, poderiam surgir situações em que um mesmo parâmetro estivesse relacionado simultaneamente a mais de um tipo de inovação, adotou-se a orientação de sempre indicar o aspecto predominante. Inicialmente, devido ao volume de informações e à necessidade de leitura e análise individual de cada material, a categorização foi realizada por apenas um(a) pesquisador(a). No entanto, os casos que geraram dúvidas foram debatidos em equipe.

Por exemplo, se uma matéria apontasse a *construção dos personagens* de *Avenida Brasil* como um aspecto inovador e atribuísse essa inovação ao conjunto de características que compõem os personagens, mas também mencionasse o papel dos atores na irreverência desses personagens, o parâmetro *construção de personagens* seria vinculado ao âmbito da *criação*. Nas situações em que esse peso não ficava evidente nos materiais analisados, ambos os aspectos foram associados à obra em questão.

A partir da análise dos 280 materiais coletados neste levantamento, foram identificadas 91 telenovelas citadas como inovadoras. Destas, chegou-se a uma seleção de 20 telenovelas consideradas as mais inovadoras. Para essa definição, foram incluídas as obras que apresentaram ao menos quatro citações provenientes de fontes distintas. Após esse tratamento, verificou-se que 90% das telenovelas selecionadas foram produzidas e lançadas na década de 2010, com exceção de *Duas Caras* (TV Globo, 2007) e *A Favorita* (TV Globo, 2008). Por essa razão, optou-se por restringir a análise ao trabalho dos roteiristas que lideraram ou participaram diretamente das telenovelas produzidas nesse período. Os dados refletem o estado do campo de produção das telenovelas naquele momento: todas as 20 telenovelas mais citadas como inovadoras foram produzidas pela TV Globo, que já ocupava, à época, uma posição dominante e de vanguarda no mercado.

Outra descoberta importante revelada pela análise dos dados refere-se às diferenças nos horários de exibição das telenovelas apontadas como inovadoras. De acordo com o levantamento, 45,7% dessas obras foram transmitidas no horário das 21h, 32,3% às 19h, 18,9% na faixa das 18h e apenas 3% às 17h. Entre os 17 roteiristas responsáveis por ou associados a essas 20 telenovelas, 11 (64,7%) estrearam como titulares durante o período analisado, e oito (48%) iniciaram assinando suas respectivas obras em parceria com outro roteirista. Desses oito estreantes, seis foram lançados na faixa das 19h. Por fim, destaca-se que cinco desses 17 roteiristas conseguiram emplacar mais de uma telenovela no ranking das mais inovadoras. São eles: Walcyr Carrasco, Benedito Ruy Barbosa, João Ximenes Braga, Felipe Miguez, Izabel de Oliveira e João Emanuel Carneiro, sendo este último o único a emplacar mais de duas obras.

Ao comparar esses dados com um levantamento paralelo das telenovelas premiadas, concluiu-se que aspectos inovadores não têm sido um fator determinante para a consagração de uma obra. Das 20 telenovelas mais citadas como inovadoras, menos da metade (40%) foi premiada por instâncias de consagração, como o Emmy Internacional ou a Associação Paulista de Críticos de Artes (APCA). Esse cenário permaneceu inalterado mesmo quando foram consideradas premiações como o Troféu Imprensa, cujos jurados são profissionais de imprensa que cobrem diariamente a televisão e que estão entre as fontes utilizadas no presente levantamento.

Com relação aos tipos de inovação mais associados às 20 telenovelas analisadas, criação e produção foram os que mais se destacaram, sendo mencionados em mais de 80% das obras. Os parâmetros mais citados pelas fontes, em ordem de relevância, foram: narrativa, temáticas abordadas, estratégias transmídia, estética (captação de som e imagem) e encenação. Esses critérios envolvem dimensões das telenovelas mediadas pelos gestores das empresas produtoras e, em maior ou menor grau, tangenciam o trabalho dos roteiristas. Além disso, demandam que esses profissionais adquiram novas habilidades e ampliem seu nível de conhecimento para atender às exigências de inovação no campo.

Em linhas gerais, o esforço de coleta e análise realizado contribuiu para a construção e validação de um corpus, ou seja, uma relação restrita de telenovelas que possibilitasse compreender o peso e a importância atribuídos aos processos de inovação neste campo específico. Além disso, outras conclusões podem ser extraídas, como o fato de que a inovação está frequentemente associada a roteiristas-autores recém-chegados à função, que, em sua maioria, iniciaram na faixa das 19h — um indicativo de que essa faixa pode ser vista pela emissora como um espaço de apostas criativas. Por outro lado, o achado de que quase metade das telenovelas citadas pelas fontes analisadas foi exibida no horário das 21h, faixa de maior valor comercial, evidencia a relevância da inovação para a emissora. Contudo, neste caso, a autoria é geralmente atribuída a roteiristas com trajetórias já consolidadas.

Cidade do São Salvador da Bahia de Todos os Santos, 2021.